中国民航大学

Civil Aviation University of China

数字经济全球税收治理与中国应对策略

励贺林◎著

『十四五』时期国家重点出版物出版专项规划项目

中国财经出版传媒集团
中国财政经济出版社
北京

图书在版编目（CIP）数据

数字经济全球税收治理与中国应对策略／励贺林著．－－北京：中国财政经济出版社，2023.12
“十四五”时期国家重点出版物出版专项规划项目
ISBN 978－7－5223－2595－8

Ⅰ.①数…　Ⅱ.①励…　Ⅲ.①国际税收－税收管理－研究－中国　Ⅳ.①F812.423

中国国家版本馆 CIP 数据核字（2023）第 215123 号

责任编辑：樊清玉　马　真　　　　责任校对：张　凡
封面设计：智点创意　　　　　　　责任印制：史大鹏

数字经济全球税收治理与中国应对策略
SHUZI JINGJI QUANQIU SHUISHOU ZHILI YU ZHONGGUO YINGDUI CELUE

中国财政经济出版社 出版
URL：http：//www.cfeph.cn
E－mail：cfeph@cfeph.cn

社址：北京市海淀区阜成路甲 28 号　邮政编码：100142
营销中心电话：010－88191522
天猫网店：中国财政经济出版社旗舰店
网址：https：//zgczjjcbs.tmall.com
北京财经印刷厂印刷　各地新华书店经销
成品尺寸：185mm×260mm　16 开　12.25 印张　293 000 字
2023 年 12 月第 1 版　2023 年 12 月北京第 1 次印刷
定价：68.00 元
ISBN 978－7－5223－2595－8
（图书出现印装问题，本社负责调换，电话：010－88190548）
本社质量投诉电话：010－88190744
打击盗版举报热线：010－88191661　QQ：2242791300

序言一

我和励贺林教授相识的时候，他在摩托罗拉工作，若干年后，得知他到大学从教，重点关注和研究的领域之一仍是国际税收，我甚感欣慰，为能有丰富实践经验又潜心教育科研的国际税收学者感到高兴。励教授能将在跨国公司的经历和所学带到我国高校，为提升我国国际税收学科教育作出贡献，值得肯定，我为励教授点赞。

励教授近年来的著述颇丰，为应对税基侵蚀和利润转移（BEPS）行动计划，以及之后的应对数字经济税收挑战的全球税改、“双支柱”方案等国际税收领域的热点问题，他一直在密切跟踪、研究，发表了多篇高水平论文。励教授还积极参加联合国、OECD的相关会议，对“双支柱”方案的多项征询意见稿提出咨询建议，发出中国学者的声音。

《数字经济全球税收治理与中国应对策略》是励教授的又一项重要研究成果，入选国家新闻出版署《出版业“十四五”时期发展规划》，可喜可贺。

《数字经济全球税收治理与中国应对策略》一书结构合理，表述准确，思路清晰，是研究分析近年来数字经济全球税收改革与治理、我国对全球税改的应对策略的专业著述。在书中，作者对数字经济征税权国际竞争的演进历程进行了梳理，提出传统国际税收规则“二维法”的征税权划分原则偏袒居民国。作者进而分别对支柱一方案和支柱二方案进行了详细的分析：支柱一方案针对传统国际税收规则体系中的联结度和利润分配规则进行改革，将跨国企业集团的剩余利润进行重新分配，旨在解决超大型跨国企业集团部分剩余利润向市场所在地国家（市场国）进行重新分配的问题；支柱二方案则针对有害税收竞争设计全球最低税规则，旨在全球范围内消除国家间的税率“逐底竞争”行为，建立更加公平、稳定、可持续的国际税收体系。作者还对数字服务税（DST）、联合国12B条款等内容进行了深入阐释，对相关规则进行了梳理。

在前述基础上，作者对数字经济征税权加剧背景下的全球税收治理格局和趋势做了进一步分析，认为全球税收治理表现出从规则制定到秩序执行的竞争态势愈发激烈，基于双边实质合作的国际税收治理正在转变为基于多边强制约束力的全球税收治理，并提出独立国家需要以经济全球化、经济数字化的眼光和格局，重新考量和平衡多边强制约束力的全球税收治理与自身的国家税收主权，在国际与国内两个维度求得最有利的战略性决策。最后，作者详细论述如何更好维护我国国家税收利益的应对策略，建议以“世界眼光”看待支柱一方案的单一税制，以“平衡渐进”策略应对全球最低税的单一税率，最大限度地对冲全球最低税的负面影响。作者还提出要维护多边主义的全球税收治理，同时要在“一带一路”倡议下探索共商共建共享的多边主义实践，坚持合作共赢和义利兼顾，坚持底线思维和风险意识，坚持和国际社会一道争取共同权力、维护共同利益。

当前，以“双支柱”方案为核心内容的国际税改仍在进行之中，运行近百年的国际税收规则正在被重塑，全球税收治理的发展走向成为国际社会关注的核心议题之一，需要我们更加重视这一领域的研究与应用。励贺林教授的这部著作恰逢其时，既有背景知识，又有问题拆解，更有自己独到的思考和建议，是一部难得的专业书籍。

中国国际税收研究会 会长　张志勇

2023 年 10 月 2 日

序言二

得知励贺林教授的又一本新著即将付梓，感到非常高兴，也特别欣慰，向励贺林教授表示衷心祝贺。励贺林教授在大学执教之前，曾长期在著名跨国公司担任高级管理岗位，在财务会计、国际税收、转让定价等方面有着丰富的实践经验，曾经亲自参与双边预约定价谈判，为励教授到大学开展教学和科研工作打下扎实的基础。从教以后，励教授在教学、科研领域很快打开局面，先后获得国家社科基金、教育部人文社科基金课题立项，发表多篇高水平论文。励教授这样既具有宝贵实践经验又致力于大学教育工作的“双师型”教师正是高校所需要的。

受 G20 委托，自 2013 年起，OECD 启动应对税基侵蚀和利润转移（BEPS）行动计划，而“应对数字经济税收挑战”逐渐成为新一轮国际税改的核心议题。2021 年 10 月 31 日，G20 领导人罗马峰会通过 G20/OECD BEPS 包容性框架发布的《关于应对经济数字化税收挑战“双支柱”方案的声明》，就应对数字经济税收挑战“双支柱”方案达成共识，这是世界各国携手共同解决全球性问题的一次成功实践。这一新的国际税收规则，对于建立公平合理的国际经济秩序具有十分重要的现实意义和深远的历史意义。

2021 年 10 月 18 日，习近平总书记在中共中央政治局第三十四次集体学习时强调，要积极参与数字经济国际合作，主动参与国际组织数字经济议题谈判，开展双多边数字治理合作，维护和完善多边数字经济治理机制，及时提出中国方案，发出中国声音。中国财税部门全程参与了 BEPS 十五项行动相关计划的研究工作，对 BEPS 总原则的确立作出了贡献，并积极推动四项最低标准在我国的落地实施。同时，对于应对数字经济税收挑战的 BEPS 2.0 项目，中国财税部门也全程深度参与其中，在多边共识形成过程中发挥了重要作用，为方案设计贡献了中国智慧。

励教授的这本书名为《数字经济全球税收治理与中国应对策略》，以近年来国际税收领域最前沿、最热点问题为选题，对新一轮国际税改的“双支柱”方案和其他重要议题进行深入分析研究，提出我国的应对策略，这项工作非常有意义，也非常及时，对当前国际税收领域的研究和实践有着重要的参考价值。

近年来国际税改成为世界各国政治、经济的热点话题，国际税制体系和征管秩序正处于重塑的进程之中，“数字服务税”“全球最低税”“碳边境调节税”等这些高度复杂的技术性、专业性讨论更加频繁地出现在大众面前，需要我们的学者和研究人员作出更高质量、更有价值的工作，以维护我国的税收主权和税收利益。期待励贺林教授在未来为我国国际税收学科领域作出更多的贡献。

中央财经大学 校长 马海涛

2023 年 9 月 27 日

自序

本书在写作和出版的过程中，应对数字经济税收挑战的国际税改依然在快速地变化与前进，真可谓时不我待、不进则退。近年来，国际税收由一个专业性极强的小众话题渐渐地成为聚光灯下的热点，伴随着社会经济领域各种重大事件层出不穷，越来越多的人将目光投向国际税收。2013年9月圣彼得堡峰会上，由G20委托OECD推进的BEPS行动计划得到G20领导人的政治背书，历经BEPS 1.0阶段、BEPS 2.0阶段，国际税改取得一系列的丰富成果，很多成果已经付诸实施，正在改变着世界、改变着每一个人。

新一轮国际税改是全方位的、深层次的、长期性的，尽管目前来看，各项规则非常复杂，而且需要世界各国更加广泛和密切的合作才可以有效实施，但是，万万不可因此就低估了国际税改的影响。以支柱二的“全球最低税”为例，这项新规则将深刻改变各国经济竞争的格局，以简单提供优惠税率（低税率）作为税制竞争力以吸引外部投资的做法将失去吸引力，在经济全球化、经济数字化的商业模式下国家间征税权的划分原则被再一次改变，国家国税收主权独立性、完整性受到全球性规则的制约，新一轮国际税改表现出进一步的强制性和扩张性。

是困难，也是机遇，我们必须迎难而上。对新一轮国际税改进行深入研究，思考我们的应对之策，融入这项全球性的工作，是必要的、必须的，也是非常紧迫的。目前，我们还有非常大的空间，必须认清现实，客观理性地开展工作，工作要快、还要扎实。我个人非常幸运地有机会从事这一领域的研究工作，一直跟踪相关议题的改革进展，做了一些基础的、粗浅的工作，辑录成书，不足与疏漏之处敬请指正。

本专著得到2020年度国家社会科学基金一般项目“数字经济征税权国际竞争加剧背景下更好维护我国国家税收利益研究”（课题号：20BGJ031）的资助。

励贺林

2023年10月5日

前言

信息技术革命日新月异，数字经济蓬勃发展，深刻改变着人类生产生活方式，对各国经济社会发展、全球治理体系、人类文明进程影响深远①。数字经济源于数字技术的发展和应用，数字经济的发展主要得益于计算机和互联网这两项关键技术（李涛和欧阳日辉，2023），科学技术的加速前进和发展推动数字经济商业模式的不断创新和迭代，深刻影响和改变了人类的生产和生活。数字经济以其高创新性、强渗透性、广覆盖性，深刻变革实体经济的生产模式与发展理念，是推动现代化产业体系建设的重要引擎，数字经济发展速度之快、辐射范围之广、影响程度之深前所未有，正在成为重组全球要素资源、重塑全球经济结构、改变全球竞争格局的关键力量。但是，数字经济快速发展的同时对基于传统经济的国际税收体系形成严峻挑战，传统国际税收规则已经不能适应、规制数字经济商业模式下的经营活动。数字经济带来的税收挑战引发国家间征税权的直接竞争，而且竞争趋势愈发激烈，以数字服务税（DST）为典型代表的单边税收措施被越来越多的国家采用，导致关税及非关税壁垒等反制措施不断升级，全球范围内贸易和投资受到负面影响。

为应对数字经济税收挑战和其他方面的国际税收问题，二十国集团（G20）和经合组织（OECD）联手合作，自2013年开始应对税基侵蚀和利润转移（BEPS）项目，并于2015年发布15项行动计划的最终成果，但是，BEPS项目的第1项行动计划（数字经济税收挑战）并没有最终完成。随着项目升级为BEPS 2.0，以“双支柱”方案应对数字经济税收挑战成为国际税收体系改革的关键重心，G20/OECD包容性框架下140多个国家（或地区）在规则设计和技术谈判方面的工作非常重要也异常艰难。2021年10月8日在G20/OECD包容性框架第13次全体成员大会上，136个国家（或地区）②就“双支柱”方案达成共识并发布《关于应对经济数字化税收挑战“双支柱”方案的声明》，标志着自1923年至今已运行近百年的国际税收体系迈出实质性改

① 中国外交部．中国关于全球数字治理有关问题的立场．2023－07－15. https：//www. mfa. gov. cn/web/wjb_673085/zzjg_673183/jks_674633/zclc_674645/qt_674659/202305/t20230525_11083602. shtml.

② 笔者按：2021年10月8日，G20/OECD包容性框架召开第13次全体成员大会，140个成员中的136个成员辖区就双支柱方案达成共识；2022年12月12日阿塞拜疆加入包容性框架并且加入共识协议，使包容性框架成员达到142个，参与该共识协议的成会达到138个．https：//www. oecd. org/tax/beps/statement－on－a－two－pillar－solution－to－address－the－tax－challenges－arising－from－the－digitalisation－of－the－economy－october－2021. htm。

革步伐，这是世界各国携手共同解决全球性问题的一次成功实践，对于建立公平合理的国际经济秩序具有十分重要的现实意义和深远的历史意义①。国际税收体系改革实质上开启了数字经济全球税收治理的进程，基于双边实质合作的传统国际税收治理将转变为基于多边强制约束力的全球税收治理，一国的税收主权将不得不作出必要的、一定程度的让渡，需要在多边深度共治与国家税收主权之间进行再平衡，从战略高度思考如何更好维护国家税收利益。

我国是数字经济大国。党的二十大报告指出："高质量发展是全面建设社会主义现代化国家的首要任务。""加快发展数字经济，促进数字经济和实体经济深度融合，打造具有国际竞争力的数字产业集群。"发展数字经济是我国把握新一轮科技革命和产业变革的战略选择。党的十九届四中全会通过的《中共中央关于坚持和完善中国特色社会主义制度、推进国家治理体系和治理能力现代化若干重大问题的决定》，明确把数据列为新的生产要素，提出"健全劳动、资本、土地、知识、技术、管理、数据等生产要素由市场评价贡献、按贡献决定报酬的机制"。2020 年 3 月 30 日通过的《中共中央、国务院关于构建更加完善的要素市场化配置体制机制的意见》，明确提出"加快培育数据要素市场"。在数字经济时代，数据成为新兴基础性战略资源，我国正从数字经济大国向数字经济强国迈进。党的十八大以来，中国在国际税收领域取得了显著成就，中国积极参与国际税收新规则的制定，参与到国际税收新秩序的重塑过程之中，积极落实国际税收改革的成果（杨志勇，2022）。中国作为 G20 的创始成员国，以 OECD 合作伙伴身份积极参与 BEPS 行动计划，与 OECD 成员国享有同等权利和义务，始终积极参与 G20 国际税改进程，为确立和推动各项成果顺利完成作出了重要贡献，也为发展中国家和新兴经济体提升规则制定话语权、维护自身税收权益发挥了独特作用（韩霖和田芸芸，2021）。

党的二十大报告提出："未来五年是全面建设社会主义现代化国家开局起步的关键时期，"主要任务目标之一是"中国国际地位和影响进一步提高，在全球治理中发挥更大作用"。2021 年 10 月 18 日，习近平总书记在中共中央政治局第三十四次集体学习时强调，要积极参与数字经济国际合作，主动参与国际组织数字经济议题谈判，开展双多边数字治理合作，维护和完善多边数字经济治理机制，及时提出中国方案，发出中国声音。面对数字经济税收挑战及愈发加剧的征税权国际竞争态势，研究更好维护我国国家税收利益的策略，为我国更加深入地参与到数字经济全球税收治理进程之中提供借鉴参考，是对党的二十大报告提出的"积极参与全球治理体系改革和建设"的重要理论探索和实践尝试，是在新时代新征程对当前重要国际热点问题的基础性研究，是我国税收现代化"六大体系"中建设"合作共赢的国际税收体系"的重要研究方向和研究内容，具有重要的理论研究价值和现实指导意义。

---

① 财政部部长刘昆．"双支柱"方案达成共识将有效应对经济数字化税收挑战．2021－10－14. http：//www. gov. cn/xinwen/2021－10/14/content_5642609. htm.

目录

第一章 数字经济全球税收治理的现实演进

第一节 数字经济与国家间征税权竞争

一、“二维法”的征税权划分原则偏袒居民国

联合国的前身是“国际联盟”（League of Nations），是第一次世界大战后根据《凡尔赛和约》于1919年成立，旨在“促进国际合作和实现世界和平与安全”①。1920年1月10日国际联盟正式开始运作②之后，便开始着手解决国际重复征税的难题，委托来自美国、英国、荷兰和意大利的四位经济学家组成专门委员会进行研究。经过两年多的研究工作，1923年4月25日四位经济学家向国际联盟提交了《关于消除双重征税的报告》③，该报告也被称为《国际联盟经济学家报告》。四位经济学家在报告中就国家间征税权的划分原则进行平衡、协调，具体表现为：资本输出国与资本输入国之间、税收来源国与税收居民国之间、富裕国家与贫穷国家之间在征税权上的折中与让步，因此这份报告被后世褒扬为1923年“伟大的妥协”④。这份报告提出，国家间对于跨境所得征税权的划分应建立在“经济忠诚”（Economic Allegiance）基础之上，即著名的“经济忠诚原则”。经济忠诚原则指国民（包括企业和自然人）或其所得与特定国家（税收辖区）之间的联系程度，这个联系程度在国际税收规则中被称为“联结度”（Nexus）。在经济忠诚原则下，国际

---

① 联合国的前身：国际联盟，联合国官网，https：//www.un.org/zh/about－us/history－of－the－un/predecessor。

② 联合国的前身：国际联盟，联合国官网，https：//www.ungeneva.org/zh/league－of－nations。

③ League of Nations Report on Double Taxation Submitted to the Financial Committee by Professors Bruins, Einaudi, Seligman, and Sir Josiah Stamp, Journal of the Royal Statistical Society. January 1924. https：//rss.onlinelibrary.wiley.com/doi/abs/10.1111/j.2397－2335.1924.tb01647.x.

④ 四位经济学家分别来自美国、英国、荷兰、意大利，他们的基本情况是：埃德温·罗伯特·安德森·塞利格曼（Edwin R. A. Seligman，1861—1939），美国哥伦比亚大学经济学教授，学术领域为公共财政与税收；乔赛亚·查尔斯·斯坦普（Josiah Charles Stamp，1880—1941），英国实业家、经济学家、公务员、统计学家、作家和银行家，他曾是英格兰银行的董事，以及伦敦、米德兰和苏格兰铁路的董事长；吉斯伯特·韦耶尔·简·布鲁因斯（G. W. J. Bruins 1883—1948），荷兰经济学家、教授；路易吉·伊诺第（Luigi Einaudi，1874—1961），意大利经济学家、政治家，1948—1955年曾担任第二任意大利共和国总统。详见：廖体忠．国际税收政策的世纪选择与未来出路［J］．国际税收，2021（02）：3－11。

税收规则形成在来源国和居民国之间划分征税权的基本框架：在限制来源国征税权的基础上授予来源国优先征税权，在肯定居民国无限征税权的基础上赋予居民国承担消除国际重复征税的责任①。这一“二维法”的征税权划分框架成为国际税收体系的规则基础，一直延续应用至今。

《关于消除双重征税的报告》将企业的跨境交易所得划分为“积极所得”（Active Income）和“消极所得”（Passive Income），居民国对于消极所得拥有最终且无限的征税权，来源国对于积极所得拥有“优先但有限”的征税权②。消极所得一般为股息、利息、租金、特许权使用费、资本利得等方面的所得，对于企业在跨境交易中的这类所得，居民国拥有最终的、无限的征税权；换言之，《关于消除双重征税的报告》将这类所得的征税权完整地赋予居民国，同时考虑到来源国的诉求，《关于消除双重征税的报告》赋予来源国对消极所得一定限度的优先征税权，来源国可以对消极所得征收预提所得税，居民国需要承担对预提所得税消除双重征税的责任。这样一来，对于消极所得而言，居民国拥有无限征税权，但要承担消除双重征税责任；来源国获得“优先但有限”的征税权，但不必承担消除双重征税责任，这就是“伟大的妥协”精神的体现。

积极所得一般为经营所得③，对于企业跨境交易的积极所得，只有在构成常设机构的前提下来源国才拥有对归属于常设机构的积极所得优先征税的权利，但这个优先征税权只可以就仅仅归属于常设机构的积极所得进行征税，这就是“在限制来源国征税权的基础上授予来源国优先征税权”，同样是“伟大的妥协”精神的体现。美国税务专家和律师米切尔·卡罗尔（Mitchell B. Carroll）为传统国际税收规则体系的形成作出重要贡献，1933 年，卡罗尔向国际联盟提交名为《外国与国民企业征税》的报告④，以该报告为基础，国际联盟最终确定以独立实体原则（Separate Entity Principle）对待关联企业，关联企业以独立会计原则（Separate Accounting Principle）计算确认独立实体利润，以独立交易原则（Arm's Length Principle）确认关联交易的利润归属，相关建议被写入 1935 年版的《OECD 税收协定范本》，成为传统国际税收规则的重要组成内容。传统国际税收规则明确规定，判定关联交易利润的归属，需要遵从独立实体原则、独立会计原则和独立交易原则，这意味着，国家间征税权划分这一“宏观事项”需要通过微观主体个别企业的“内部工作”来实现，成为跨国企业集团内部财务会计的一项技术工作。这一规则的优势是将潜在的、十分棘手的、不同税收辖区之间的征税权划分问题，转变成为需要由财务会计专家、国际税收专家、转让定价专家来解决的专业技术问题，赋予并提升专业技术在国家间征税权划分上的权威和力量。尽管如此，国家之间关于征税权划分的谈判和政治博弈（如在双边预约定价安排中）从未停歇，并一直发挥着重要作用，而转让定价的原则、方法、逻辑为此提供了

---

① 张志勇．近期国际税收规则的演化——回顾、分析与展望［J］．国际税收，2020，79（01）：3－9.

② 廖体忠．全球化与国际税收改革［J］．国际税收，2021，98（08）：3－13.

③ IBFD 税收词汇。

④ M. B. Carroll. Taxation of Foreign and National Enterprises：A Study of the Tax Systems and the Methods of Allocation of the Profits of Enterprises Operating in more than One Country in France，Germany，Spain，the United Kingdom and the United States of America［M］．Geneva：League of Nations，1932 c. 73. m. 38.

谈判框架①。在来源国与居民国之间这种征税权划分的“二维法”自20世纪20年代至今已持续约100年，总体而言，这种征税权的划分方法明显“偏袒”“偏向”“优待”居民国，有利于居民国的国家税收利益，而不利于来源国的国家税收利益。居民国往往是具有资本、管理和技术优势的工业化国家、发达国家、资本输出国家，源自资本、管理和技术的消极所得的征税权完全归属于居民国，也就是具有资本、管理和技术优势的发达国家；而对于积极所得，接受投资的东道国（来源国）只有在跨国企业集团在本国构成常设机构的情形下，仅就归属于该常设机构的所得拥有征税权，是“伟大的妥协”赋予来源国对积极所得的“优先但有限”的征税权。在征税权划分上，居民国有妥协让步，但是幅度不大，是来源国作出了巨大的妥协让步。

二、数字经济对征税权划分原则的挑战

将跨境经营所得划分为积极所得和消极所得，来源国对积极所得拥有“优先但有限”的征税权，居民国对消极所得拥有“最终且无限”征税权，这种对征税权划分的“二维法”尽管已经是“妥协”的结果，但仍旧是不公平的，“伟大的妥协”实质上更多的是来源国的妥协。一般而言，居民国往往是资本输出国、发达国家、富裕的国家，来源国往往是资本输入国、发展中国家、较贫穷的国家。资本输入国作为来源国，只有在跨国企业集团在本国的经营活动构成常设机构的情况下，才可以拥有“优先但有限”的征税权，“优先”是指来源国可以优先向常设机构征税，“有限”是指征税的边界仅限于归属于常设机构的所得。由此看来，跨国企业集团的跨境经营是否在来源国构成常设机构是来源国是否拥有“优先但有限”征税权的关键前提，如果不构成常设机构，来源国连这个“优先但有限”的征税权也没有。这就是《关于消除双重征税的报告》即使作了“伟大的妥协”，仍偏向、偏袒、优待居民国的体现。但无论如何，来源国总还是获得了一定的机会来拥有一部分征税权，那就是在构成常设机构的前提下。

互联网兴起于20世纪90年代，互联网兴起对全球经济的发展具有巨大而深远的影响。进入21世纪以来，信息和通信技术（Information and Communication Technologies，ICT）推动经济社会的变革与发展。“数字经济”源于“互联网经济”，伴随信息与通信技术发展与数字化公司的成长，世界经济从“信息经济”（Information Economy）时代步入“数字经济”时代。随着经济全球化和经济数字化的深入，居民国与来源国之间不再具有发达国家与发展中国家的明显界线特征，特别是数字经济商业模式下，发达国家也可成为来源国，比如欧盟国家和英国等。借助于信息通信技术（ICT），居民国数字企业可以对市场所在地国家实现远程跨境经营，不会在市场所在地构成物理存在（或极少的物理存在），市场所在地国家，无论是发展中国家还是某些发达国家，都无法基于物理存在的联结度来主张仅有的优先征税权。数字经济时代造成数字企业居民国对征税权的“通吃”，因此要求改革征税权划分原则的力量对比发生重大变化，征税权划分原则应该也必须予以改革。是否在来源国构成常设机构是来源国是否拥有征税权的关键，

① 康拉德·特雷，池澄，王俪儿．BEPS 2.0时代来临：“双支柱”方案对五大关键领域的深远影响［J］．国际税收，2022，104（02）：13－23.

《关于消除双重征税的报告》提出当跨国企业集团在来源国的经济活动达到足够的深度和广度，跨国企业集团则应该向来源国进行“纳税补偿”，因此来源国可以拥有“优先但有限”的征税权。那么，在什么情况下才可以构成常设机构呢？那就要看经济忠诚原则下的联结度达到怎样的状态。来源国优先征税权的核心，是以物理存在（Physical Presence）为联结度（Nexus）的常设机构概念[①]，因此这样一个逻辑路径就非常清晰了，以基于物理存在的联结度判定是否构成常设机构，进而判定来源国对经营所得是否拥有“优先但有限”的征税权。

无论是《OECD税收协定范本》[②] 还是《联合国税收协定范本》[③]，其第5条关于常设机构的定义都强调地理空间的控制以及在来源国有实质性存在的需求，也就是说需要在来源国有“物理存在”。但是这种情况随着数字经济商业模式的出现、演进，不断迭代的深入发展而发生方向性的改变，跨国企业集团在市场所在地必须构成物理存在的必要性大大降低，跨国企业集团可以在市场所在地不构成物理存在的情况下实现远程跨境经营、获取经营所得。如此，将形成这样的情形：跨国企业集团通过远程跨境经营在市场所在地（来源国）获得经营所得，因为在来源国没有构成物理存在，来源国无法依据基于物理存在的联结度判定跨国企业集团构成常设机构，来源国无法拥有征税权。结果是，数字经济使得来源国无法再以常设机构为路径而拥有征税权，来源国面临既丧失征税权又丧失市场的窘境。数字经济商业模式使得建立在“经济忠诚原则”基础上的、征税权在居民国与来源国之间的划分原则受到挑战：数字经济商业模式下跨国企业集团没有在来源国（市场所在地）[④] 构成物理存在联结度的前提下实现远程跨境经营，并实质性地获取收益，这使得基于物理存在判定常设机构、基于独立实体原则、独立会计原则、独立交易原则判定应归属于常设机构营业利润的传统征税权划分原则无法适用。来源国（市场所在地）无法依据传统国际税收规则行使征税权而损失国家税收利益。在目睹跨国企业集团以远程跨境方式在本国市场经营、获取经营所得，本国又无法拥有和实施征税权的情况下，来源国（市场所在地）极力呼吁进行国际税收体系改革，同时也寻求使用单边税收措施来维护本国国家税收利益（如数字服务税），就不难理解了。

发展中国家如果希望引进发达国家的资本，就必须对征税权划分作出“妥协”，承认

---

① 张志勇．近期国际税收规则的演化——回顾、分析与展望［J］．国际税收，2020，79（01）：3-9.

② 笔者按：《OECD关于对所得和资本征税的协定范本》（Model Convention With Respect to Taxes on Income and on Capital），本专著将其简称为《OECD税收协定范本》。该范本旨在为OECD成员国签订双边税收协定提供一个标准文本，这样做的目的是保证相同的双重征税（Double Taxation）问题能够采用统一的方式解决，以及对某些特定所得的征税权进行分配。《OECD税收协定范本》于1992年首次以活页形式出版，并在此后不定期更新。2017年12月18日OECD发布《OECD税收协定范本》（2017年版），更新的版本包括了BEPS15项行动计划成果报告的重要内容，以解决税基侵蚀和利润转移的问题。

③ 笔者按：《联合国关于发达国家和发展中国家避免双重征税的协定范本》（Model Double Taxation Convention between Developed and Developing Countries），本专著将其简称为《联合国税收协定范本》。2022年4月26日，联合国经济和社会事务部就最新修订的《联合国税收协定范本》（2021年版）举行宣介会，2021年版是继2017年版之后的又一次更新。《联合国税收协定范本》的体例与《OECD税收协定范本》基本相同，《OECD税收协定范本》着眼于通过降低跨境纳税人在东道国的税负和遵从负担，促进资本、技术等生产要素跨境流动；《联合国税收协定范本》旨在为发展中国家与发达国家谈签税收协定提供可遵循的原则。由于发展中国家在税收协定中通常处于东道国地位，因此《联合国税收协定范本》比《OECD税收协定范本》更加注重维护东道国征税权。

④ 笔者按：OECD在其双支柱方案中将数字经济商业模式下的“来源国”，描述为“市场辖区”。

资本输出的发达国家对资本性收益的股息、利息、特许权使用费、资本利得等消极所得，拥有最终且无限的征税权；同时，作为来源国的发展中国家还要接受对积极所得征税权的限制，只有在发生实质性经营活动、构成常设机构的情形下，也只是对仅仅归属于常设机构的经营所得享有征税权。这种居民国和来源国的征税权划分原则，在工业经济为主体的传统产业模式下，资本输入意味着实体投资的引进，作为更多情况下属于发展中国家的来源国，还可以聚焦基于物理存在的联结度规则，以判定常设机构为抓手，力图充分行使自己有限的征税权，来维护自己国家的税收利益。但是随着科技进步带动现代经济的高速发展，跨国企业集团的总体利润发生着结构性的变化，基于机器厂房等有形资产的常规利润占比逐步降低，而基于专利、版权等无形资产的剩余利润（非常规利润）占比逐步提高，当剩余利润化身为特许权使用费、股息、资本利得等消极所得的情形下，面对居民国对消极所得征税权的“独占”，来源国无能为力，只能“合法”地看着居民国取得税收收益。

三、数据是数字经济的关键生产要素

《经济学人》2017 年 5 月的一篇文章提出“世界上最具价值的资源不再是石油，而是数据[①]”，此言一出，“数据是新石油”的说法被广泛传播和接受，数据的价值引发越来越多的讨论。显然，数据是有价值的，特定的数据甚至可以具有不可估量的价值。因此，一般认为数字经济的价值链能够为数字企业和用户带来双赢，数字企业可以获取发展和收益，而用户可以获得更好的服务和体验。市场经济的本质是市场决定资源的有效配置，而资源是各种要素的统称。古典经济学认为，土地、劳动和资本是三大生产要素，第二次世界大战后，随着科技创新推动新兴产业的蓬勃发展，知识、技术、管理被认为是另外的生产要素。而在数字产业化和产业数字化的数字经济时代，数据已成为企业间竞争、国家间竞争的关键资源，数据正在推动全球价值链分工格局的调整，数字经济的价值链正在成为引领全球价值链分工、转型、升级的引擎，在数字经济的快速发展进程中，数据成为一种全新的、关键的生产要素。

数据具有虚拟性，这是数据被视为新生产要素的核心特征（Jones 和 Tonetti，2020），这意味着数字经济将会演进为经济数字化，数据生产要素将会和其他具体化的生产要素如土地、资本、劳动、技术、管理等融合而共同发挥效用，数据借助信息通信技术（ICT）的创新趋势被视为当前全球经济增长的主要动力之一（Jorgenson 和 Wu，2016）。数据除了具有虚拟性，还具有非竞争性、排他性、规模报酬递增、强外部性、产权模糊以及衍生性等特征（徐翔等，2021）。由于数据的复制成本为 0，理论上同一组数据可以提供给任何企业和个人使用，这使得使用数据的边际成本也为 0，这个问题既关乎数据的权属，也关乎数据的价值。在实践中，数据存在所有权不清的问题，由于难以禁止且复制成本低到为 0，这在很大程度上影响数据的价值估值。

传统的价值链包括研发设计、生产制造、营销推广、运输物流和售后服务等各个环

① The Economist. The Worlds' Most Valuable Resource Is No Longer Oil but Data. https://www.economist.com/leaders/2017/05/06/the-worlds-most-valuable-resource-is-no-longer-oil-but-data.

节，而数字经济的价值链帮助供给端与需求端实现更直接和更有效的对接，缩短价值链的中间环节，整合价值链各极和各端点的个性化需求，提升了价值链整体的效率，实现资源的有效配置。2018 年 3 月，经济合作与发展组织[①]（以下简称 OECD）的《数字化税收挑战——中期报告（2018）》[②] 分析了三种数字经济商业模式下的价值创造模式，分别为价值链（Value Chain）、价值网络（Value Network）、价值商店（Value Shop）。价值链模式描述传统的垂直一体化制造企业以线性生产过程为基础的创造价值过程，这类企业遵循顺序和流程提供无形产品或服务，甚至包括零售商的在线市场、在线游戏等。价值网络模式描述通过中介技术连接用户、供应商或客户来创建网络关系进行价值创造的过程，涵盖所有类型的多边平台，业务活动可以同时和交叉进行，因此构成价值网络。价值商店模式描述通过整合硬件、软件和专业知识等资源来创造价值的业务，为客户提供针对其特殊需求的全面解决方案。从中可以看出，无论是哪一种模式，数据作为新生产要素参与价值创造的过程中，数据应在全球价值链中获得更公平的分工地位与更恰当的利益分配。OECD 在 2020 年 6 月发布的《消费者数据权利与竞争报告》[③] 中将“数据价值循环”描述为“数据来源—数据收集形成大数据—数据分析—建立知识库—数据驱动的决策制定—价值增长”[④]，消费者或用户已经通过参与价值创造过程而成为“产销者”[⑤]（Prosumer），说明消费者所在的市场端与生产者所在的供给端在共同创造价值，共同生成利润。

消费者、用户个人数据的增量已经成为全球数据的主要来源[⑥]，但是消费者并没有成为数据的所有人、没有获得数据的所有权，反而是数字企业，如亚马逊、谷歌、微软、脸书等跨国企业集团在占有消费者的数据资源并因此而获利。例如亚马逊的在线商城（Online Market）[⑦]，如图 1－1 所示，消费者和第三方卖家都需要“主动且自愿”地向亚马逊提供数据信息，亚马逊在没有向消费者或第三方卖家支付任何费用情形下占有了在线商城买卖双方的数据资源。亚马逊用户（消费者和第三方卖家）的数据为在线商城模式下的价值创造作出贡献，反而亚马逊通过向第三方卖家收取数据使用和数据服务费（Commission）、订单履约服务费（Fulfillment Fee）来获取收入，进行“价值萃取”（Value Extraction）。2021 年亚马逊的这类收入高达 537.6 亿美元，占亚马逊当年全球总营业收入的 19%[⑧]。尽管如此，亚马逊并不认为亏待了用户，反而认为用户获得超额回报：可以获得

---

① 经济合作与发展组织，the Organisation for Economic Co－operation and Development（OECD），成立于 1961 年，成员国总数 38 个，总部设在巴黎。

② OECD. Tax Challenges Arising from Digitalisation－Interim Report 2018，Inclusive Framework on BEPS，OECD/G20 Base Erosion and Profit Shifting Project，OECD Publishing，Paris. https：//www. oecd. org/tax/tax－challenges－arising－from－digitalisation－interim－report－9789264293083－en. htm.

③ OECD. Consumer data rights and competition－Note by the United States，12 June 2020. https：//one. oecd. org/document/DAF/COMP/WD（2020）39/en/pdf.

④ 刘奇超，沈涛．数字经济下的税制变革与重构［N］．中国财经报，2021－06－22（8）．

⑤ 阿尔文·托夫勒．第三次浪潮［M］．北京：中信出版社，2018.

⑥ World Bank Group. World Development Report 2021：Data for Better Lives. https：//openknowledge. worldbank. org/handle/10986/35218.

⑦ 励贺林，姜丹．新征税权对亚马逊公司在线商城商业模式的适用性探讨［J］．国际税收，2020，86（08）：37－43.

⑧ 亚马逊向美国证券交易委员会（SEC）提交的 2019 年年度报告（10－K），P68. https：//ir. aboutamazon. com/static－files/63a014ac－bd47－42ce－b548－022a90d96e9a.

更多更好的商品或服务的购买选择、节省了时间并且可以享受更低的价格、可以获得更便捷高效的服务。谷歌的广告业务也是如此，用户免费提供数据以获取免费的在线搜索服务，而谷歌以出售目标用户广告和用户数据获取巨额利润。可见，数字经济商业模式下企业的利润建立在占有用户数据的基础上，数据是数字经济的关键生产要素。

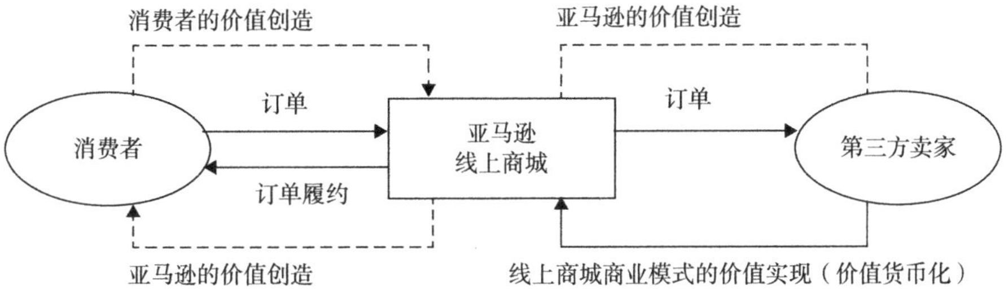

图 1-1 亚马逊在线商城的业务流程与价值实现

资料来源：根据亚马逊财务报告及欧盟的调查报告整理。

四、BEPS 1.0 没能解决数字经济征税权划分难题

国际税收体系改革发轫于 2013 年[①]。2012 年 6 月，二十国集团（G20）[②] 财长和央行行长会议同意通过国际合作应对税基侵蚀和利润转移（BEPS）问题，并委托 OECD 进行研究。2013 年 2 月 12 日，OECD 发布《应对税基侵蚀和利润转移》[③] 报告，提出造成税基侵蚀和利润转移（BEPS）问题的重要原因之一，是形成于 20 世纪 20 年代、运行已近百年的传统国际税收规则已落后于全球商业环境的变迁，BEPS 不仅造成难以准确估量的税收损失，而且造成经济扭曲。为应对挑战，2013 年 9 月 6 日 G20 领导人第 8 次峰会在俄罗斯圣彼得堡举行并通过《圣彼得堡宣言》[④]，G20 领导人一致背书了一份宏大且全面的 BEPS 行动计划[⑤]，OECD 和 G20 所有成员国首次在平等合作的基础上共同携手解决国际税收体系所面临的重大挑战。BEPS 行动计划是由 G20 领导人作政治背书并委托 OECD 推动的一项一揽子税收改革项目，旨在通过协调各国税制，修订税收协定和转让定价国际规则，提高税收透明度和确定性，以应对跨国企业税基侵蚀和利润转移给各国政府财

① 廖体忠．积极落实 G20 税改成果 努力打造公平和现代化的国际税收体系［J］．国际税收，2017，50（08）：10－17，2.

② 二十国集团（G20）由七国集团财长会议于 1999 年倡议成立，最初为财长和央行行长会议机制。2008 年国际金融危机爆发，当年 11 月于美国华盛顿召开第一次领导人峰会。2009 年 9 月举行的匹兹堡峰会将 G20 确定为国际经济合作主要论坛。二十国集团由中国、阿根廷、澳大利亚、巴西、加拿大、法国、德国、印度、印度尼西亚、意大利、日本、韩国、墨西哥、俄罗斯、沙特阿拉伯、南非、土耳其、英国、美国以及欧盟等组成。

③ OECD，Addressing Base Erosion and Profit Shifting. https：//www. oecd. org/tax/addressing－base－erosion－and－profit－shifting－9789264192744－en. htm.

④ 二十国集团领导人第 8 次峰会通过圣彼得堡宣言 . 2013－09－07. http：//www. gov. cn/jrzg/2013－09/07/content_2483115. htm.

⑤ OECD，Action Plan on Base Erosion and Profit Shifting. https：//www. oecd. org/ctp/BEPSActionPlan. pdf.

政收入和国际税收公平秩序带来的挑战①。BEPS 一揽子税收改革项目包括 15 项行动计划，除第 1 项行动计划（数字经济税收挑战）涉及增值税有关问题以外，其余行动计划主要涉及所得税。2015 年 9 月 21 日，OECD 财政事务委员会第 90 次会议在法国巴黎召开，来自包括中国在内的 54 个国家或地区的 200 多名与会代表审议并一致通过了 BEPS 项目全部行动计划的最终成果报告及解释性声明，这些成果于 2015 年 10 月 8 日 G20 财长与央行行长会议审议通过，2015 年 11 月 16 日在土耳其安塔利亚举行的 G20 领导人第 10 次峰会对这些成果给予政治背书。BEPS 项目 15 项行动计划最终成果标志着 2013 年 9 月 G20《圣彼得堡宣言》所确立的国际税收改革，在经历 24 个月的紧张工作之后，取得显著成就②。BEPS 项目 15 项行动计划最终成果的完成，为国际税收领域通过多边合作应对共同挑战提供了良好范例。世界主要经济体在共同政治意愿的推动下，通过密集的多边谈判与协调，在转让定价、防止协定滥用、弥合国内法漏洞、应对数字经济挑战等一系列基本税收规则和管理制度方面达成了重要共识。这些成果和一揽子措施的出台，标志着近百年来国际税收体系的第一次根本性变革取得了重大成功。国际税收规则的重构，多边税收合作的开展，有利于避免因各国采取单边行动造成对跨国公司的双重征税、双重不征税以及对国际经济复苏的伤害③。

BEPS 15 项行动计划在 2015 年发布的最终成果报告被称为“BEPS 1.0”，其内容根据约束性强弱被区分为三大类：“最低标准”“共同方法”和“最佳实践”。G20 和 OECD 在 BEPS 15 项行动计划成果报告一起发布的《解释性声明》（Explanatory Statement）中提出一条总原则：确保利润在经济活动发生地和价值创造地征税④，这可以说是 G20 和 OECD 各国艰难谈判能够达成的最大限度共识，是各国协力进行国际税收体系改革的愿景，使其可以成为国际税收体系共同规则的基础。尽管在《解释性声明》中提出利润应在经济活动发生地和价值创造地征税的理论性主张，但是 OECD 没有对其展开全面而深入的阐释，没有据以凝练、拓展成为可以支持国际税收规则适应全球商业环境变迁的基础理论体系，2015 年 15 项 BEPS 行动计划成果报告仍然是基于经济忠诚的受益原则对传统国际税收规则的修补和完善⑤。但是我们也应看到，将征税权划分原则的聚焦点从所得来源地扩展至对价值创造地的认识，确实是 BEPS 1.0 的重要理论贡献，使得后来的 BEPS 2.0 可以根据数字经济商业模式下的价值创造来思考和设计利润的归属和征税权的划分，而不再囿于从独立实体角度、以基于物理存在的联结度确定常设机构、以独立交易原则判定可归属于常设机构的利润为限的征税权划分原则。这种外在形式上向来源国授予优先征税权，而内在实质上却根本性地限制来源国征税权的做法，体现的是 1923 年《关于消除双重征税的报

---

① 廖体忠．BEPS 行动计划的影响及我国的应对［J］．国际税收，2014，13（07）：13－15.

② 廖体忠．国际税收合作迎来明媚阳光——在新的经济背景下解读 BEPS 行动计划成果［J］．国际税收，2015，28（10）：6－11.

③ 国家税务总局．国家税务总局发布 OECD/G20 税基侵蚀和利润转移项目 2015 年最终报告中文版．2015－10－10. http：//www.chinatax.gov.cn/n810219/n810724/c1836574/content.html.

④ OECD. 税基侵蚀和利润转移（BEPS）项目 2015 年成果：解释性声明．http：//www.chinatax.gov.cn/n810219/n810724/c1836574/5083221/files/740e60177d7248b29a841c4fecf4d6a9.pdf.

⑤ 张志勇．近期国际税收规则的演化——回顾、分析与展望［J］．国际税收，2020，79（01）：3－9.

告》[①]“伟大的妥协”的精神，来源国仅对非居民纳税人在该国从事经营活动产生的积极所得拥有征税权，因为纳税人与来源国只有经济关联（Economic Attachment）而没有人身关联（Personal Attachment），来源国对非居民纳税人承担有限保护义务[②]。

“伟大的妥协”，作出妥协的是来源国，被妥协的是来源国的征税权。随着经济全球化和经济数字化的深入发展，失去征税权的不再仅仅是发展中国家，欧盟国家、英国和其他发达国家也在数字经济商业模式下经受失去征税权的痛苦，因为这些国家同样是数字经济的市场所在地，同样是数字企业远程跨境经营的所得来源地、收益来源地。欧盟、英国等发达国家对征税权的诉求，改变了维持和改革传统国际税收规则征税权划分原则的力量对比，推动了以价值创造地为基础的征税权划分原则的讨论。英国提出“用户参与提案”，认为市场辖区[③]用户的积极且持续参与是数字企业进行社交媒体平台、搜索引擎和在线市场经营的重要组成部分，为企业价值创造作出重要贡献，据此主张将剩余利润的一部分向市场辖区分配。美国提出“营销型无形资产提案”，认为营销型无形资产与市场辖区经济之间存在“内在功能联系”（Intrinsic Functional Link），市场辖区消费者的偏好、评价等客户数据为营销型无形资产的价值创造作出贡献，主张这种由市场辖区创造的无形资产应与其他无形资产（如研发形成的无形资产）共同去分享企业的剩余利润，但方法上仍旧采用独立交易原则，但以简约改进的剩余利润分割法（RPSM）来分配利润。印度牵头提出“显著经济存在提案”，认为经济数字化进程可以使企业的经营管理实现远程跨境融入另一个国家的经济生活，这种基于营业目的的持续性互动构成对另一个国家的显著经济存在，主张考虑用户的价值贡献、以市场辖区营业收入为主要分配要素对跨国企业集团的全球利润进行分配。无论哪一种方案，事实上都在承认数据是构成企业价值创造的要素，市场辖区的用户在参与企业经营活动生成数据的同时，也为企业的价值创造作出贡献，市场所在地应被承认为价值创造地。这是国际税收规则的重要理论变迁。在这一理论基础上，受G20委托、由OECD领导的G20/OECD包容性框架[④]就国际税收体系改革提出“双支柱”方案，特别是支柱一方案下的新征税权（金额A）将市场辖区认可为价值创造地，市场辖区可以获得一部分利润分配，征税权划分原则随之改变。

OECD在BEPS 15项行动计划成果报告的《解释性声明》中指出，数字经济经过近年来的快速发展，如今数字经济愈发发展成为经济本身，从税务角度来看，即便不是完全没

---

① 国际联盟财政委员会，《关于消除双重征税的报告》，1923年，译者：高阳。

② 廖体忠．国际税收政策的世纪选择与未来出路［J］．国际税收，2021，92（02）：3-11.

③ 笔者按：本专著将G20和OECD相关文件中的Market Jurisdictions译为“市场辖区”。部分国内相关文献将Market Jurisdictions译为“市场国”，为保持论述的一致性，本专著选择“市场辖区”的译法。

④ 笔者按：为确保BEPS建议能够协调、一致地实施，并使项目更具包容性，OECD和G20同意共同努力，创建了G20/OECD税基侵蚀和利润转移包容性框架，国家税务总局将其简称为：“G20/OECD包容性框架”（http：//www.chinatax.gov.cn/chinatax/n810219/n810724/c5169582/content.html），本专著采用这一简称。G20/OECD包容性框架使所有有兴趣和承诺实施的国家或辖区平等参与OECD财政事务委员会及其附属机构。G20/OECD包容性框架有超过140个成员，对“最低标准”的实施开展监督和同行审议，并推进完成应对BEPS问题的标准制定工作。除了成员外，其他国际组织和区域税务机构也参与了G20/OECD包容性框架的有关工作。此外，G20/OECD包容性框架还就不同工作内容征求企业和社会团队的意见建议。

有这种可能，但真正要将数字经济从经济的其他范畴内人为地圈离出去，也是相当的困难[①]。可以这样理解，数字经济已经进入经济数字化阶段，经济的各个领域都处于数字化进程。《解释性声明》认为孤立讨论如何应对数字经济对税收带来的挑战并不恰当，尽管数字经济商业模式不会造成独特的BEPS问题，但是数字经济的一些关键特征加剧了BEPS产生的风险，数字经济带来更广泛的税收挑战。“应对数字经济税收挑战”是BEPS 15项行动计划的第1项，这项行动计划的成果报告名为《应对数字经济税收挑战的成果报告（2015）》[②]（Addressing the Tax Challenges of the Digital Economy，Action 1 – 2015 Final Report）（以下简称《数字经济成果报告》），该成果报告指出数字经济的关键特征包括：对无形资产有着无以可比的依赖、大规模利用数据（特别是个人用户数据）、普遍采用多层面商业模式来获取免费商品所产生的外部效应价值，以及很难确定价值产生的税收辖区。数字经济的关键特征带来重要税收问题，那就是如何确定企业在数字经济商业模式中创造价值和获取利润，在数字经济商业模式下如何确定居民国、来源国，以及如何对所得定性的问题。《数字经济成果报告》提出随着信息通信技术（ICT）的发展进步，数字经济商业模式可以使得企业在更大规模、更远距离实现远程跨境经营，因此，数字经济带来的最关键、最重要的税收挑战就是联结度问题。在跨国企业集团不需要设立基于物理存在的经营实体的情况下，考虑联结度并据以判定常设机构来划分征税权，就变得没有意义，也没有必要，必须找到另外的方法解决这样的税收挑战，而且这是一项全球性的税收挑战。

BEPS 1.0没能完全解决所有问题，15项行动计划也不是都产出了“最终成果”。对传统国际税收规则及其理论基础的真正挑战，是数字经济及其商业模式下如何对征税权划分原则进行重置或调整，《数字经济成果报告》只是对数字经济的关键特征和对税收带来的挑战进行总结和梳理，但并没有就挑战给出解决方案，因此第1项行动计划并没像其他行动计划那样在BEPS 1.0的进程中得到“最终成果”。对此，OECD和G20在《数字经济成果报告》中提出将应对数字经济税收挑战的解决方案延期，由于数字经济税收挑战存在于经济的所有业务部门，需要“建立一个全球公平和现代化的国际税收体系”[③]。在此背景下，G20和OECD推动加快应对数字经济税收挑战的工作，经G20委托和授权，OECD在完成BEPS行动计划主要工作之后，于2016年成立由100多个国家和地区组成的包容性框架（以下简称G20/OECD包容性框架），共同研究应对经济数字化带来的税收挑战[④]，所有国家和地区（税收辖区）均可以平等参与G20/OECD包容性框架下的谈判工作，国际税收体系改革进入BEPS 2.0进程。

---

① OECD. 税基侵蚀和利润转移（BEPS）项目2015年成果：解释性声明. 第19段（第15页）http://www.chinatax.gov.cn/n810219/n810724/c1836574/5083221/files/740e60177d7248b29a841c4fecf4d6a9.pdf.

② OECD. Addressing the Tax Challenges of the Digital Economy，Action 1 – 2015 Final Report. 2015 – 10 – 05. https://www.oecd.org/tax/addressing – the – tax – challenges – of – the – digital – economy – action – 1 – 2015 – final – report – 97892642 41046 – en.htm.

③ 二十国集团领导人杭州峰会公报. 2016 – 09 – 05. http://www.china.org.cn/chinese/catl/2016 – 09/07/content_39837841.htm.

④ 廖体忠. 国际税收政策的世纪选择与未来出路［J］. 国际税收，2021（02）：3 – 11.

第二节 “双支柱”方案的提出与争论（2018—2019年）

一、BEPS 2.0 聚焦数字经济税收挑战难题

2018年6月，二十国集团（G20）领导人峰会在中国杭州举行，国家主席习近平在此次峰会上明确指出：“数字经济发展日新月异，深刻重塑世界经济和人类社会面貌。我们要营造公平、公正、非歧视的市场环境，不能关起门来搞发展，更不能人为干扰市场；要共同完善数据治理规则，确保数据的安全有序利用；要促进数字经济和实体经济融合发展，加强数字基础设施建设，促进互联互通；要提升数字经济包容性，弥合数字鸿沟。”[①]关于全球经济金融治理，此次G20领导人会议认为，各国应基于良政和法治原则加强税收治理，加强国际协调与合作，提高政策与规则透明度和确定性，落实税基侵蚀和利润转移行动计划成果，实施税收情报自动交换，推动和帮助发展中国家和低收入国家加入到G20税收行动中来，促进税收公平，防止双重征税，打击逃避税，对不合规辖区予以惩罚和制裁。会议还认为，数字经济为国际逃避税提供了新的空间，应特别注意防范。另外，国际税收不应成为“零和游戏”，必须加强协调，开展建设性合作，避免单边主义。会议呼吁国际社会团结协作，共同构建公平公正、包容有序的全球经济金融治理体系，包括国际税收治理体系，为世界经济增长提供制度保障。此次G20领导人峰会发布的《公报》的第19条承诺：继续支持国际税收合作以建立一个全球公平和现代化的国际税收体系并促进增长，包括推进正在开展的税基侵蚀和利润转移合作、税收情报交换、发展中国家税收能力建设和税收政策协调等，以促进增长；欢迎在有效和广泛落实国际公认的税收透明度标准方面取得的进展；呼吁所有尚未承诺采纳税收情报自动交换标准的相关国家，包括所有金融中心和辖区，尽快作出承诺，最迟在2018年前实施自动情报交换标准，签署并批准《多边税收行政互助公》；鼓励各国和国际组织帮助发展中国家进行税收能力建设；支持亚的斯税收倡议；强调税收政策工具在开展供给侧结构性改革、促进创新驱动和包容性增长方面的有效性，以及税收确定性对于促进投资和贸易的益处，并要求经合组织和国际货币基金组织继续就促进增长的税收政策和税收确定性开展工作[②]。

数字经济是随着信息技术发展而产生的一种新的经济形态，在世界范围内，数字经济已成为全球经济的重要内容，是全球经济发展的主线，并在逐步推动产业界和全社会的数字化转型[③]。随着信息通信等相关科学技术的迅猛发展，经济数字化进程在不断加速，数

① 习近平出席二十国集团领导人第十四次峰会并发表重要讲话．2019－07－18. http：//politics. people. com. cn/n1/2019/0629/c1024－31202960. html.

② 廖体忠．让经济增长的火炬照亮世界前程——G20杭州峰会国际税收议题述评［J］．国际税收，2016，40（10）：6－12.

③ 国务院发展研究中心课题组．传统产业数字化转型的模式和路径，2018年3月．http：//cdf. cdrf. org. cn/jjh/2018/pdf/mshlj. pdf.

字企业不断创新商业模式和价值创造与实现方式，这一方面推动了经济快速发展，有利于产业的转型升级，另一方面也对传统市场经济治理带来挑战，其中特别现实的就是经济数字化对国际税收体系的挑战。之所以有 BEPS 2.0，是因为 BEPS 15 项行动计划的 2015 年最终成果报告没能全面地、有效地、最终地解决税基侵蚀和利润转移的所有问题，尤其是第 1 项行动计划的数字经济带来的税收挑战难题。因此，国际税收体系改革自 2016 年开始进入 BEPS 2.0 时代，并且 BEPS 2.0 的工作重心应是聚焦数字经济的税收挑战难题。BEPS 1.0 各项工作在 2015 年告一段落，2016 年 OECD 和 G20 没有发布重要文件，但是在数字经济是否应该征税、如何征税的问题上，有个别国家，如印度，在这一年积极推动本国的单边税收措施。印度在《财政法案（2016）》中提出征收均衡税（Equalization Levy），针对在线广告付费总收入（Gross amount of online advertising payments），将设定税率为 6%，自 2016 年 6 月 1 日起实施。2016 年印度均衡税的提出，为其他国家（或地区）提供了样板，其他国家（或地区）开始加快自己针对数字经济单边税收措施的步伐。

越来越多针对数字经济的单边税收措施的出现，加剧世界范围内就数字经济征税权的竞争，使得应对数字经济税收挑战的工作变得越来越复杂，也越来越紧急。G20 和 OECD 都注意到了这样的情况，2017 年 3 月，在德国巴登巴登（Baden - Baden）举行的 G20 财长和央行行长会议一致同意加快应对数字经济税收挑战的工作，授权 OECD 在 G20/OECD 包容性框架下（BEPS Inclusive Framework）加快工作，在国际货币基金组织（IMF）和世界银行（WBG）2018 年春季会议之前向 G20 财长和央行行长会议提交就应对数字经济税收挑战难题的中期报告，2017 年 7 月在德国汉堡召开的 G20 领导人峰会确认了这一要求①，表明 G20 领导人对这一事项的高度重视和坚决支持。此后，OECD 在 G20/OECD 包容性框架下的工作明显提速。2017 年 9 月 22 日，OECD 数字经济税收工作小组②（Task Force on the Digital Economy，TFDE）公开发布《应对数字经济税收挑战相关工作征求意见的函》③，2017 年 11 月 1 日，OECD 就收集到的意见建议举行公开讨论会④。OECD 数字经济税收工作小组（TFDE）列出了应对数字经济税收挑战四个方面的主要问题，一是关于经济数字化、商业模式和价值创造方面的问题，二是关于税制体系挑战和机遇的问题，三是 BEPS 一揽子成果的实施问题，四是关于应对单边税收措施的问题。可以看出，OECD 不仅关注应对数字经济税收挑战，而且关注 BEPS 行动计划成果的执行实施，BEPS 2.0 的工作内容正在变得充实、边界更加清晰。

2018 年 3 月 16 日，经 G20/OECD 包容性框架批准，OECD 公开发布《经济数字化税

① G20 Leaders' Declaration Shaping an interconnected world, Hamburg, 7/8 July 2017, https://www.g20germany.de/Content/EN/_Anlagen/G20/G20 - leaders - declaration_blob = publicationFile&v = 11. pdf.

② 笔者按：OECD 数字经济税收工作小组（TFDE）是 G20/OECD 税基侵蚀和利润转移（BEPS）包容性框架下的一个工作组，包容性框架将支柱一方案有关金额 A 的工作分派给 TFDE。除了这项工作，TFDE 负责的其他工作还包括：起草《多边公约》（MLC）文本、《多边公约》（MLC）的解释性声明和国内立法模板、有关金额 A 的其他解释性指引文件。

③ OECD. REQUEST FOR INPUT ON WORK REGARDING THE TAX CHALLENGES OF THE DIGITALISED ECONOMY. 2017 - 09 - 22. https://www.oecd.org/tax/beps/oecd - invites - public - input - on - the - tax - challenges - of - digitalisation. htm.

④ OECD. BEPS public consultation on the tax challenges of digitalisation. 2017 - 11 - 01. https://www.oecd.org/tax/beps/public - consultation - on - tax - challenges - of - digitalisation - 1 - november - 2017. htm.

收挑战——中期报告（2018）》① （以下简称《2018 中期报告》），如期完成 G20 赋予的工作任务。《2018 中期报告》由 OECD 数字经济税收工作小组（TFDE）撰写，该报告总结了 BEPS 项目在应对双重不征税和激进税收筹划问题方面取得的重要进展，强调 2013—2015 年 BEPS 项目的重要成果正是为了通过国际税收体系改革来系统性地解决问题。同时，《2018 中期报告》特别指出，近年来越来越多的辖区已经或准备采用单边税收措施对数字经济征税的做法，不仅反映了部分国家（或地区）对传统国际税收规则的不满，还显示出进行国际税收体系改革的紧迫性，应该给予高度警惕和高度重视。此外，《2018 中期报告》的一项突出贡献是提出“价值链、价值网络和价值商店”的价值创造模式，这是用以分析数字经济商业模式下价值创造的新理论框架②，为“确保利润在经济活动发生地和价值创造地征税”奠定了重要规则基础。《2018 中期报告》为此后一段时期的工作制定了明确计划，尽管 OECD 意识到当时全球各国（或地区）尚未就如何进行国际税收体系改革达成共识，但 OECD 数字经济税收工作小组（TFDE）还是在《2018 中期报告》中提出 G20/OECD 包容性框架应在 2020 年就此达成全球共识协议，现在看，当时这个计划有些过于雄心勃勃。

《2018 中期报告》共有 8 章，在其第 3 章“BEPS 项目的实施和影响”（Implementation and Impact of the BEPS Package）中指出，2015 年以来，BEPS 15 项行动计划成果报告的实施取得一定的成效，尽管还需更多证据加以支持，但已有的证据表明跨国企业集团正在改变其公司投资架构，例如，转向本地分销模式、知识产权回归本国等。各国（或地区）对 BEPS 最终成果报告有关常设机构规则的采纳低于预期，但是受控外国公司规则（CFC Rule）、反协定滥用措施、转让定价和知识产权规则等其他部分都取得了一定的进展。同时，《2018 中期报告》还清晰地提出，仅通过已有的 BEPS 最终成果报告的各项措施不足以全面解决数字经济商业模式改变带给传统国际税收规则的挑战，新的改变带给传统国际税收规则根本性的、全局性的、长期性的问题，需要总体的解决方案，而不是部分修补能够解决的。

《2018 中期报告》在其第 4 章“相关税收政策发展”（Relevant Tax Policy Developments）中对相关国家（或地区）对数字经济征税的单边税收措施进行了梳理，共分为 4 类：（1）常设机构门槛的不同应用，如印度、以色列；（2）预提所得税，如德国；（3）流转税的不同应用，如印度、法国；（4）对大型数字企业的特别规定，如英国、澳大利亚。《2018 中期报告》在其第 5 章“调整国际税收规则以适应经济数字化”（Adapting the International Tax System to the Digitalisation of the Economy）中对相关国家（或地区）对国际税收体系改革的主张进行分类总结，共分为 3 组：第一组国家（或地区）认为，在数字经济商业模式下用户积极参与对企业的价值创造作出贡献，因此应考虑针对性的措施以在利润分配和征税权划分上体现这一点。第二组国家（或地区）认为，由于经济的各个部门都已在数字化的进程中，即经济数字化需要对传统国际税收规则的基础框架进行全面和彻底的重塑。第三组国家（或地区）则认为传统国际税收规则框架无须做大改动，只需要部分修

① OECD. Tax Challenges Arising from Digitalisation - Interim Report 2018. 2018 - 03 - 16. https://www.oecd.org/tax/tax-challenges-arising-from-digitalisation-interim-report-9789264293083-en.htm.

② 笔者按：自《2018 中期报告》开始，G20 和 OECD 将数字经济税收挑战统一称为“经济数字化税收挑战”。

改以适应数字企业的需要。《2018 中期报告》在其第 6 章“应对数字化带来的税收挑战的短期措施”（Interim Measures to address the tax challenges arising from Digitalisation）中指出，已有许多国家（或地区）强烈反对对数字经济征收流转税的短期措施，这类短期措施将给全球经济福利、生产力和竞争力带来极大的不确定性和负面影响。

《2018 中期报告》具有里程碑的重要意义。该报告将数字经济税收挑战难题总结为：在数字经济商业模式下数字企业更容易远程跨境进入另外的辖区市场，而不必或甚少在该市场辖区当地有实体存在，这使得数字企业在远程跨境从另外辖区市场经营获利的情况下，却无须向另外辖区市场缴纳税金。《2018 中期报告》将 BEPS 2.0 的工作重心确定为应对数字经济的税收挑战难题，这个方向是正确的、恰当的，尽管 OECD 数字经济税收工作小组（TFDE）在《2018 中期报告》中承认，这是一项非常艰巨的工作任务，因为新规则必将改变传统国际税收规则的基础，需要对征税权进行重新划分，意味着各国（或地区）税收利益格局的变动和再平衡，这不仅需要经济利益上的取舍让步，更需要政治上的支持推动。G20/OECD 包容性框架对《2018 中期报告》的批准，表明全球大多数经济体意识到数字经济税收挑战难题，并且愿意通过协调、谈判来应对和解决这一难题。可以说《2018 中期报告》为应对数字经济税收挑战作出了重要的贡献，虽然该报告不会立刻改变相关国家（或地区）已经开启的对数字经济的单边税收措施，但是该报告向前发展了 2015 年 BEPS 第 1 项行动计划（数字经济税收挑战）的成果报告，提出了传统国际税收规则的可能变化。

二、《2019 政策文件》提出“双支柱”方案

由于《2018 中期报告》提出要在 2020 年之内就应对数字经济税收挑战达成全球共识协议，因此 G20 和 OECD 在 2019 年的工作则特别紧张与忙碌，其中最大的成绩是在 2019 年提出“双支柱”方案。2019 年 1 月 23 日和 24 日，来自 G20/OECD 包容性框架 95 个成员辖区和 12 个观察员组织的 264 名代表举行会议，会议讨论并批准了一份名为《应对经济数字化税收挑战——政策文件》[①]（Addressing the Tax Challenges of the Digitalisation of the Economy – Policy Note，以下简称《2019 政策文件》）的报告。《2019 政策文件》更新了应对数字经济税收挑战尚未解决的 BEPS 问题，对英国提出的“用户参与提案”、美国提出的“营销型无形资产提案”、印度和哥伦比亚提出的“显著经济存在提案”进行了较全面和清晰的总结，认为这三个提案可以归入“支柱一”，可以考虑将跨国企业集团的一部分利润分配给市场辖区（用户所在国）。支柱一方案将重新审视确定企业与某税收辖区之间关联程度的“联结度规则”（Nexus Rule），这项规则将决定究竟有多少利润需要分配给企业经营活动所在的辖区。另外，《2019 政策文件》将德国和法国提出的最低税提案归入“支柱二”，借鉴美国 2017 年特朗普政府税改提出的“全球无形低税所得规则”（GILTI），允许对已被转移至低税辖区的利润进行征税，以此来解决剩余的 BEPS 问题。《2019 年政策文件》建议，G20/OECD 包容性框架各成员辖区需要在“无偏见非约束”（Without Pre-

---

① OECD. Addressing the Tax Challenges of the Digitalisation of the Economy – Policy Note. 2019 – 01 – 24. https://www.oecd.org/tax/beps/policy – note – beps – inclusive – framework – addressing – tax – challenges – digitalisation. pdf.

judice）的基础上展开讨论和谈判，以更有利于取得方案的一致性。

《2019 政策文件》的重要意义在于清晰地提出双支柱的解决方案，为进一步细化“双支柱”方案，OECD 于 2019 年 2 月 13 日发布《应对经济数字化税收挑战的公众咨询文件》①，自 2019 年 2 月 13 日起至 2019 年 3 月 6 日止，公开向全球公众征询意见建议，并且于 2019 年 3 月 13 日和 14 日举行公开会议，讨论征集到的意见建议。在此基础上，OECD 加快工作进度，G20/OECD 包容性框架 129 个成员辖区于 2019 年 5 月 28 日和 29 日举行会议，讨论并批准了《工作计划——旨在制定应对经济数字化带来的税收挑战的共识性解决方案》②（以下简称《2019 工作计划》），该工作计划于 2019 年 5 月 31 日公开发布，正式对“双支柱”方案进行工作规划，开启国际税收体系改革的具体工作。

三、《2019 工作计划》制定路线图和时间表

2019 年 6 月 8 日，在日本福冈举行的 G20 财长和央行行长会议期间，召开了题为“关于构建公平、可持续和现代化的国际税收体系”部长级国际税收论坛。会上，日本副首相兼财政大臣麻生介绍了 G20 应对经济数字化税收挑战的有关工作，OECD 秘书长古里亚（Angel Gurría）介绍了 G20 和 OECD 在应对经济数字化税收挑战领域取得的成果和进展。尽管各国对于应对经济数字化税收挑战关注的重点各有侧重，对“双支柱”方案的立场也并非完全一致，但与会各国财长均表态支持多边合作，同意 OECD 在《2019 工作计划》中制定的路线图和时间表，力争在 2020 年年底前形成基于共识的全球解决方案。依据《2019 工作计划》，G20/OECD 包容性框架需要在 2020 年 1 月之前就“双支柱”方案的“规则架构”先行达成一致，这一环节非常重要，这一环节是制定“双支柱”方案规则细节的前提和基础。但是时间非常紧迫，OECD 需要多个工作组同时推进，还要对制定规则可能产生的经济影响进行评估，以调整并最终完成解决方案。

《2019 工作计划》确定支柱一方案主要解决经济数字化税收挑战的征税权划分难题，建议将额外的一部分征税权分配给用户所在的辖区，即市场辖区（市场国）。《2019 工作计划》提出支柱一方案的四个工作重点：第一，引入“新征税权”（New Taxing Right），对“经修正的剩余利润分配法”（Modified Residual Profit Split Method）、“公式分摊法”（Fractional Apportionment Method）、“以分销为基础的利润分配法”（Distribution Based Approach）这三种方法进行利弊平衡，而不是简单的“三选一”或者“三合一”，修订利润分配规则，设计新联结度，向市场辖区（市场国）重新分配利润。第二，研究跨国企业集团业务分部（业务线）和所属区域划分的可行性和具体技术规则，研究恰当的“简化方法”，可以将跨国企业集团的一部分利润分配至市场辖区，包括用来解决如何将亏损分配至市场辖区的难题。第三，设计支柱一方案的适用范围和设计“新联结度”，G20/

① OECD. Public Consultation Document ADDRESSING THE TAX CHALLENGES OF THE DIGITALISATION OF THE ECONOMY. 2019－02－13. https：//www. oecd. org/tax/beps/public－consultation－document－addressing－the－tax－challenges－of－the－digitalisation－of－the－economy. pdf.

② OECD. Programme of Work to Develop a Consensus Solution to the Tax Challenges Arising from the Digitalisation of the Economy. 2019－05－29. http：//www. oecd. org/tax/beps/programme－of－work－to－develop－a－consensus－solution－to－the－tax－challenges－arising－from－the－digitalisation－of－the－economy. pdf.

OECD包容性框架多数成员辖区已经接受支柱一方案不应仅仅聚焦“高度数字化的商业模式”，还需要从技术上将那些对营销型无形资产依赖程度低的纳税人排除在支柱一方案的适用范围之外。支柱一方案的适用范围究竟如何关系到各国的税收主权和税收利益，在方案设计时要考虑获得各国（或地区）特别是G20政治支持的可行性。第四，设计执行支柱一方案所需要的税收协定更新和协调制约机制。支柱一方案对传统国际税收规则的革命性改变不仅包括实体规则的改变，还包括执行规则的改变，向市场辖区分配利润将突破以双边税收协定为基础的全球税收治理秩序，迈向以多边税收公约为基础的全球税收治理秩序，以多边税收公约为基础的全球税收治理秩序将更加具有强制约束力，需要各国（或地区）让渡一定的税收主权。

《2019工作计划》确定支柱二方案聚焦解决剩余的BEPS问题，也就是2015年BEPS 15项行动计划成果报告仍未能完全解决的问题，支柱二方案的工作重点是设计如何对跨国企业集团的低税受控外国公司（CFCs）缴纳最低水平的税收。《2019工作计划》的支柱二方案设计了两项具体规则：第一项是所得纳入规则（Income Inclusion Rule，IIR），在这一规则下如果跨国企业集团的某一分支机构或受控实体的有效税率低于规则设定的最低税税率水平，需要将低税所得归入跨国企业集团持股架构的母公司，由母公司补税至最低税税率水平。所得纳入规则主要保护的是居民国的税收利益，可以看作对受控外国公司规则（CFC Rule）的补充[①]，这项规则的实施效果将使跨国企业集团在其经营的全球各国（或地区）的税率水平提升至全球最低税税率之上，支柱二方案因此也被统称为“全球最低税规则”[②]。第二项是税基侵蚀支付课税规则（Tax on Base Eroding Payments Rule），设计这项规则是对所得纳入规则的平衡，这项规则意在保护来源国的税收利益，但是保护的程度有限。《2019工作计划》提出的税基侵蚀支付课税规则又包括两项具体规则：第一项具体规则是低税支付规则（Undertaxed Payment Rule），在该规则下如果一项关联支付款项的适用税率低于规则设定的税率水平，来源国（多数情况下是支付方所在国）有权对关联支付款项不予所得税前扣除或者对关联支付款项征收预提所得税（Withholding Tax）。第二项具体规则是应税规则（Subject to Tax Rule），在该规则下如果一项支付的适用税率低于规则设定的税率水平，将被征收预提所得税，并且不能享受双边税收协定规定的税收优惠待遇。应税规则需要修改《OECD税收协定范本》、各国（或地区）相应修改双边税收协定才可得以执行。

四、“统一方法”与“安全港”的争论

2019年6月28日和29日在日本大阪举行G20领导人峰会，在会后发布的公报[③]中，G20领导人一致认可应对经济数字化税收挑战取得的进展，认可《2019工作计划》中确

---

① 韩霖. OECD应对经济数字化税收挑战的工作计划：简介与观察［J］. 国际税收，2019（08）：19－24.

② 笔者按：从实施效果角度，支柱二方案可以被称为“全球最低税规则”；而从支柱二方案最终的规则内容来看，支柱二方案包括应税规则（STTR）、所得纳入规则（IIR）、低税支付规则（UTPR），其中所得纳入规则（IIR）和低税支付规则（UTPR）又并称为全球反税基侵蚀规则（GloBE），GloBE是实质意义上的全球最低税规则。

③ G20. G20 Osaka Leaders' Declaration. 2019－06－29. https：//www. consilium. europa. eu/en/press/press－releases/2019/06/29/g20－osaka－leaders－declaration/.

定的路线图和时间表，表示致力于在2020年年底之前达成全球共识解决方案。2019年10月9日OECD发布《支柱一方案下“统一方法”的秘书处提案》[①]（以下简称《2019统一方法》），向全球所有利益相关方公开征求意见建议。自2019年10月9日至2019年11月12日OECD共收到304份、合计超过3000多页的意见建议，显示出各界对于讨论《2019统一方法》的热情，也反映出各界对《2019统一方法》的不同看法。

OECD在《2019统一方法》中针对性地提出“统一方法”（Unified Approach），这一方法汲取英国提出的“用户参与提案”、美国提出的“营销型无形资产提案”、印度和哥伦比亚提出的“显著经济存在提案”的关键设计要素，设计由金额A（Amount A）、金额B（Amount B）和金额C（Amount C）构成的“三段式”利润分配的方法，而不再坚持传统国际税收规则对利润划分的独立实体原则和独立交易原则。《2019统一方法》的逻辑重点主要包括三部分内容，即适用范围与新联结度、新征税权的利润分配方法、具有强制约束力的治理机制。关于适用范围与新联结度，“统一方法”将适用于“面向消费者业务”（Consumer Facing Businesses，CFB），广义而言，“统一方法”的适用范围将涵盖通过提供面向消费者的产品或提供具有面向消费者元素的数字服务而产生营业收入的企业。“统一方法”提出新联结度将不再依赖物理存在的定性因素，转而倾向于源自某一市场辖区营业收入的定量因素。关于新征税权的利润分配法，金额A是对传统国际税收规则的最大突破，“统一方法”采用公式分配的方法将跨国企业集团剩余利润的一部分分配给符合新联结度的市场辖区（市场国），市场辖区因此拥有对跨国企业集团的新征税权（金额A）。金额B是“统一方法”依据独立交易原则，按照更加简化的方法给予在市场辖区从事基础性分销和营销功能活动（Baseline Distribution and Marketing Activities）以固定的回报，这个回报即为金额B。依据“统一方法”，如果跨国企业集团在市场辖区（市场国）从事的营销活动超过金额B的基础性营销和分销功能活动的范围，进而要求获得更多的、超过金额B的回报，以多边磋商或争议解决机制确定的利润分配为金额C。关于具有强制约束力的治理机制，“统一方法”强调有必要建立具有强制约束力的争议解决机制，以确保利润分配方法等规则的执行，特别是新征税权（金额A）的执行。《2019统一方法》提出的仍然是一个规则框架，仍然需要在后续的工作中对这个框架所体现的利润分配新思路进行技术细节的丰富、补充和完善。

2019年11月8日，OECD发布支柱二方案下的全球反税基侵蚀规则（Public Consultation Document：Global Anti－Base Erosion Proposal（GloBE）－Pillar Two）（以下简称“全球反税基侵蚀规则”或“GloBE规则”）的建议文本[②]，OECD秘书处就在支柱二方案下引入统一的全球最低税（Global Minimum Tax）向全球所有利益相关方公开征求意见建议[③]。

---

① OECD. Secretariat Proposal for a “Unified Approach” under Pillar One. 2019－10－09. https：//www. oecd. org/tax/beps/public－consultation－document－secretariat－proposal－unified－approach－pillar－one. pdf.

② OECD. Public Consultation Document：Global Anti－Base Erosion Proposal（GloBE）－Pillar Two. 2019－11－09. http：//www. oecd. org/tax/beps/public－consultation－document－global－anti－base－erosion－proposal－pillar－two. pdf.

③ OECD. OECD secretariat invites public input on the Global Anti－Base Erosion（GloBE）Proposal under Pillar Two. 2019－11－08. http：//www. oecd. org/tax/beps/oecd－secretariat－invites－public－input－on－the－global－anti－base－erosion－proposal－pillar－two. htm.

GloBE 规则[①]旨在通过对跨国企业集团实际有效税率低于规则设定的全球最低税税率水平的差额部分补征税额至最低税税率水平，以确保跨国企业集团在其经营活动涉及的各国（或地区）承担公平税负水平。OECD 这一稿的建议文本确定 GloBE 规则包括四项具体规则：第一项是所得纳入规则（IIR）；第二项是转换规则（Switch – over Rule），作为对所得纳入规则的补充，这项具体规则将在《OECD 税收协定范本》中增加部分条款，对于常设机构或境外不动产取得的所得但在当地有效税率低于规则设定的最低税税率水平的情况，允许居民国从境外所得免税法转换为抵免法来进行处理，这也是对居民国税收权益的照顾；第三项是低税支付规则（Undertaxed Payment Rule，UTPR），如果出现跨国企业集团关联交易支付款项的有效税率低于规则设定的最低税税率水平，则允许来源国对该笔款项进行源泉征税（如预提所得税），或者采取不允许付款方进行税前扣除的方法，补征税款至最低税税率水平；第四项是应税规则（Subject to Tax Rule，STTR），该项具体规则是对低税支付规则的补充，如果关联交易收款方的居民国未对该交易充分征税，应税规则允许来源国对未充分征税的款项直接征收预提所得税，并且可以不再执行税收协定给予的优惠待遇。OECD 这一稿建议文本的公众征询意见截止日期是 2019 年 12 月 2 日，OECD 在 2019 年 12 月 9 日召开会议讨论收集到的意见建议，以便 2020 年 1 月在 G20/OECD 包容性框架内就支柱二方案取得共识，在 2020 年制定方案的全部技术细节。

美国对于“双支柱”方案的制定和谈判是非常关注的，但是对于“双支柱”方案的具体内容和技术细节，美国有着自己的想法，并且，美国政府与美国国会之间、共和党政府与民主党政府之间的态度也有着重要的差别，这些差别严重影响着美国对“双支柱”方案的谈判立场。对于“双支柱”方案谈判最新进展，时任美国财政部部长姆努钦（Steven T. Mnuchin）于 2019 年 12 月 3 日致信[②] OECD 秘书长古里亚（Angel Gurría），一方面表示支持 OECD 推动的国际税收体系改革进程，另一方面明确表达了美国对“双支柱”方案的态度。对于支柱一方案，美国坚决主张全面废除针对数字经济征税的单边税收措施，如数字服务税（DST），姆努钦在信中表示数字服务税正在威胁国际税收规则长期以来的多边共识，美国坚定地认为数字服务税等单边税收措施是对美国数字企业的歧视性待遇。姆努钦表示任何新的多边税收协议的生效执行都需要修改税收协定或者修改各国（或地区）的国内税法，这就需要获得更加广泛的多边支持，美国对支柱一方案偏离独立交易原则税收联结度标准表示严重关切，认为这些原则和标准是美国纳税人依赖的传统国际税收规则的重要基础。因此，美国提出在支柱一方案下增设安全港规则（Safe Harbor Regime），姆努钦认为美国纳税人的担心可以通过支柱一方案的安全港规则得以消除。对于支柱二方案，姆努钦在信中表示支柱二方案的 GloBE 规则与美国 GILTI 规则有很多重要的相似之处，美国全力支持。

美国对“双支柱”方案谈判进展的表态，尤其是对支柱一方案的安全港建议，实质上是对支柱一方案的重大打击。因为美国提出的安全港建议允许美国数字企业在支柱一方案

---

① 笔者按：Global Anti – Base Erosion 中文译为：全球反税基侵蚀规则，为方便叙述，本书将其简称为：GloBE 或 GloBE 规则。

② Steven T. Mnuchin，US Secretary of The Treasury. Letter to Secretary General of OECD. 2019 – 12 – 03. https：//about-btax. com/NgX.

和安全港建议之间二选一，这实质上是在帮助美国数字企业绕过支柱一方案，果真如此，支柱一方案将变得形同虚设，G20/OECD 包容性框架下 OECD 的工作将前功尽弃。因此，OECD 无法同意美国的建议。OECD 秘书长古里亚（Angel Gurría）于美国财长致信之日的次日，2019 年 12 月 4 日，当即回信姆努钦[①]，明确表达了 OECD 的态度和主张。古里亚秘书长在信中坦陈，美国 2017 年的税改在很大程度上为 OECD 制定“双支柱”方案，尤其是支柱二方案提供了框架基础，同时古里亚也向姆努钦明确指出 OECD 不认为支柱一方案可以引入安全港规则，古里亚强调安全港规则可能影响目前 G20/OECD 包容性框架各成员辖区共同确定的紧迫期限内推进双支柱谈判进程的能力。围绕“双支柱”方案的争论，特别是支柱一的“统一方法”与“安全港”之间的争论，确实影响双支柱谈判的进程，美国政府对于支柱一方案的态度，使得“双支柱”方案的谈判进展缓慢，根本性原则框架不能确定，方案内容和技术细节难以取得突破性进展。

第三节　“双支柱”方案在争议中艰难前行（2020 年）

一、“双支柱”方案规则框架进一步清晰

2020 年 1 月 29 日和 30 日，G20/OECD 包容性框架讨论并同意对支柱一“统一方法”进一步修改，1 月 31 日 OECD 发布《关于以“双支柱”方案应对经济数字化税收挑战的声明》[②]（以下简称《2020 声明》），重申在 2020 年年底之前解决经济数字化税收挑战关键问题的工作任务，包括高效和有约束力的税收争端预防与解决机制，在“无偏见非约束”（Without Prejudice）的基础上达成全球共识性协议。与《2019 统一方法》相比较，《2020 声明》保持了支柱一方案规则框架的基本稳定，但是在几个重要的方面对支柱一方案进行了完善和补充，其中最重要的方面是 OECD 在《2020 声明》中调整了支柱一“统一方法”的适用范围，在《2019 统一方法》确定的“面向消费者业务”（Consumer Facing Businesses，CFB）之外增加“自动化数字服务”（Automated Digital Services，ADS）[③]。面向消费者业务（CFB）指通过销售商品或服务获取收入的业务，具体包括个人用计算产品（如智能手机、软件等）、衣服、化妆品、奢侈品、品牌食品和茶点、汽车，甚至将通过授权获利的特许经营（如饭店或酒店）也纳入业务范围，但是采掘业、金融业、船运和航空

---

① Angel Gurría, Secretary General of OECD, Letter to US Secretary of The Treasury. 2019 - 12 - 04. https: //www. oecd. org/tax/Letter - from - OECD - Secretary - General - Angel - Gurria - for - the - attention - of - The - Honorable - Steven - T - Mnuchin - Secretary - of - the - Treasury - United - States. pdf.

② OECD. Statement by the OECD/G20 Inclusive Framework on BEPS on the Two - Pillar Approach to Address the Tax Challenges Arising from the Digitalisation of the Economy. 2020 - 01 - 31. http: //www. oecd. org/tax/beps/statement - by - the - oecd - g20 - inclusive - framework - on - beps - january - 2020. pdf.

③ 姚丽．愿景与现实：OECD 应对经济数字化税收挑战的“统一方法”［J］．税务研究，2020，425（06）：70 - 78.

运输等因其行业特性和复杂程度而未在其列。自动化数字服务（ADS）是指在标准化基础上向多个跨境市场（辖区）的大量客户或用户提供自动化数字服务而取得营业收入的业务，具体包括线上搜索引擎服务、社交媒体平台服务、数字内容流服务、线上游戏服务、云计算服务、线上广告服务和线上中介平台服务等。自动化数字服务（ADS）不仅包括直接提供给消费者的服务（B2C），也包括云服务这样提供给企业的服务（B2B），但是法律、会计、工程和咨询等专业服务因其需要高度的人工干预和判断而未在其列。但是对于面向消费者业务（CFB）和自动化数字服务（ADS）两类服务适用范围界定的诸多关键术语，《2020 声明》没有给出具体清晰的解释或阐述，需要在后续的工作中予以解决①。

除了“统一方法”的适用范围，《2020 声明》还在如下几个方面对“统一方法”进行了完善和补充。第一，《2020 声明》确认“统一方法”适用于全球年营业收入不低于 7.5 亿欧元的跨国企业集团，与 BEPS 第 13 项行动计划国别报告的阈值门槛保持一致，将营业规模较小的跨国企业集团阻挡在阈值门槛之外，以避免营业规模较小的跨国企业集团纳税人承担过多的纳税遵从成本。对于集团全球年营业收入超过阈值门槛的跨国企业集团纳税人，《2020 声明》提出还要考虑为范围内业务（CFB 或 ADS）的年营业收入设定阈值门槛，为范围内业务（CFB 或 ADS）的利润率以及可供进行分配金额 A 的剩余利润额设定阈值门槛。第二，《2020 声明》提出对于符合业务适用范围的跨国企业集团，以其在市场辖区（Market Jurisdiction）的“显著且持续参与”（Significant and Sustained Engagement）作为判定标准，确定其在市场辖区是否构成新联结度。为避免对传统国际税收规则下的联结度规则造成外溢效应，《2020 声明》确定新联结度将仅适用于支柱一“统一方法”的金额 A，而成为一项独立的规则。新联结度放弃现行联结度规则以物理存在为关键特征的定性标准，转而采用营业收入（或利润额）的定量标准作为“显著且持续参与”的判定指标。如果一家跨国企业集团符合“统一方法”适用范围的业务，在一国市场的营业收入达到规定的阈值门槛（Threshold），则认为该集团“显著且持续参与”该国市场，在该国构成新联结度，而无论该集团在该国境内是否构成物理存在。在此情形下，该国获得新征税权（New Taxing Right）。对于如何设定达到“显著其持续参与”阈值门槛的指标数值，《2020 声明》提出两种不同的联结度规则，对于自动化数字服务（ADS），仅设定一个营业收入阈值门槛，对于面向消费者业务（CFB），将考虑在营业收入阈值门槛之外设定“附加因素”，以适用在市场辖区已有物理存在或有针对性的广告投放的情形。《2020 声明》尚未对阈值门槛的数值给出清晰的解释，但是承认需要考虑不同国家的发展程度、市场规模以及行业特征进行更加细致的工作，以取得最大范围的国际共识和支持。第三，《2020 声明》不再采用传统国际税收规则利润分配的“独立实体原则”“独立交易原则”等，以可接受会计准则下跨国企业集团合并会计报表的集团合并税前利润为计算起点，以确定的比例计算剩余利润，以公式分配的方法计算金额 A 并在满足新联结度的市场辖区间进行分配。《2020 声明》指出，由于跨国企业集团在全球各区域（Regions）、各产品部门（Business Units）、各市场（Markets）之间的盈利水平相去甚远，需要对集团合并税前利润进行进一步调整，可以按照业务线、区域或市场对合并利润进行分析确认，但没有给出

① KPMG. OECD 新国际税收规则工作进入下一阶段 . 2020 - 02 - 20. https：//assets. kpmg/content/dam/kpmg/cn/pdf/zh/2020/02/china - tax - alert - 10. pdf.

具体的指导原则和操作建议。第四，对于美国坚持的安全港规则，OECD 在《2022 声明》中认为，这有待“统一方法”的关键政策和技术细节确定后予以总体衡量其适用可能性，由于这项建议更多代表美国的单边利益诉求，G20/OECD 包容性框架成员辖区对此的分歧很大，是进一步谈判的争议焦点。

二、支柱一仍显分歧、支柱二初现一致

2020 年 2 月 15 日，OECD 秘书长古里亚（Angel Gurría）就应对经济数字化税收挑战、税收透明度、BEPS 行动计划成果报告的实施、支持发展中国家税收能力建设等事项向 G20 财长和央行行长会议提交报告①，并且将《2020 声明》作为附件 A（Annex A）一并提交。古里亚秘书长在参加 G20 财长和央行行长会议时的发言中指出②，相比“实体”企业，数字经济可以更好地应对新冠疫情危机，对某些数字企业而言甚至是机遇，确保对数字经济予以公平和恰当地征税已成为一项政治和政策上的当务之急。古里亚秘书长强调，在 G20/OECD 包容性框架 139 个成员辖区的共同努力下，应对经济数字化税收挑战已经取得重要进展，并且仍将不懈地继续进行，以期在 2020 年年底前达成一项全球共识协议，防止单边税收措施扩散和由此产生的贸易争端，为疫情后全球经济的复苏提供税收确定性。

美国提出的安全港规则将允许美国跨国企业集团在支柱一方案“统一方法”与安全港规则之间自由选择、自行决定，这一建议不仅大大提升支柱一方案的技术复杂程度和纳税遵从成本，而且由于美国数字经济在全球范围内的地位，这一建议将实质性地降低支柱一方案的规则效力。这一建议使得美国和一些欧洲国家产生摩擦，特别是一贯支持数字服务税的法国，尽管美法两国政府进行了卓有成效的对话，在某些方面达成暂时的妥协，但根本性的分歧和争议仍旧存在。美国特朗普政府坚决主张全面废除所有针对美国数字企业的单边税收措施，又不想在支柱一方案中做过多让步。时任美国贸易代表莱特希泽（Robert Lighthizer）对“双支柱”方案谈判持比较强硬的态度，并曾一度支持时任美国财政部部长姆努钦要退出谈判③。

2020 年 6 月 12 日，美国时任财政部部长姆努钦致信法国、西班牙、意大利和英国财政部部长，并且抄送 OECD 秘书长古里亚④，再次明确反对四国已经或考虑实施的数字服务税。姆努钦在信中明确指出，美国坚决反对仅仅针对数字企业的、基于企业营业收入而不是基于企业利润的数字服务税，这样的征税方法可以被看作针对美国数字企业的歧视性

---

① OECD. OECD SECRETARY – GENERAL TAX REPORT TO G20 FINANCE MINISTERS AND CENTRAL BANK GOVERNORS Riyadh, Saudi Arabia February 2020. 2020 – 02 – 15. https：//www. oecd. org/tax/beps/oecd – secretary – general – tax – report – g20 – finance – ministers – riyadh – saudi – arabia – february – 2020. pdf.

② OECD. Remarks by Angel Gurría OECD Secretary – General. G20 Finance Ministers and Central Bank Governors meeting (Virtual). 2020 – 04 – 15. https：//www. oecd. org/g20/topics/international – taxation/2nd – g20 – fmcbg – meeting – april – 2020. htm.

③ U. S. Pulls Out of Global Digital Tax Talks, Lighthizer Says. 2020 – 06 – 17. https：//news. bloombergtax. com/daily – tax – report/u – s – pulls – out – of – global – digital – tax – talks – lighthizer – says.

④ KPMG. Treasury Secretary Mnuchin seeks “pause” in OECD Pillar 1 discussions of digital economy. 2020 – 06 – 12. https：//assets. kpmg. com/content/dam/kpmg/us/pdf/2020/06/20399. pdf.

做法，并且认为国际税收体系的改革方案不应仅仅针对某单一国家和某单一产业，这不符合基本的税收中性原则。对于支柱一方案，姆努钦认为支柱一方案将改变传统国际税收规则的最基本原则，包括基于物理存在的税收联结度、独立交易原则等，美国认为这样重大的改变需要足够充分的讨论和评估才可以决定。同时，姆努钦再次强调美国的立场，即坚持认为应在支柱一方案下设立“安全港”。由于四国明确表示拒绝，美国认为解决这样复杂的多边问题已经陷入僵局，言外之意将责任推到四国一边。姆努钦提出由于各国政府需要聚焦处理应对新冠疫情事宜，美国不认为可以在2020年年底前结束G20/OECD包容性框架下的谈判、就“双支柱”方案达成全球共识协议。为此，姆努钦呼吁OECD暂时中止对支柱一方案的谈判，可以在次年的适当时候重启谈判。对于法国、西班牙、意大利和英国曾经提出的分阶段实施支柱一方案、以便在2020年内达成全球共识的建议，姆努钦依然表示不能赞同，因为在美国看来，目前的支柱一方案仍然歧视性地针对美国数字企业。姆努钦重申美国对数字服务税的坚决反对，并且表示，如果四国仍要选择征收数字服务税，美国必将采取相对等的反制措施。姆努钦在信中也提到支柱二，有关全球最低税已经取得重要进展并且谈判已接近达成一致，美国全力支持支柱二在2020年内达成全球共识。

美国特朗普政府对于支柱一和支柱二方案截然不同的态度，客观上阻碍了“双支柱”方案的谈判工作，欧盟、OECD不得不与美国展开艰难的协商。2020年6月18日，OECD秘书长古里亚（Angel Gurría）就“双支柱”方案谈判遇到困难发表声明①，指出“我们早就应该解决经济数字化带来的税收挑战”，他呼吁G20/OECD包容性框架的所有成员都应继续参与谈判，利用过去三年包括2019年新冠疫情暴发以来都没有停止的工作成果，争取在2020年年底前达成一项全球共识解决方案。尽管没有公开点名批评美国，但古里亚秘书长的声明显然是在敦促美国不要退出谈判，和其他所有G20/OECD包容性框架成员一起按照既定时间表加快谈判工作。古里亚秘书长在声明中还特别指出，如果不能达成全球共识解决方案，将会导致更多的国家（或地区）采取单边税收措施，而那些已经采取单边税收措施的国家（或地区）则不会考虑废除单边税收措施，而是放开甚至扩大实施范围。古里亚秘书长指出这将引发不可预测的税收纠纷并不可避免地加剧贸易紧张，由此引发的贸易战将对正处于历史性低迷时期的世界经济造成进一步的损害，并将大大打击全球经济和信心。为此，古里亚秘书长认为在G20/OECD包容框架下以OECD的工作为基础的多边解决方案是无可选择的最好出路。由于各方面的努力，也考虑到美国的自身利益，美国最终没有退出“双支柱”方案的谈判，G20/OECD包容性框架下的工作也在继续进行。

三、蓝图报告奠定共识基础

2020年7月18日，G20财长和央行行长会议以视频形式召开②，OECD秘书长就

① OECD. OECD Secretary - General Angel Gurría has reacted to recent statements and exchanges regarding the ongoing negotiations to address the tax challenges of the digitalisation of the economy. 2020 - 06 - 18. https://www. oecd. org/tax/beps/oecd - secretary - general - angel - gurria - has - reacted - to - recent - statements - and - exchanges - regarding - the - ongoing - negotiations - to - address - the - tax - challenges - of - the - digitalisation - of - the - economy. htm.

② G20. G20 Finance Ministers and Central Bank Governors will meet virtually on July 18, 2020 under the Saudi G20 Presidency. 2020 - 07 - 16. http://www. g20. utoronto. ca/2020/2020 - g20 - finance - 0716. html.

G20/OECD 包容性框架下的谈判进展向会议呈送报告①，在会后发布的公报中②，G20 财长和央行行长重申将继续展开合作，致力于建立全球公平、可持续和现代化的国际税收体系。G20 财长和央行行长注意到新冠疫情对应对经济数字化税收挑战工作造成的困难，强调在 G20/OECD 包容性框架下寻求全球共识解决方案的重要性，希望在 2020 年 10 月的下一次会议上可以收到双支柱蓝图报告并进行谈论，这实际上是为 OECD 确定了工作时间表。G20 财长和央行行长在公报中表示仍将致力于在“双支柱”方案上取得进一步进展，克服当时依然存在的重要分歧，重申努力在 2020 年年底前达成全球共识解决方案的时间目标。

2020 年 10 月 8 日至 9 日，G20/OECD 包容性框架会议第 10 次会议同意对外发布“数字化一揽子文件”（The Digital Package），包括应对数字经济税收挑战的双支柱蓝图报告，10 月 12 日，OECD 在官方网站发布“数字化一揽子文件”。2020 年 10 月 14 日，G20 财长和央行行长会议讨论并批准“数字化一揽子文件”，呼吁各利益相关方在 2020 年 12 月 14 日前就双支柱蓝图报告提交意见建议，以期能够在 2021 年年中达成基于共识的全球解决方案，解决各项悬而未决的争议和难题③。G20 财长和央行行长再次强调达成基于共识的全球解决方案的重要性，为企业提供税收确定性，以促进新冠疫情后全球经济的复苏和发展。更重要的是，G20 财长和央行行长重申如果没有基于共识的全球解决方案，将会出现更多的单边税收措施，必将引发更大范围和更深程度的关税及贸易报复性措施，贸易战对任何经济体，尤其是发展中国家经济体将产生更为不利的影响，全球 GDP 每年可能损失 1% 以上。G20 财长和央行行长指出双支柱蓝图报告为 G20/OECD 包容性框架下各成员在接下来的谈判中达成全球共识协议打下坚实基础，蓝图报告尽最大可能体现各成员对“双支柱”方案关键原则、框架、技术细节和标准的意见建议，对仍存争议和分歧的方面进行总结，向公众征询意见并在后续的工作中予以解决。

“数字化一揽子文件”共计 5 份文件，核心文件是“双支柱”方案的蓝图报告，其他的文件也是针对双支柱蓝图报告的，5 份文件具体为：《开篇声明》④《支柱一蓝图报告》⑤

---

① OECD. OECD/G20 Inclusive Framework on BEPS: Progress Report July 2019 - July 2020. 2020 - 07 - 18. http://www.oecd.org/tax/beps/oecd-g20-inclusive-framework-on-beps-progress-report-july-2019-july-2020.htm.

② G20. Communiqué of G20 Finance Ministers & Central Bank Governors Meeting. 2020 - 07 - 18. http://www.g20.utoronto.ca/2020/G20_FMCBG_Communique_-_July_2020.pdf.

③ G20. Communiqué of G20 Finance Ministers and Central Bank Governors Meeting. 2020 - 10 - 14. http://www.g20.utoronto.ca/2020/2020-g20-finance-1014.html.

④ OECD/G20 Inclusive Framework on BEPS. Cover Statement by the Inclusive Framework on the Reports on the Blueprints of Pillar One and Pillar Two. 2020 - 12 - 14. https://www.oecd.org/tax/beps/cover-statement-by-the-oecd-g20-inclusive-framework-on-beps-on-the-reports-on-the-blueprints-of-pillar-one-and-pillar-two-october-2020.pdf.

⑤ OECD/G20 Inclusive Framework on BEPS. Tax Challenges Arising from Digitalisation - Report on Pillar One Blueprint. 2020 - 12 - 14. https://www.oecd.org/tax/beps/tax-challenges-arising-from-digitalisation-report-on-pillar-one-blueprint-beba0634-en.htm.

《支柱二蓝图报告》①《双支柱蓝图报告公众咨询文件》②《经济影响评估报告》③。双支柱蓝图报告④共计480页，极为详尽地阐述和解释了“双支柱”方案的规则框架和技术细节。按照双支柱蓝图报告的规则设计，OECD在《经济影响评估报告》中预计“双支柱”方案将在全球范围内每年增加公司所得税税收收入500亿美元至800亿美元，如果将美国已经实施的“全球无形低税所得规则”（GILTI）的影响也考虑进来，“双支柱”方案在全球范围内对公司所得税税收收入的影响在600亿美元至1000亿美元之间，这个影响将占全球公司所得税税收收入的4%左右。支柱一方案的金额A将明显改变传统国际税收规则对征税权的划分原则，该方案的核心是重新分配征税权，而不是在全球范围内另外增设新的征税权，尽管金额A在支柱一方案下被称为“新征税权”。在支柱一方案下每年将有约1000亿美元的利润被分配至市场辖区（市场国），由此导致全球范围内公司所得税税收收入的适度增长（Modest Increase in Global Tax Revenues），无论低收入辖区、中等收入辖区还是高收入辖区都会从中受益，而单纯依赖“投资中心”（Investment Hubs）为主要经济构成的经济体（辖区）将损失部分税收收入。支柱二方案也会为低收入辖区、中等收入辖区和高收入辖区带来明显的税收收入增加，更为重要的是，支柱二方案将会显著降低跨国企业集团将利润转移至低税辖区的“兴趣”，这将导致在征收全球最低税之外增加额外的税收收入。支柱二方案下的全球最低税将有力打击辖区间为吸引外国直接投资（FDI）而进行的税率“逐底竞争”行为，OECD在《经济影响评估报告》中认为减少税率“逐底竞争”（Race To Bottom）将更有利于新兴经济体和发展中国家，这些国家（或地区）可以不必再以牺牲本国税收收入为代价而实施浪费性的、效率低的税收政策。

《支柱一蓝图报告》坚持以利润而不是营业总收入（毛收入）为征税基础，对之前的方案予以简化，以确保支柱一方案“尽可能简单易行并具征管可行性”。蓝图报告确定的支柱一方案包括：金额A，将适用范围内跨国企业集团剩余利润的一部分重新分配给市场辖区（市场国），成为市场辖区的新征税权；金额B，是基于传统国际税收规则特别是独立交易原则的一项简化措施，向在市场辖区（市场国）的基础性营销和分销功能活动分配固定收益；不再保留金额C，制定新的、具有强制约束力的税收争议预防和解决机制，为企业提供更高水平的税收确定性。《支柱一蓝图报告》延续之前的工作成果，坚持支柱一方案既应面向高度数字化的企业，也应面向严重依赖知识产权等无形资产的面向消费者业务，因此《支柱一蓝图报告》确定的适用范围包括两大类业务，即自动化数字服务（ADS）和面向消费者业务（CFB），并且分别为ADS和CFB制定了各自的收入来源地规

---

① OECD/G20 Inclusive Framework on BEPS. Tax Challenges Arising from Digitalisation – Report on Pillar Two Blueprint. 2020 – 12 – 14. https：//www. oecd. org/tax/beps/tax – challenges – arising – from – digitalisation – report – on – pillar – two – blueprint – abb4c3d1 – en. htm.

② OECD/G20 Inclusive Framework on BEPS. Tax and digital：OECD/G20 Inclusive Framework on BEPS invites public input on the Pillar One and Pillar Two Blueprints. 2020 – 12 – 14. https：//www. oecd. org/tax/beps/oecd – g20 – inclusive – framework – on – beps – invites – public – input – on – the – reports – on – pillar – one – and – pillar – two – blueprints. htm.

③ OECD/G20 Inclusive Framework on BEPS. Tax Challenges Arising from Digitalisation – Economic Impact Assessment. 2020 – 12 – 14. https：//www. oecd. org/tax/beps/tax – challenges – arising – from – digitalisation – economic – impact – assessment – 0e3cc2d4 – en. htm.

④ 笔者按：本书论及的“双支柱蓝图报告”具体指《支柱一蓝图报告》和《支柱二蓝图报告》，这两份蓝图报告合计480页。

则，跨国企业集团纳税人需要针对适用范围内每一种类型的业务活动，应用对应类型的收入来源地规则，按照层级指标列表（Hierarchical List）中的可接受指标（Acceptable Indicators），依次顺序适用，确定收入来源地；同时，为保证收入来源确定过程的严谨程度、结果的准确程度和最大限度减少税收争议，《支柱一蓝图报告》增加了对相关文档的特殊要求。《支柱一蓝图报告》明确提出，支柱一方案的实施需要各国（或地区）修改国内税法，并且需要各国（或地区）签署针对支柱一方案的《多边公约》（MLC），以《多边公约》（MLC）形成具有强制约束力的全球税收治理的新秩序来确保方案的有效实施。《支柱一蓝图报告》还总结出若干需要政治决断予以推动解决的关键问题，比如支柱一方案适用范围的两大类业务（ADS 和 CFB），G20/OECD 包容性框架下有的成员辖区主张不应设置行业限制，而应仅仅聚焦企业的规模和利润水平，还有的辖区主张在 ADS 和 CFB 之间予以分阶段实施，如先实施 ADS 后实施 CFB。再如，美国提出并始终坚持的"安全港"，允许美国企业在支柱一和安全港之间进行"二选一"，始终受到其他国家的抵制，需要政治决断进行决策。

《支柱二蓝图报告》对全球最低税进行更加详细的规制和阐述，以实现确保跨国企业集团在全球范围内有经营活动的辖区至少缴纳最低水平税负的政策目标，同时要避免重复征税，要考虑纳税人纳税遵从成本和税务主管当局的征管负担。《支柱二蓝图报告》确认，如果有关辖区的公司所得税有效税率低于设定的最低税税率水平，允许其他辖区补征税款至最低税税率水平，这实际上是将低税辖区的部分征税权赋予其他辖区，也可以看作对征税权的再分配。《支柱二蓝图报告》延续之前的工作成果，坚持支柱二方案包括四项具体规则，分别为所得纳入规则（IIR）、转换规则（SOR）、低税支付规则（UTPR）、应税规则（STTR）。《支柱二蓝图报告》提出所得纳入规则（IIR）和低税支付规则（UTPR）实质上应作为一种通用的方法予以实施，是支柱二方案下全球最低税的"一体两面"。因此，所得纳入规则（IIR）和低税支付规则（UTPR）被并称为"全球反税基侵蚀规则"（GloBE），需要修改各国（或地区）的国内税法予以实施，但是相对所得纳入规则（IIR）而言，低税支付规则（UTPR）是一项次要规则，而所得纳入规则（IIR）是主要规则。转换规则（SOR）是所得纳入规则（IIR）的一项补充性规则，设计转换规则（SOR）的目的主要是消除所得纳入规则（IIR）实施时遇到的某些税收协定障碍，如遇到相关辖区采用免税法消除重复征税的情况。《支柱二蓝图报告》重申应税规则（STTR）是对前述三项规则的补充，这项规则必须依靠双边税收协定予以实施，由于这项规则赋予相关辖区对某些关联支付拒绝给予税收协定优惠待遇，这项规则有利于维护来源国的税收利益，因此受到更多发展中国家的支持。《支柱二蓝图报告》也有若干项需要政治决断予以推动解决的关键问题，其中最重要的是支柱二方案的"全球反税基侵蚀规则"（GloBE）如何与美国的"全球无形低税所得规则"（GILTI）相容、共处的问题，由于受到美国国内税制改革和国内政治博弈的影响，这一问题可能变得更加复杂和不确定。

第四节 达成全球共识协议（2021 年）

一、美国的新想法和新策略

2021 年 1 月 14 日和 15 日，OECD 举行为期两天的公开视频会议，就双支柱蓝图报告收到的意见建议进行公开讨论①。2021 年 1 月 27 日和 28 日，G20/OECD 包容性框架召开第 11 次会议，② 核心议题就是应对经济数字化税收挑战的“双支柱”方案，OECD 秘书长古里亚（Angel Gurría）向会议提交报告并重申在 2021 年中期达成全球共识协议的时间目标③。在 2021 年 1 月 28 日的会议上，德国、印度尼西亚、英国、加拿大、牙买加和意大利的财政部部长发言，意大利财政部部长作为 2021 年 G20 的主席国特别强调 2021 年的工作重点，那就是努力推动在 2021 年年中达成全球共识协议。

2021 年 1 月 20 日，民主党人拜登宣誓成为美国第 46 任总统并开始执政。相较于共和党人特朗普总统，拜登政府的执政理念发生重要改变，美国政府对“双支柱”方案谈判的立场和策略发生重要调整。2021 年 2 月 25 日，拜登政府的财政部部长耶伦致信④ G20 财长和央行行长，明确表示美国新一届政府致力仍旧留在 G20/OECD 包容性框架内就“双支柱”方案进行多边谈判，克服现有分歧，以公平和明智的方式找到可行的解决方案。耶伦部长的这封信，可以看作美国新一届政府对“双支柱”方案谈判的转折点，一改上一届政府威胁要退出谈判的立场，表达美国新一届政府要继续谈判、以找到解决方案的决心。2021 年 2 月 26 日，G20 财长和央行行长会议召开，耶伦部长正式宣布美国放弃之前就支柱一方案提出的“安全港”建议，此举得到其他国家肯定，时任德国财政部部长奥拉夫·舒尔茨（Olaf Scholz）⑤ 认为美国政府的这一立场改变对于“双支柱”方案而言是一项重大突破（Major Breakthrough），有利于朝着既定的时间表迈进⑥。

美国放弃对支柱一方案的“安全港”建议，并不意味着美国已经准备好全面、无条件

---

① OECD/G20 Inclusive Framework on BEPS. Public Consultation Meeting on the Reports on the Pillar One and Pillar Two Blueprints. 2021 - 01 - 14. http：//www. oecd. org/tax/beps/agenda - public - consultation - meeting - reports - on - the - pillar - one - and - pillar - two - blueprints. pdf.

② OECD/G20 Inclusive Framework on BEPS. 11th Meeting of the Inclusive Framework on BEPS. 2021 - 01 - 27. https：//www. oecd. org/tax/beps/agenda - oecd - g20 - inclusive - framework - on - beps - meeting - january - 2021. pdf.

③ Remarks by Angel Gurría, Secretary - General, OECD. 2021 - 01 - 27. https：//www. oecd. org/about/secretary - general/oecd - sg - at - meeting - of - the - inclusive - framework - on - beps - 27 - january - 2021. htm.

④ Treasury Secretary Janet L. Yellen. Letter from Treasury Secretary Janet L. Yellen to G20 Colleagues. 2021 - 02 - 25. https：//home. treasury. gov/news/press - releases/jy0034.

⑤ 笔者按：奥拉夫·舒尔茨（Olaf Scholz）时任德国政府副总理兼财政部部长，领导德国参与双支柱方案的谈判；2021 年 11 月 24 日舒尔茨开始担任德国总理。

⑥ U. S. drops ‘safe harbor’ demand, raising hopes for global tax deal. 2021 - 02 - 26. https：//www. cnbc. com/2021/02/26/us - drops - safe - harbor - demand - raising - hopes - for - global - tax - deal - . html.

地支持现有方案，美国新一届政府对“双支柱”方案另有想法，且另有策略。总体而言，美国新一届政府对“双支柱”方案的主张包括以下几个方面。第一，仍旧坚决反对数字服务税等形式的单边税收措施，仍旧强烈主张在“双支柱”方案中明确写明全面废除数字服务税等形式的单边税收措施，在这一点上，美国民主党和共和党、学界业界政界是高度一致的。民主党上台执政后，拜登政府在对待数字服务税等形式的单边税收措施的问题上，仍将保持与特朗普政府一致的立场。在美国看来，数字服务税等单边税收措施是针对美国数字企业的歧视性政策，美国不可能接受这样的税收待遇，这不仅涉及美国的国家税收利益，更涉及美国的税收主权，美国国内政治不可能在这件事情上让步。第二，在落实废除数字服务税等形式的单边税收措施的前提下，美国可以在支柱一方案的关键技术细节方面作出一定让步，可以允许将符合适用范围跨国企业集团的剩余利润的一部分作为“新征税权”重新划分给市场辖区（市场国)。美国愿意作出这样的利益平衡主要基于两点：一是考虑到盟友、贸易伙伴的利益诉求，美国数字经济的市场包括欧洲、北美、中东、亚太、非洲等区域，很多重要国家是美国的重要盟友和贸易伙伴，这些国家通过欧盟、OECD、G7、G20 等国际组织向美国施压，美国也不得不予以直面重视和积极回应；二是以支柱一方案的某些让步来获得重要盟友和贸易伙伴在废除数字服务税等形式的单边税收措施的支持，进行“利益交换”。美国特朗普政府已经两次就数字服务税启动“301 调查”，一次是针对法国，另一次是针对包括欧盟、英国、印度等国在内的 10 个贸易伙伴，美国本意也不想开启贸易战，更不想承受贸易战的巨大损失，因此美国希望得到重要盟友和贸易伙伴的支持，也应该承担一定的让步成本。第三，美国将在支柱二全球最低税方面做“更大的文章”，主要是美国拜登政府计划实施的经济政策、特别是美国下一步要进行的国内税制改革的需要。美国拜登政府采取不一样的执政理念，放弃特朗普政府“涓滴经济学”的减税政策，转而采取向美国富人和大公司加税的政策，用以增加向社会底层和中产阶级的投入，推动疫情后的经济复苏和发展。美国希望利用支柱二方案的全球最低税为美国的国内税制改革服务，抵消因加税政策对美国税制竞争力的负面冲击。

对于“双支柱”方案，美国拜登政府在不一样的“新想法”的指导下也采取不一样的“新策略”，拜登政府不再像之前特朗普政府采取阻碍或拖延谈判进程的做法，转而推动和希望加快谈判进程。拜登政府将谈判的重心和突破口放在七国集团（G7)①，而不是 G20 或 OECD。2021 年 2 月 12 日在首次参加 G7 财长会议上，财政部部长耶伦表示美国已经“回归”全球领导力，耶伦告诉其他 G7 国家财政部部长“现在是做大事的时候了”②。随后召开的 G7 领导人峰会在其公告中确认，G7 国家将致力于在 2021 年年中之前在 OECD 框架内就国际税收体系改革议题达成共识解决方案③。英国作为 G7 在 2021 年的主席国，将全球税制体系改革共识协议作为该年度 G7 的优先工作事项，在 G20 和 OECD 等重要国际场合展开紧密和建设性的合作。在此之后的 G7 财长会议或 G7 领导人峰会中都要讨论

① 笔者按：七国集团（G7)，是全球主要工业国家会晤和讨论政策的论坛，成员国包括美国、英国、法国、德国、日本、意大利和加拿大 7 个发达国家。

② US tells G7 it is back at the table to help with global recovery. 2021 - 02 - 13. https：//www. rappler. com/business/g7 - finance - ministers - central - banks - meeting - february - 12 - 2021/.

③ G7. G7 Leaders' statement, 19 February 2021. 2021 - 02 - 19. https：//www. consilium. europa. eu/en/press/press - releases/2021/02/19/g7 - february - leaders - statement/.

国际税收体系改革话题，而美国财政部长几乎在每次相关会议中都要谈及“双支柱”方案。2021 年 5 月 28 日，G7 财长和央行行长会议以视频形式召开，而 6 月 4 日至 5 日 G7 财长齐聚伦敦举行线下会议，国际货币基金组织（IMF）、世界银行（World Bank）、OECD、欧元集团（Eurogroup）、金融稳定委员会（Financial Stability Board）的领导人与会。2021 年 6 月 5 日，G7 财长和央行行长会议发布公报①，专门单列一段用来阐述国际税收体系改革的问题。此次 G7 财长和央行行长会议对“双支柱”方案的核心要素达成初步共识，主要内容包括：G7 支持通过 G20 和 OECD、在 G20/OECD 包容性框架下应对经济数字化带来的税收挑战，支持在全球最低税方向上的努力；G7 财长和央行行长承诺就征税权重新分配达成公平解决方案，同意将规模最大、利润最丰厚的跨国企业集团超过 10% 利润的至少 20%，重新分配给市场辖区；将对实施这项新的国际税收规则和废除所有数字服务税及其他类似单边税收措施提供适当的协调；G7 同意对符合适用范围的跨国企业集团征收至少 15% 的全球最低税率。G7 财长和央行行长在会议公报中明确指出就“双支柱”方案同时达成全球共识协议的重要性，期待在 2021 年 7 月的 G20 财长和央行行长会议上取得成果。2021 年 6 月 11 日至 13 日，G7 领导人峰会在英国康沃尔郡（Cornwall）召开，会议发布的公报特别提到正在进行的国际税收体系改革，并对 G7 财长和央行行长 2021 年 6 月 5 日就“双支柱”方案核心要素达成共识给予政治背书②。G7 领导人在会议公报中指出世界需要更公平的税制体系，需要阻止税率逐底的有害税收竞争。G7 领导人将继续推动通过 G20 和 OECD、在 G20/OECD 包容性框架下的国际税收体系改革尽快达成全球共识协议，认为这是创建 21 世纪更加公平的国际税收体系的重要一步，结束近 40 年的税率逐底竞争，以更强大和更公平的国际税收体系支持投资和打击避税。

在 G7 的框架内讨论国际税收问题，并以 G7 一致意见推动 G20 达成协议，G7 这样的做法是罕见的，这主要是美国拜登政府对于“双支柱”方案谈判的新策略体现。七国集团（G7）的成员包括美国、英国、法国、德国、日本、意大利和加拿大 7 个发达国家，而且都是 G20 的成员国，除美国之外的其他成员均赞同 OECD 在 G20/OECD 包容性框架下已经取得的谈判进展，拜登政府希望在 G7 范围内获得对于美国新想法的一致支持，这一点对于下一步在 G20 获得通过是至关重要的。G7 成员国的英国、法国、德国、意大利和加拿大均已实施或准备实施数字服务税，日本虽没有实施数字服务税，但是已在 2015 年 7 月要求向日本市场提供数字服务的非居民企业向日本政府做相应的注册登记并缴纳日本消费税（Consumption Tax），因此这 6 个国家对于美国新想法的态度能否获得 G20 和 G20/OECD 包容性框架的通过是至关重要的③。

为了获得关键盟友和重要贸易伙伴的支持，美国对支柱一方案作出重大让步，认可跨

---

① G7. G7 Finance Ministers & Central Bank Governors Communiqué. 2021 - 06 - 05. https://home.treasury.gov/news/press - releases/jy0215.

② G7. CARBIS BAY G7 SUMMIT COMMUNIQUÉ. 2021 - 06 - 13. https://www.whitehouse.gov/briefing - room/statements - releases/2021/06/13/carbis - bay - g7 - summit - communique/.

③ 笔者按：法国、德国、意大利是欧盟的重要成员国，欧盟主张征收数字服务税，并且欧盟作为单一的贸易伙伴，受到美国特朗普政府的“301 调查”。法国单独受到美国特朗普政府的“301 调查”。英国是美国的重要盟友和贸易伙伴，受到美国特朗普政府的“301 调查”。加拿大是美国的邻国、重要的盟友和贸易伙伴，也主张征收数字服务税。

国企业集团超过10%的利润确认为剩余利润，同意将剩余利润不少于20%的部分作为金额A重新分配给市场辖区，作为市场辖区的新征税权。在支柱一方案上的重大让步是之前特朗普政府坚决不同意的，也客观说明拜登政府作出这样的决策是面临重大压力的，为此，拜登政府在“有所舍”的情况下，当然要“有所取”，以平衡美国国内政治的需要。首先，美国拜登政府不同意支柱一方案将适用范围局限在自动化数字服务（ADS）和面向消费者业务（CFB），尽管这个适用范围已经应美国特朗普政府的建议有所修改，但拜登政府仍然认为支柱一方案不应设定行业限制，而只应聚焦于最大规模和最盈利的跨国企业集团，当然要设定一定阈值门槛，控制进入适用范围内跨国企业集团的数量。其次，拜登政府坚决主张全面彻底废除数字服务税等形式的单边税收措施，不仅之前已经实施的要废除，而且不得在将来新设和实施任何类似或相近的单边税收措施。最后，也是最为重要的，就是推动符合美国建议的支柱二全球最低税，以为美国的国内税制改革服务。美国财政部部长耶伦最初提出全球最低税的税率应为25%，由于遭到重要贸易伙伴的强烈反对（如爱尔兰、匈牙利等国），耶伦部长曾将其降为20%。在2021年6月5日发布的G7财长公报中的表述是“按国别不低于15%”（at least 15% on a country by country basis），已经是经过多方博弈的结果。但是无论如何，拜登政府的这三个方面的“有所取”，获得G7其他成员国的支持，为下一步争取在G20获得通过奠定了基础。

美国拜登政府对“双支柱”方案的新想法和新策略，在美国国内也有不同的声音，甚至可以说是顶着巨大的压力，客观上也说明仍旧存在重要的不确定性。财政部部长耶伦在与盟友和贸易伙伴进行谈判的过程中，美国国会共和党议员对财政部的“新想法”不断提出质疑。根据牛津大学国际税收团队Michael Devereux和Martin Simmler两位教授的测算结果①，预计将有78家跨国公司进入支柱一适用范围，约870亿美元利润将作为新征税权（金额A）分配给市场辖区，其中约560亿美元来自美国跨国公司，约280亿美元来自美国的苹果（Apple）、微软（Microsoft）、谷歌（Google）、英特尔（Intel）和脸书（Facebook）5家数字企业。2021年4月12日，美国参议院财政委员会共和党议员克拉波（Mike Crapo）发布声明②，公开表示不会支持一项歧视美国企业或对美国就业和投资产生不利影响的国际税收协议，要求财政部对支柱一方案对美国企业和美国财政安全的潜在影响提交评估报告。克拉波参议员在声明中还指出，仍旧担心对美国企业具有歧视性的数字服务税能否继续存在，要求美国财政部在谈判中坚持废除所有数字服务税的立场。克拉波（Mike Crapo）是美国参议院财政委员会共和党的领袖，同时也是美国顶尖的税收专家，克拉波参议员对“双支柱”方案的态度和建议，一定程度上代表着美国国内的声音，也在一定程度上影响拜登政府的谈判立场。

随着谈判向前进展，克拉波（Mike Crapo）参议员继续对财政部提出要求。2021年5月24日克拉波参议员致信财政部部长耶伦③，强调美国参与谈判要达到的优先目标（Pri-

① Michael Devereux & Martin Simmler, 2021. “Who Will Pay Amount A?,” EconPol Policy Brief36, ifo Institute - Leibniz Institute for Economic Research at the University of Munich.

② Crapo Statement on Treasury OECD Proposal. 2021 - 04 - 12. https：//www. finance. senate. gov/ranking - members - news/crapo - statement - on - treasury - oecd - proposal.

③ Mike Crapo, Ranking Member of Senate Finance Committee. Letter to the Honorable Janet Yellen, Secretary Department of the Treasury. 2021 - 05 - 24. https：//www. finance. senate. gov/imo/media/doc/crapo_letter_on_oecd_negotations. pdf.

orities）并对财政部的谈判进程提出问题。克拉波参议员在信中提出，对于支柱一，美国不应该接受一项歧视性指向美国数字企业并且让美国大公司跌落巅峰的国际税收协议；对于支柱二，在竞争对手采取行动实施全球最低税规制之前，美国是全球唯一已实施最低税的国家，美国不应单方面提高“全球无形低税所得规则”（GILTI）的最低税税率。在信中克拉波参议员提出4个方面的问题：第一，支柱一方案将迫使美国放弃对美国盈利企业的部分征税权给其他辖区，美国这样做的回报是什么？第二，要求财政部根据公开信息（如Compustat数据库）对符合支柱一方案适用范围的跨国企业集团进行分析评估，向国会报告将有多少利润从美国分配给其他辖区，有多少利润从其他辖区分配给美国。第三，彻底废除数字服务税是国会两党支持谈判的基础，要求财政部澄清是否接受允许数字服务税继续存在的国际税收协议。第四，如果其他辖区不实施支柱二，而美国是全球实施最低税（GILTI）的唯一国家，美国企业将在全球市场竞争中处于劣势。财政部如何在协议中保证其他辖区有效实施支柱二。

2021年9月2日，迈克·克拉波（Mike Crapo）作为美国参议院财政委员会共和党领袖，联合美国众议院筹款委员会共和党领袖凯文·布兰迪（Kevin Brady）致信参议院财政委员会主席和众议院筹款委员会主席①，对拜登政府利用“双支柱”方案的谈判来迫使美国国会对美国税法作出“激进的变革”，表示严重关切。这两位共和党顶级税务专家主张应促使OECD在“双支柱”方案中承认美国的“全球无形低税所得规则”（GILTI），以此作为谈判前提，而不是迎合支柱二方案来修改美国的“全球无形低税所得规则”（GILTI）。两位共和党议员坚持政府不应对国会予以约束的立场，财政部不可以利用国际谈判对国会施压，认为这是对国会权威的重大冒犯。并且，两位国会议员还对财政部提出强硬要求，要求其在谈判中确保废除任何针对美国数字企业的单边税收措施。

针对2021年10月8日G20/OECD包容性框架就“双支柱”方案达成的共识，美国国会共和党的态度与拜登政府迥然不同。10月8日当天，迈克·克拉波（Mike Crapo）和凯文·布兰迪（Kevin Brady）在一份联合声明②中对拜登政府在G20/OECD包容性框架下达成的协议给予了猛烈抨击，认为拜登政府没能达成一项能够提供足够税收确定性并立即取消所有单边税收措施（特别是数字服务税）的协议，而是利用国际税收谈判来推进民主党的国内税改议程。两位国会议员甚至指出拜登政府这样做是把政治置于优先位置，把美国经济的命运拱手让给外国竞争对手，“随着其他国家推迟实施，并敲定保护本国公司的附加协议和分项条款，美国企业将受到税收增加的打击，最终将由美国工人、储蓄者和消费者承担成本增加的结果”。同日，参议员迈克·克拉波（Mike Crapo）联合外交关系委员会共和党首席成员吉姆·里什（Jim Risch）和银行委员会共和党首席成员帕特·图米

---

① Mike Crapo, Ranking Member of Senate Finance Committee. Kevin Brady, Ranking Member of Committee on Ways and Means. Letter to the Honorable Janet Yellen, Secretary Department of the Treasury. 2021 - 09 - 02. https: //www. finance. senate. gov/imo/media/doc/crapo_brady_letter_to_wyden_neal. pdf.

② Brady, Crapo: Biden Global Tax Deal Puts Politics Over Progress, Surrenders Fate of U. S. Economy to Foreign Competitors. 2021 - 10 - 08. https: //www. finance. senate. gov/ranking - members - news/brady - crapo - biden - global - tax - deal - puts - politics - over - progress - surrenders - fate - of - us - economy - to - foreign - competitors.

(Pat Toomey) 致信财政部部长耶伦[①]，对政府刻意绕过参议院的授权，而实施一项全球税收协议表达严重关切，要求予以澄清。在信中，三位共和党参议员重申美国宪法授权国会批准税收条约的重要性，要求政府保持对宪法的足够尊重。

从以上分析中可以看出，同时也可以证实美国国内对“双支柱”方案谈判的不同意见，但一致的目标是，在谈判中将美国利益置于优先位置，拜登政府不过是采取了与之前特朗普政府不一样的谈判策略。美国财政部部长耶伦明确提出“美国优先并不意味着美国孤立”[②] (America first must never mean America alone)，这就是为何拜登政府调整了在支柱一方案、支柱二方案之间的进退得失，而且绕过 G20、OECD、G20/OECD 包容性框架而首先在 G7 范围内寻求对美国新想法的一致性支持，以 G7 的“先发优势”形成对 G20、OECD、G20/OECD 包容性框架的谈判压力。好在民主党参议员对拜登政府在双支柱谈判中的“新想法”和“新策略”给予了强有力的支持，2021 年 6 月 3 日美国参议院财政委员会主席怀登 (Ron Wyden) 和众议院筹款委员会主席尼尔 (Richard E. Neal) 发布声明[③]，公开支持拜登政府在 G7 框架下取得的谈判成果，认为在耶伦部长领导下美国财政部在“双支柱”方案上的工作是建设性的，对达成应对经济数字化税收挑战全球共识协议持乐观态度。因此，尽管有不同声音，拜登政府仍然在 G7 框架下实施自己的“新策略”，推动“双支柱”方案谈判取得进展。

二、“双支柱”方案取得决定性进展

应该客观承认，并且清楚看到 2021 年 6 月 5 日 G7 财长和央行行长会议就“双支柱”方案达成共识的重要作用。一方面，美国与盟友和贸易伙伴在 G7 框架下进行利益权衡，形成“小圈子”的“达成一致”，以期利用 G7 的影响力在 G20、OECD 和 G20/OECD 包容性框架下将“小圈子”的一致意见“强加”给大家；另一方面，也需要客观理解，由于美国唯一超级大国的地位和美国经济的实力，以美国为首的 G7 在“双支柱”方案上能够达成一致，确实可以有效推动“双支柱”方案的谈判进程。2021 年 6 月 5 日 G7 就“双支柱”方案达成共识并发布公报，G7 轮值主席国英国财政大臣苏纳克 (Rishi Sunak) 指出，这是一项历史性的协议，将改革全球税制体系并使其适应全球化、数字化的时代[④]。

---

① Mike Crapo, Ranking Member of Senate Finance Committee. James E. Risch, Ranking Member of Senate Foreign Relations Committee. Pat Toomey, Ranking Member of Senate Banking Committee. Letter to the Honorable Janet Yellen, Secretary Department of the Treasury. 2021 - 10 - 08. https: //www. finance. senate. gov/imo/media/doc/crapo_risch_toomey_letter_to_treasury. pdf.

② “America first must never mean America alone” _US Treasury Secretary. 2021 - 04 - 06. https: //thelensnews. com/america - first - must - never - mean - america - alone_ - us - treasury - secretary/.

③ Wyden, Neal Statement on Upcoming G7 Meetings, Status of OECD Negotiations. 2021 - 06 - 03. https: //www. finance. senate. gov/chairmans - news/wyden - neal - statement - on - upcoming - g7 - meetings - status - of - oecd - negotiations.

④ G7. G7 Finance Ministers Agree Historic Global Tax Agreement. The G7 has today (5 June 2021) agreed to back an historic international agreement on global tax reform which delivers on the Chancellor's promise for big international companies to start paying their fair share. 2021 - 06 - 05. https: //www. gov. uk/government/news/g7 - finance - ministers - agree - historic - global - tax - agreement.

OECD 新任秘书长马赛厄斯·科曼（Mathias Cormann）也在同一天发表声明[①]，指出经济全球化和经济数字化的共同影响造成了扭曲和不平等，只有通过多边商定的解决方案才能有效解决这些问题。科曼秘书长认为 G7 财长达成的共识，包括支柱二全球最低税，是朝着改革国际税收体系所需的全球共识迈出的里程碑式的重要步骤，为通过 G20 和 OECD、在 G20/OECD 包容性框架下接下来的谈判增加了关键动力，有利于达成最终共识协议，以确保跨国企业集团在世界各地缴纳公平份额的税负。美国财政部部长耶伦认为 G7 财长作出了一项重大的、前所未有的承诺，为实现至少 15% 的全球最低税提供了巨大可能性，可以在全球范围内结束公司所得税的逐底竞争。耶伦部长认为，全球最低税可以确保美国和世界各国中产阶级和劳动工人获得公平待遇，有助于全球经济蓬勃发展，例如通过教育和培训劳动力以及投资于研发和基础设施为企业提供公平的竞争环境，并鼓励各国开展积极竞争[②]。

2021 年 7 月 1 日，OECD 发布《关于应对经济数字化税收挑战的“双支柱”方案声明》[③]（以下简称《7 月 1 日声明》），这项声明是以 2021 年 6 月 5 日 G7 财长和央行行长会议达成一致意见为基础而拟定的。《7 月 1 日声明》确定跨国企业集团利润再分配和全球最低税两大支柱的诸项核心要素，声明发布当日，G20/OECD 包容性框架下有 130 个辖区成员同意签署加入，可以充分说明“双支柱”方案的谈判工作已经取得重要进展，这份声明已经取得足够充分的国际多边共识。2021 年 7 月 9 日至 10 日，由意大利担任轮值主席国的 G20 财长和央行行长第 3 次会议在意大利威尼斯（Venice）召开，OECD 秘书长马赛厄斯·科曼（Mathias Cormann）就“双支柱”方案的最新进展向会议提交了报告[④]。此次 G20 财长和央行行长会议核准了 2021 年 7 月 1 日 G20/OECD 包容性框架发表发布的《7 月 1 日声明》，呼吁 G20/OECD 包容性框架在 2021 年 10 月 G20 财长和央行行长会议前，在已达成共识的框架内确定最终设计要素，同时提交实施双支柱的详细计划，包括中国在内的全球 20 个最大经济体的财政部部长在会议公报中表达了对加快进行国际税收体系改革的强烈愿望。

2021 年 7 月 10 日 G20 财长和央行行长会议对《7 月 1 日声明》的批准，是“双支柱”方案谈判取得的决定性进展，尽管仍有部分重要的、关键的技术要素没有最终敲定，但对于“双支柱”方案而言，大局已定。仍存争议的关键技术要素主要包括：对于支柱一方案而言，在 200 亿欧元全球年营业收入和 10% 集团利润率的阈值门槛下的适用范围确定及排除的确定（如受监管的金融服务业、采掘业等），以及剩余利润的多大比例作为金额

① OECD. Statement from OECD Secretary - General Mathias Cormann on the outcome of the G7 Finance Ministers' Meeting. 2021 - 06 - 05. https://www.oecd.org/tax/statement - from - oecd - secretary - general - mathias - cormann - on - the - outcome - of - the - g7 - finance - ministers - meeting.htm.

② Statement from Secretary of the Treasury Janet L. Yellen On G7 Finance Ministers' Commitment to Global Minimum Tax. 2021 - 06 - 05. https://home.treasury.gov/news/press - releases/jy0214.

③ OECD/G20 Base Erosion and Profit Shifting Project Statement on a Two - Pillar Solution to Address the Tax Challenges Arising From the Digitalisation of the Economy. 2021 - 07 - 01. https://www.oecd.org/tax/beps/statement - on - a - two - pillar - solution - to - address - the - tax - challenges - arising - from - the - digitalisation - of - the - economy - july - 2021.pdf.

④ OECD. OECD SECRETARY - GENERAL TAX REPORT TO G20 FINANCE MINISTERS AND CENTRAL BANK GOVERNORS Italy July 2021. 2021 - 07 - 10. https://www.oecd.org/g20/topics/international - taxation/oecd - secretary - general - tax - report - g20 - finance - ministers - july - 2021.pdf.

A（新征税权）重新分配给市场辖区；对于支柱二方案而言，主要是全球最低税税率的确定，有部分国家（如爱尔兰、匈牙利等）仍旧对“最少15%”的最低税税率水平表示难以接受。由于美国拜登政府对“双支柱”方案的“新想法”，需要“双支柱”方案，特别是需要支柱二全球最低税满足和配合美国国内税制改革的需要，拜登政府对于“双支柱”方案的“新策略”显得非常突出和主动。2021年8月4日，美国财长耶伦参加在乔治亚州亚特兰大市举行的一个美国经济会议，会上为拜登政府的税改计划辩护[①]，“我不担心拜登政府税改计划存在什么样的风险，我担心如果我们什么都不做，美国将要付出什么样的成本”，说明美国拜登政府进行国内税制改革的决心，也说明美国推动“双支柱”方案谈判达成共识以支持国内税改需要的重要性。

为解决仍存争议的关键技术要素问题，确保2021年10月在G20/OECD包容性框架下就“双支柱”方案达成最终政治协议，美国财长耶伦亲自上阵，不仅参加远程视频会议，而且亲自出访有关国家和国际组织展开游说。2021年8月27日，美国财长耶伦与墨西哥财政部部长通电话[②]，2021年9月21日与G20轮值主席国意大利财政部部长通电话[③]，2021年9月22日分别与爱尔兰财政部部长[④]和英国财政大臣[⑤]通电话，2021年9月24日与法国财政部部长通电话[⑥]，通过电话外交就“双支柱”方案的技术问题协调立场，特别是支柱二。2021年9月29日美国财长耶伦以视频方式出席G7财长会议[⑦]，再次在G7框架下协调立场，就“双支柱”方案某些关键技术要素问题达成共识，以支持10月在G20/OECD包容性框架下达成最终政治协议。在此次G7财长视频会议上，耶伦重申重塑全球税收规则的重要性，以确保盈利的企业能够在全球范围内缴纳公平份额的税负。2021年10月5日，美国财长耶伦与欧盟委员会经济事务专员真蒂洛尼（Paolo Gentiloni）通电话，2021年10月6日与爱沙尼亚财政部部长通电话，就相关问题作进一步的努力，主要是全球最低税税率水平的确定问题。为争取相关国家的支持，美国再次就有关问题作出让步，如为了争取爱尔兰、爱沙尼亚、匈牙利等国的支持，美国在支柱二全球最低税“至少15%”的表述上予以让步，删除“至少”（at least）。但是，美国仍旧坚持那些在美国看来必须坚持的内容，如在2022年内开发一项有强制约束力的《多边公约》（Multilateral Convention）供各国签署。

---

① Yellen says enacting Biden's agenda is key to keeping U. S. the 'world's pre – eminent economic power'. 2021 – 08 – 04. https: //www. cnbc. com/2021/08/04/yellen – says – enacting – bidens – agenda – key – to – keeping – america – as – worlds – pre – eminent – economic – power. *html*.

② READOUT: Secretary of the Treasury Janet L. Yellen's Call with Mexican Finance Secretary Rogelio Ramírez de la O. 2021 – 08 – 27. https: //home. treasury. gov/news/press – releases/jy0334.

③ READOUT: Secretary of the Treasury Janet L. Yellen's Call with Italian Minister of Economy and Finance Daniele Franco. 2021 – 09 – 21. https: //home. treasury. gov/news/press – releases/jy0365.

④ READOUT: Secretary of the Treasury Janet L. Yellen's Call with Irish Finance Minister and Eurogroup President Paschal Donohoe. 2021 – 09 – 22. https: //home. treasury. gov/news/press – releases/jy0370.

⑤ READOUT: Secretary of the Treasury Janet L. Yellen's Call with United Kingdom Chancellor of the Exchequer Rishi Sunak. 2021 – 09 – 22. https: //home. treasury. gov/news/press – releases/jy0369.

⑥ READOUT: Secretary of the Treasury Janet L. Yellen's Call with French Minister of Finance, the Economy, and the Recovery Bruno Le Maire. 2021 – 09 – 24. https: //home. treasury. gov/news/press – releases/jy0374.

⑦ READOUT: Secretary of the Treasury Janet L. Yellen's Virtual Meeting with G7 Finance Ministers. 2021 – 09 – 29. https: //home. treasury. gov/news/press – releases/jy0382.

2021年10月8日，OECD在其官方网站发布消息，正式宣告“国际社会为数字时代达成一项开创性的税收协议”[①]（International community strikes a ground - breaking tax deal for the digital age），OECD更新了其在2021年7月1日发布的《关于应对经济数字化税收挑战的“双支柱”方案声明》，并于2021年10月8日重新发布该声明（以下简称《10月8日声明》），而且在声明中增加附件《详细实施计划》[②]。更新后的声明已获得G20/OECD包容性框架136个成员辖区的签署加入，OECD和G20的所有成员加入，之前对《7月1日声明》持保留意见的爱沙尼亚、匈牙利和爱尔兰加入更新后的声明。G20/OECD包容性框架136个成员辖区代表超过90%全球GDP的国家（或地区）加入该声明，以“双支柱”方案为核心内容的国际税收体系改革获得最大限度的全球共识。2021年10月13日，G20轮值主席国意大利在美国华盛顿主持召开G20财长和央行行长会议，各国财长和央行行长就应对经济数字化税收挑战的“双支柱”方案达成最终共识，此次G20财长和央行行长会议核准《10月8日声明》和《详细实施计划》中提出的最终政治共识，以建立更加稳定、更加公平的国际税收体系。G20财长和央行行长呼吁G20/OECD包容性框架迅速制定规则范本和多边工具（MLI），确保新规则于2023年在全球范围内生效执行[③]。2021年10月30日至31日，G20领导人峰会召开，会议对《10月8日声明》和《详细实施计划》中提出的最终政治共识给予政治背书[④]。G20领导人在其峰会公报中指出[⑤]，2021年10月8日G20/OECD包容性框架通过的《关于应对经济数字化带来的税收挑战的两支柱解决方案的声明》和《详细实施计划》是一项历史性成就，G20将致力于通过它建立一个更稳定、更公平的国际税收体系。G20呼吁在G20/OECD包容性框架下尽快制定《详细实施计划》中确定的示例规则和《多边公约》（MLC），以确保新的国际税收规则于2023年在全球层面生效执行。

《10月8日声明》基本保留《7月1日声明》对“双支柱”方案的设计框架，体现各方利益博弈的让步、妥协的谈判结果，最终敲定“双支柱”方案的所有关键技术要素。“双支柱”方案对传统国际税收规则的突破性改革主要体现在支柱一，支柱一放弃传统国际税收规则基于物理存在确定联结度的基础性要求，放弃以独立交易、独立实体等原则进行利润分配的标尺，以公式化方法向市场辖区（市场国）重新分配“大且富”跨国企业集团的剩余利润。“大且富”是支柱一方案的适用范围要求，只有那些全球年营业收入不

---

① OECD/G20 Inclusive Framework on BEPS. International community strikes a ground - breaking tax deal for the digital age. 2021 - 10 - 08. https://www.oecd.org/tax/international - community - strikes - a - ground - breaking - tax - deal - for - the - digital - age.htm.

② OECD/G20 Inclusive Framework on BEPS. Statement on a Two - Pillar Solution to Address the Tax Challenges Arising from the Digitalisation of the Economy - 8 October 2021. 2021 - 10 - 08. https://www.oecd.org/tax/beps/statement - on - a - two - pillar - solution - to - address - the - tax - challenges - arising - from - the - digitalisation - of - the - economy - october - 2021.htm.

③ 刘昆出席二十国集团财长和央行行长会议. 2021 - 10 - 21. http://www.gov.cn/xinwen/2021 - 10/21/content_5644030.htm.

④ G20. G20 summit, Rome, Italy, 30 - 31 October 2021. 2021 - 10 - 31. https://www.consilium.europa.eu/en/meetings/international - summit/2021/10/30 - 31/.

⑤ G20. G20 Rome Leaders' Declaration. 2021 - 10 - 31. https://www.consilium.europa.eu/media/52730/g20 - leaders - declaration - final.pdf.

低于200亿欧元（此之谓“大”）且利润率不低于10%（此之谓“富”）的跨国企业集团（MNEs）需要执行支柱一，在美国的建议下不再保留行业要求（如ADS或CFB），而只专注于跨国企业集团的规模和盈利程度，据初步估计全球约有100家这样的跨国企业集团，每年将有超过1250亿美元的利润重新分配给市场辖区（市场国）。但需要警惕的是，这样的阈值门槛很可能在7年后降低为全球年营业收入不低于100亿欧元，届时将有更多跨国企业集团落入支柱一的适用范围，届时支柱一的规制效力会被进一步放大。支柱一方案聚焦征税权分配原则，针对“大且富”跨国企业集团（包括数字企业）向市场辖区（市场国）分配更多的征税权和可征税利润，以平衡经济数字化背景下国际税收权益分配格局①。支柱一为适用范围内跨国企业集团与市场辖区（市场国）之间设计“特殊联结度”，即只要跨国企业集团源自某市场辖区的年营业收入超过100万欧元，就认为两者之间构成“特殊联结度”，该市场辖区因而具备参与分配新征税权（金额A）的资格；对于GDP低于400亿欧元的经济体年营业收入门槛降至25万欧元。这种以完全依赖于营业收入的定量标准来决定某一市场辖区是否可以分享新征税权的做法，彰显收入来源地确认规则的重要性，《10月8日声明》确认OECD将为收入来源地确认制定详细规则。《10月8日声明》将适用范围内跨国企业集团超过营业收入10%的利润定义为“剩余利润”，将剩余利润的25%确定为“金额A”（《7月1日声明》设计的比例为20%至30%），以营业收入作为分配因子向满足特殊联结度的市场辖区进行分配，实现市场辖区的新征税权。跨国企业集团的利润以其合并会计报表为基础确定，仅允许有限项目的调整，并且采用向后递延的方法结转亏损。如果符合适用范围跨国企业集团的剩余利润已经在市场辖区被征税，《10月8日声明》确认将采用安全港规则限制通过金额A向市场辖区的利润分配，以避免重复征税，并且将采用免税法或抵免法消除和减轻重复征税负担。《10月8日声明》明确将设计《多边公约》（MLC）以实施支柱一，《多边公约》（MLC）将要求各缔约方废除所有数字服务税及类似形式的单边税收措施，并承诺不会在未来再引入这些措施。

《10月8日声明》最终确定的支柱二方案明确设立全球最低税规则，为跨国企业集团在全球范围内设定一条有效税率底线，确保跨国企业集团向其有经营活动的辖区缴纳公平份额的税收。支柱二全球最低税税率为15%，预计每年在全球范围内增加约1500亿美元的公司所得税税收收入。从各国政府的角度来看，支柱二全球最低税将迫使有关国家（或地区）不能再进行“税率逐底”的有害税收竞争。《10月8日声明》确定的支柱二方案包括三项具体规则：一是“所得纳入规则”（IIR），由母公司就跨国企业集团内成员实体的低课税情形缴纳补足税（top - up tax）至全球最低税水平。二是“低税支付规则”（UTPR），针对母公司或上级公司未执行IIR的情形，其他成员实体通过被拒绝扣除或被要求等额调整来实现补缴税款至最低税水平，UTPR是对IIR的有效补充。“低课税”即支柱二规定的按照辖区（国别）原则计算的有效税率（ETR）低于15%的情形，这两项规则共同构成支柱二方案的“全球反税基侵蚀规则”（GloBE），就其实施效果而言，也可称其为全球最低税规则（Global Minimum Tax，GMT）。三是基于税收协定的“应予征税规则”（STTR），允许来源国对适用税率低于最低税率的某些特定关联支付有限征税，STTR的最低

① 财政部部长刘昆：“双支柱”方案达成共识将有效应对经济数字化税收挑战．2021 - 10 - 14. http：//www. gov. cn/xinwen/2021 - 10/14/content_5642609. htm.

税被《10月8日声明》确定为9%。《10月8日声明》重申不强制要求G20/OECD包容性框架成员辖区采用“全球反税基侵蚀规则”(GloBE),但是如果采用,就需要按照与支柱二方案相一致的方式予以实施和管理,包括经G20/OECD包容性框架同意的规则范本和指南,并接受G20/OECD包容性框架其他成员采用“全球反税基侵蚀规则”(GloBE)的实施结果,包括规则的应用顺序和安全港规则。

《10月8日声明》明确了《7月1日声明》中框定的但尚未给出明确答案的所有重要的、关键的技术要素,使得“双支柱”方案基本成型,尽管仍需要按照《详细实施计划》进行规则的细节设计,但总体上已经具备可行性,是以“双支柱”方案为核心内容的国际税收体系改革的决定性进展。G20/OECD包容性框架全部142个成员中已有138个成员就“双支柱”方案达成共识①,对国际税收体系改革而言确实具有历史性的里程碑意义,发展中国家作为G20/OECD包容性框架的平等成员,在谈判中发挥了积极作用。“双支柱”方案在一些关键技术要素上的做法体现了发展中国家的利益诉求,以更好地帮助征管能力较低的国家(或地区)可以有效地执行“双支柱”方案。经过近5年的艰苦谈判磋商,“双支柱”方案得到G20领导人的政治背书,最终达成全球共识协议,是自1923年以来近百年的又一次国际税收体系改革(百年国际税改)②,是世界各国携手共同解决全球性问题的一次成功实践。这一新的国际税收规则,对于建立公平合理的国际经济秩序具有十分重要的现实意义和深远的历史意义③。

三、开启细节制定进程

2021年12月20日,OECD在其官网公开发布《应对经济数字化税收挑战——支柱二全球反税基侵蚀规则立法模板》④(以下简称《支柱二GloBE立法模板》),标志着支柱二方案设计基本完成⑤,也标志着“双支柱”方案开启规则的细节制定进程。《支柱二GloBE立法模板》由G20/OECD包容性框架所有成员辖区的代表共同制定,并以协商一致的方式获得通过,是细化和落实G20/OECD包容性框架《10月8日声明》的阶段性重要成果,也是全球各国(或地区)进行国内立法实施“全球反税基侵蚀规则”(GloBE)的重要基础。《支柱二GloBE立法模板》就符合适用范围跨国企业集团在全球有经营活动的

---

① 笔者按:2021年10月8日,G20/OECD包容性框架召开第13次全体成员大会,140个成员中的136个成员辖区就双支柱方案达成共识;2022年12月12日阿塞拜疆加入包容性框架并且加入共识协议,使包容性框架成员达到142个,使参与该共识协议的成员达到138个. https://www.oecd.org/tax/beps/statement-on-a-two-pillar-solution-to-address-the-tax-challenges-arising-from-the-digitalisation-of-the-economy-october-2021.htm。

② 笔者按:双支柱方案得到G20领导人的政治背书、最终达成全球共识协议,是自1923年以来近百年的又一次国际税收体系改革,本书因此称其为“百年国际税改”。

③ 财政部部长刘昆:“双支柱”方案达成共识将有效应对经济数字化税收挑战.2021-10-14. http://www.gov.cn/xinwen/2021-10/14/content_5642609.htm.

④ OECD. OECD releases Pillar Two model rules for domestic implementation of 15% global minimum tax. Tax Challenges Arising from the Digitalisation of the Economy - Global Anti - Base Erosion Model Rules (Pillar Two)。2021-12-20. https://www.oecd.org/tax/oecd-releases-pillar-two-model-rules-for-domestic-implementation-of-15-percent-global-minimum-tax.htm.

⑤ 国家税务总局. OECD发布《应对经济数字化税收挑战——支柱二全球反税基侵蚀规则立法模板》.2021-12-22. http://www.chinatax.gov.cn/chinatax/n810219/n810724/c5171595/content.html.

每个辖区的所得缴纳不低于全球最低税水平的税款，明确了规则相关要素的具体设计。《支柱二 GloBE 立法模板》具体包括 10 章内容：第 1 章明确了规则的适用范围；第 2 章确定了跨国企业集团中负有补足税纳税义务的成员实体，以及向此类实体征收补足税的金额；第 3 章和第 4 章列明了计算有效税率的要素；第 5 章通过汇总计算位于同一辖区的所有成员实体的所得和税款，以确定该辖区的有效税率以及补足税金额；第 6 章包含有关收购、处置和合资企业的特别规定；第 7 章规定了规则对某些税收中性制度和其他分配税制的适用；第 8 章规定了规则的征管方面，包括信息报告要求以及安全港的适用；第 9 章规定了某些过渡规则；第 10 章列出了规则中使用的定义术语。

《支柱二 GloBE 立法模板》全面体现了《10 月 8 日声明》中有关支柱二方案的框架内容，从各税收辖区国内立法的执行层面制定了规则的技术细节。OECD 将在《支柱二 GloBE 立法模板》的基础上进一步制定 GloBE 规则注释和 GloBE 实施框架，并就 GloBE 规则的征管程序、安全港规则、与美国 GILTI 共存并行的规则进行明确和规范。与《支柱二 GloBE 立法模板》一同下发的还有三份辅助性文件，即《支柱二立法模板的总括说明》[①]（Summary：Pillar Two Model Rules in a nutshell）、《支柱二立法模板的情况简报》[②]（Fact sheets）、《支柱二立法模板的常见问题解答》[③]（Frequently asked questions），这些辅助性文件以图表和问答的形式进一步具体解释《支柱二 GloBE 立法模板》的各项具体规则。《支柱二 GloBE 立法模板》仅涵盖了支柱二方案的 GloBE 规则，后续将陆续发布支柱二的应税规则（STTR）等更多细节。

《支柱二 GloBE 立法模板》规定，确定跨国企业集团补足税应纳税额的过程分为五个步骤。第一步是确定适用范围内的成员实体，确定适用范围内的跨国企业集团和集团内各成员实体的所在辖区。当跨国企业集团合并会计报表的年营业收入超过 7.5 亿欧元时，该跨国企业集团才适用支柱二的 GloBE 规则。跨国企业集团的成员实体包括集团内的任何实体，如果跨国企业集团在某辖区构成常设机构，该常设机构也被视为一个独立的成员实体。同时，《支柱二 GloBE 立法模板》规定，符合特定条件的成员实体被排除在 GloBE 适用范围之外。第二步是确定 GloBE 所得或亏损，需要确定跨国企业集团每个成员实体的 GloBE 所得或亏损。GloBE 所得或亏损需要以每个成员实体的财务会计净所得或亏损为基础，进行规则设定的调整后确定。成员实体的 GloBE 净所得或亏损需要在主体实体与常设机构之间进行分配，或分配给穿透实体的所有者。第三步是确定经调整有效税额，需要对集团内每个成员实体的当期所得税费用进行规则设定的会税差异调整（时间性差异），确定成员实体的有效税额。第四步是确定辖区的有效税率和辖区的补足税，需要计算跨国企业集团在单一辖区内所有成员实体的有效税率，若跨国企业集团在单一辖区的有效税率低于全球最低税税率水平（15%），该辖区则被认定为低税辖区，需要计算该低税辖区的补足税。第五步需要根据所得纳入规则（IIR），由持有低税成员实体所有者权益的母公司向其所在辖

① OECD. The Pillar Two Rules in a Nutshell. 2021 - 12 - 20. https：//www. oecd. org/tax/beps/pillar - two - model - rules - in - a - nutshell. pdf.

② OECD. Overview of the Key Operating Provisions of the GloBE Rules. 2021 - 12 - 20. https：//www. oecd. org/tax/beps/pillar - two - GloBE - rules - fact - sheets. pdf.

③ OECD. Frequently Asked Questions. 2021 - 12 - 20. https：//www. oecd. org/tax/beps/pillar - two - model - GloBE - rules - faqs. pdf.

区缴纳补足税。如果在适用所得纳入规则（IIR）之后仍有剩余补足税额未足额缴纳，则适用低税支付规则（UTPR），以公式分配的方法将剩余补足税分配给适用 UTPR 的辖区，由这些辖区完成剩余补足税的征收。

按照《10 月 8 日声明》确定的时间表，实施支柱一方案需要的《多边公约》（MLC）将在 2022 年完成文本开发并开放给各国（或地区）签署，在 2023 年开始生效执行，为此 OECD 数字经济税收工作小组（TFDE）就要在 2022 年年初完成《多边公约》（MLC）及其解释性文本，以便尽快开放给各国（或地区），并在 2022 年年中举行高级别的签署仪式。在签署《多边公约》（MLC）后，各国（或地区）需要尽快履行国内法律的核准程序，《多边公约》（MLC）才可以在 2023 年生效执行。支柱二方案，各国（或地区）应参照《支柱二 GloBE 立法模板》在 2022 年完成国内立法，自 2023 年开始实施，支柱二方案的低税支付规则（UTPR）于 2024 年开始实施。“双支柱”方案中，由于支柱二需要各国（或地区）参照《支柱二 GloBE 立法模板》完成国内立法程序，这是一项既耗时又复杂的工作，也是为何 OECD 抓紧时间、赶在 2021 年 12 月首先发布的最主要原因。OECD 将努力在 2022 年年终前完成一项多边工具（MLI）的开发，以便在相关双边税收协定中快速且一致地引入应税规则（STTR）。这又是一个雄心勃勃的时间表，尽管在 2021 年内已经开启“双支柱”方案技术细节的制定进程，但是方案本身的高度复杂性、落实规则必要的时间周期，以及各利益相关方之间仍需要进行的博弈，很有可能会再次推迟这个时间表。

第五节　朝着既定目标前进（2022 年）

一、支柱一技术细节制定进展顺利

（一）七大模块技术细节制定完成

按照 G20/OECD 包容性框架的设计，支柱一方案的技术节点共包括 13 个模块，如图 1－2 所示。13 个模块按照重要性从左到右顺序排列，并且按照重要性顺序进行规则草案的拟定和发布。2022 年伊始，OECD 进一步加快双支柱技术节点的细节制定进程，截至 2022 年 6 月底，OECD 已经完成 13 个模块中的 7 个模块技术细节规则的制定工作，具体为：

2022 年 2 月 4 日 OECD 发布《支柱一金额 A 下的联结度与收入来源地规则立法模板（草案）》[①]（以下简称《支柱一联结度与收入来源立法模》），向各利益相关方公开征询意见建议，该文件是支柱一技术节点细节制定的第一份文件。

---

① OECD. Pillar One – Amount A: Draft Model Rules for Nexus and Revenue Sourcing. 2022 – 02 – 04. https://www.oecd.org/tax/beps/oecd – invites – public – input – on – the – draft – rules – for – nexus – and – revenue – sourcing – under – pillar – one – amount – a. htm.

2022 年 2 月 18 日 OECD 发布《支柱一金额 A 下的税基确定立法模板（草案）》[①]（以下简称《支柱一税基确定立法模板》），向各利益相关方公开征询意见建议，该文件是支柱一技术节点细节制定的第二份文件。

2022 年 4 月 4 日 OECD 发布《支柱一金额 A 的适用范围立法模板（草案）》[②]（以下简称《支柱一适用范围立法模板》），向各利益相关方公开征询意见建议，该文件是支柱一技术节点细节制定的第三份文件。

2022 年 4 月 14 日 OECD 发布《支柱一金额 A 下的采掘业排除（草案）》[③]（以下简称《支柱一采掘业排除》），向各利益相关方公开征询意见建议，该文件是支柱一技术节点细节制定的第四份文件。

2022 年 5 月 6 日 OECD 发布《支柱一金额 A 下的受监管金融服务业排除（草案）》[④]（Pillar One - Amount A：Regulated Financial Services Exclusion）（以下简称《支柱一金融业排除》），向各利益相关方公开征询意见建议，该文件是支柱一技术节点细节制定的第五份文件。

2022 年 5 月 27 日 OECD 发布《支柱一金额 A 税收确定性框架（草案）》[⑤]（以下简称《支柱一金额 A 税收确定性》）和《支柱一与金额 A 相关问题税收确定性框架（草案）》[⑥]（以下简称《支柱一与金额 A 相关税收确定性》）向各利益相关方公开征询意见建议，是支柱一技术节点细节制定的第六份和第七份文件。

图 1-2　支柱一方案技术节点模块示意

资料来源：根据 OECD 相关文件整理。

---

① OECD. Pillar One - Amount A: Draft Model Rules for Tax Base Determinations. 2022 - 02 - 18. https://www.oecd.org/tax/beps/oecd-invites-public-input-on-the-draft-rules-for-tax-base-determinations-under-amount-a-of-pillar-one.htm.

② OECD. Pillar One - Amount A: Draft Model Rules for Domestic Legislation on Scope. 2022 - 04 - 04. https://www.oecd.org/tax/beps/oecd-invites-public-input-on-the-draft-rules-for-scope-under-amount-a-of-pillar-one.htm.

③ OECD. Pillar One - Amount A: Extractives Exclusion. 2022 - 04 - 14. https://www.oecd.org/tax/beps/tax-challenges-of-digitalisation-oecd-invites-public-input-on-extractives-exclusion-under-amount-a-of-pillar-one.htm.

④ OECD. Pillar One - Amount A: Extractives Exclusion. 2022 - 05 - 06. https://www.oecd.org/tax/beps/oecd-invites-public-input-on-the-regulated-financial-services-exclusion-under-amount-a-of-pillar-one.htm.

⑤ OECD. Pillar One - A Tax Certainty Framework for Amount A. 2022 - 05 - 27. https://www.oecd.org/tax/beps/public-consultation-document-pillar-one-amount-a-tax-certainty-framework.pdf.

⑥ OECD. Pillar One - Tax certainty for issues related to Amount A. 2022 - 05 - 27. https://www.oecd.org/tax/beps/public-consultation-document-pillar-one-amount-a-tax-certainty-issues.pdf.

联结度和收入来源是支柱一方案最重要的技术节点，因此最先发布。《支柱一联结度与收入来源立法模板》旨在解决两个关键问题，一是适用范围内跨国企业集团与某市场辖区是否存在充分的联结度从而触发新征税权，二是满足联结度测试的市场辖区应该获得多少份额金额A的利润分配。由于支柱一方案对于新联结度的判定仅以适用“范围内集团”来源于某市场辖区营业收入的多少作为唯一的指标，因此收入来源地确认规则就变得无比重要，与支柱一的新联结度密切相关，是新联结度测试的前提条件。随后发布的《支柱一税基确定立法模板》的重要性仅次于《支柱一联结度与收入来源立法模板》，该立法模板主要包括两部分内容，一是确定适用范围内跨国企业集团的经调整税前利润。经调整税前利润是适用范围内跨国企业集团在其财务会计利润的基础上进行规则设定的调整，以此作为集团需要重新向市场辖区分配利润的基础。二是给出相关定义，包括集团合并会计报表及相关定义、会税差异调整和重述调整及相关定义等。支柱一方案金额A的适用范围也是一个非常重要的问题，《支柱一适用范围立法模板》旨在确定哪些跨国企业集团纳税人符合支柱一金额A的适用范围，如果跨国企业集团在一个期间内同时满足“全球收入测试”和“利润水平测试”，则该集团符合支柱一金额A的适用范围。“一个期间”指集团最终控股母公司编制合并会计报表的会计期间。《支柱一采掘业排除》和《支柱一金融业排除》旨在解决，如果某跨国企业集团满足“全球收入测试”和“利润水平测试”，但如果从事采掘业或受监管金融服务业，则还需根据采掘业排除规则和受监管金融服务业排除规则，进行非排除项下的“全球收入测试”和“利润水平测试”，若仍能满足，则该集团符合支柱一金额A的适用范围。《支柱一金额A税收确定性》和《支柱一与金额A相关税收确定性》旨在为支柱一方案提供一个创新的税收确定性框架以确保适用范围内跨国企业集团在适用支柱一的各项规则时都可以获得足够的税收确定性，包括在消除重复征税方面，主要的内容包括适用范围确定性审查、预先确定性审查、全面确定性审查等。需要注意的是，所谓“创新的税收确定性”其实是具有强制约束力的、以多边框架解决金额A和与金额A相关问题的税收确定性框架，这与传统的基于双边框架的税收争议协商解决机制相比，具有革命性的改变，是“创新”的，因此一定会影响各国（或地区）的税收主权和税收利益，需要予以特别重视。支柱一方案技术节点模块相关文件发布信息总结如表1-1所示。

表1-1　支柱一方案技术节点模块相关文件发布信息总结

顺序	发布时间	文件名称（中文）	文件名称（英文）	简称
1	2022年2月4日	支柱一金额A下的联结度与收入来源规则立法模板（草案）	Pillar One – Amount A: Draft Model Rules for Nexus and Revenue Sourcing	支柱一联结度与收入来源立法模板
2	2022年2月18日	支柱一金额A下的税基确定立法模板（草案）	Pillar One – Amount A: Draft Model Rules for Tax Base Determinations	支柱一税基确定立法模板
3	2022年4月4日	支柱一金额A的适用范围立法模板（草案）	Pillar One – Amount A: Draft Model Rules for Domestic Legislation on Scope	支柱一适用范围立法模板

续表

顺序	发布时间	文件名称（中文）	文件名称（英文）	简称
4	2022年4月14日	支柱一金额A下的采掘业排除（草案）	Pillar One - Amount A: Extractives Exclusion	支柱一采掘业排除
5	2022年5月6日	支柱一金额A下的受监管金融服务业排除（草案）	Pillar One - Amount A: Regulated Financial Services Exclusion	支柱一金融业排除
6	2022年5月27日	支柱一金额A税收确定性框架（草案）	Pillar One - A Tax Certainty Framework for Amount A	支柱一金额A税收确定性
7	2022年5月27日	支柱一与金额A相关问题税收确定性框架（草案）	Pillar One - Tax certainty for issues related to Amount A	支柱一与金额A相关税收确定性

资料来源：根据OECD相关文件整理。

（二）发布进展报告并修订时间表

自2021年10月以来，经过近9个月的紧张工作，OECD在“双支柱”方案技术细节的规则制定方面取得阶段性重要进展。2022年7月15日至16日，G20财长和央行行长会议在轮值主席国印度尼西亚的巴厘岛召开①，OECD秘书长马赛厄斯·科曼（Mathias Cormann）向会议报告“双支柱”方案技术细节规则制定取得的重要进展②。科曼秘书长指出，支柱一方案对传统国际税收规则的改变是革命性的，正在进行中的谈判工作仍然具有很大的挑战，将2021年10月达成的全球共识协议付诸实施，将世界上最大、最富的跨国企业集团剩余利润的25%重新分配到市场辖区，而无论它们是否在这些辖区有实际存在，还有很多重要工作需要完成。科曼秘书长指出，截至目前支柱一技术细节13个模块已经完成7项，发布公众咨询文本、召开公开讨论会并取得一致，规则技术细节已经基本固定。在目前节点，G20/OECD包容性框架决定对支柱一金额A的整体设计和相关模块技术细节进行整体评估，既是对以往工作的总结，也为接下来的工作做出更好的规划和指导，因此科曼秘书长在G20财长和央行行长的报告中包括了一项重要附件——《支柱一金额A进展报告》③，该报告已于2022年7月11日在OECD官网发布，并向公众征询意见建议。科曼秘书长在报告中指出必须进一步加快工作进度，确保支柱一方案全部13个技术节点全部制定完毕，G20/OECD包容性框架成员辖区签署《多边公约》（MLC），成员辖区完成国内法律批准程序，支柱一方案才可以真正具备生效执行的条件。《多边公约》（MLC）只有在获得一定数量辖区的国内立法批准之后才具备生效执行条件，“一定数量辖区”主要包括两大类国家（或地区），第一类是绝大多数适用范围内跨国企业集团的最终控股母

① G20. G20 Chair's Summary. Third G20 Finance Ministers and Central Bank Governors Meeting, Bali, 15 - 16 July 2022. 2022 - 07 - 16. http: //www. g20. utoronto. ca/2022/220716 - finance. html.

② OECD. OECD SECRETARY - GENERAL TAX REPORT TO G20 FINANCE MINISTERS AND CENTRAL BANK GOVERNORS Indonesia, July 2022. 2022 - 07 - 16. https: //www. oecd. org/ctp/oecd - secretary - general - tax - report - g20 - finance - ministers - indonesia - july - 2022. pdf.

③ OECD. Progress Report on Amount A of Pillar One - Two - Pillar Solution to the Tax Challenges of the Digitalisation of the Economy. 2022 - 07 - 11. https: //www. oecd. org/tax/beps/progress - report - on - amount - a - of - pillar - one - two - pillar - solution - to - the - tax - challenges - of - the - digitalisation - of - the - economy. htm.

公司的居民国，适用范围内跨国企业集团的一部分利润将被确定为金额 A，作为新征税权分配给市场辖区；第二类是被分配消除因金额 A 而产生的重复征税义务的国家（或地区）。尽管支柱一方案 13 个技术节点还未全部制定完成，但是《多边公约》（MLC）总体框架和个别条款的设计工作已经在进行之中。科曼秘书长的报告还包括一个修改后的时间表：2022 年 8 月 19 日《支柱一金额 A 进展报告》征集意见建议结束，2022 年 10 月 G20/OECD 包容性框架将召开会议审阅收集到的意见建议，以寻求对尚未确定的技术细节给出答案。修改后的时间表将 2023 年中期作为签署多边公约（MLC）的最终期限，使《多边公约》（MLC）获得足够数量税收辖区完成国内法律批准程序，将 2024 年确定为支柱一金额 A 执行实施的首发之年。

《支柱一金额 A 进展报告》是一份重要文件，2022 年 9 月 12 日 OECD 就收到的意见建议召开公开讨论会①。《支柱一金额 A 进展报告》是实施支柱一金额 A 技术性示范规则的综合性文件，总结 2022 年以来发布的各项规则草案，将其作为制定多边公约（MLC）的实质性基础，各国（地区）需要签署多边公约（MLC）并需要对本国税法予以调整修订来执行支柱一金额 A。《支柱一金额 A 进展报告》的第一章是“总体介绍”（Overview），重点是第二章“金额 A 的实质性规则”（Substantive rules on Amount A），第二章共有 7 个标题、11 项条款，具体为：标题一为适用范围，包括一项条款；标题二为征税，包括一项条款；标题三为联结度和收入来源地规则，包括第三条联结度测试、第四条收入来源地规则；标题四为应税利润的确定和分配，包括第五条集团经调整税前利润确定、第六条利润分配；标题五为消除对金额 A 的重复征税，包括第七条对金额 A 纳税的抵免、第八条范围内集团特定税收辖区的确定、第九条对金额 A 消除重复征税的责任分配、第十条为范围内集团实体按金额 A 纳税给予抵免、第十一条为识别集团内执行金额 A 重复征税责任的实体；标题六为税收征管；标题七为术语定义。另外，《支柱一金额 A 进展报告》还包括 10 个附表，分别为：附表 A 适用范围的补充规定、附表 B 排除合格采掘业的收入和利润、附表 C 排除受监管的金融服务业的收入和利润、附表 D 适用分部、附表 E 详细的收入来源地规则、附表 F 资产公允价值或减值调整、附表 G 收购股权基础调整、附表 H 转移亏损、附表 I 调整税基、附表 J 消除双重征税——折旧和工资回报率。《支柱一金额 A 进展报告》尚不包括支柱一金额 A 的征管规则及税收确定性相关规定，这些规定将在 2022 年 10 月 G20/OECD 包容性框架会议之前适时发布。

（三）金额 B 的简化规则发布

2022 年 10 月 6 日，G20/OECD 包容性框架召开第 14 次会议，与会代表同意发布《支柱一税收征管与税收确定性进展报告》，OECD 在其官网发表了该报告②，并将于 2022 年

---

① OECD. Tax challenges of digitalisation: Public consultation meeting on Amount A of Pillar One. 2022 - 09 - 12. https: //www. oecd. org/tax/beps/public - consultation - meeting - on - amount - a - of - pillar - one - september - 2022. htm.

② OECD. Progress Report on the Administration and Tax Certainty Aspects of Amount A of Pillar One - Two - Pillar Solution to the Tax Challenges of the Digitalisation of the Economy. 2022 - 10 - 06. https: //www. oecd. org/tax/beps/progress - report - on - the - administration - and - tax - certaint - aspects - of - amount - a - of - pillar - one - two - pillar - solution - to - the - tax - challenges - of - the - digitalisation - of - the - economy. htm.

11月11日之前接受公众意见建议。这份进展报告包含支柱一金额A的征管规则与税收确定性相关规定，包括三个部分的主要内容。第一部分为金额A的征管流程，从提供相关信息到纳税申报，具体包括征管框架、信息归档要求、简化合规、单一纳税人、申报表和通用文件等内容。第二部分为金额A的税收确定性，其核心要素是创新税收确定性框架，确保范围内集团在金额A规则所有方面的确定性，包括消除双重征税，具体包括适用第一年的税收确定性、适用范围确定性、收入来源确定性、利润计算和消除重复征税确定性、解决税收争议的裁定小组等内容。第三部分为金额A相关问题的税收确定性，适用范围内的跨国企业集团将因此受益，将以强制性和具有约束性的方式解决与金额A相关所有的税收确定性问题，具体包括对相互协商程序（MAP）的修订补充、选择解决税收争议的裁定小组等内容。《支柱一税收征管与税收确定性进展报告》提到金额A的其他技术细节规则制定工作和金额B的相关工作，预计另外两份公众咨询文件将于2022年年底发布：一份涉及数字服务税和类似单边税收措施的废止，另一份涉及金额B。

2022年10月12日至13日，G20财长和央行行长会议在美国华盛顿举行，OECD科曼秘书长向会议提交报告，报告包括7项主要内容："双支柱"方案的最新进展、应对气候变化的税收政策、税收透明度、税收与经济发展、税收征管、税收与犯罪、BEPS项目执行情况。与这7项主要内容相对应，OECD秘书长的报告包括7个附件报告，分别是《信息自动交换报告》①《支柱一金额A征收管理和税收确定性的工作进展报告》②《G20/OECD对发展中国家和国际税收的路线图》③《加密资产报告框架和对统一报高标准的修订》④《税收激励与全球最低公司所得税》⑤《温室气体排放定价报告》⑥《G20/OECD包容性框架的BEPS工作进展报告》⑦。7项附件报告中，《支柱一金额A征收管理和税收确定性的工作进展报告》是在2022年7月11日《支柱一金额A进展报告》的基础上，吸收公

---

① OECD. Report on Automatic Exchange of Information.（《信息自动交换报告》）. Annex A（附件A）. 2022 - 10 - 12. https://www. oecd. org/g20/topics/international - taxation/oecd - secretary - general - tax - report - g20 - finance - ministers - indonesia - october - 2022. pdf.

② OECD. Progress Report on the Administration and Tax Certainty Aspects of Amount A of Pillar One.（《支柱一金额A征收管理和税收确定性的工作进展报告》）. Annex B（附件B）. 2022 - 10 - 12. https://www. oecd. org/tax/beps/progress - report - on - the - administration - and - tax - certaint - aspects - of - amount - a - of - pillar - one - two - pillar - solution - to - the - tax - challenges - of - the - digitalisation - of - the - economy. htm.

③ OECD. G20/OECD Roadmap on Developing Countries and International Taxation.（《G20/OECD对发展中国家和国际税收的路线图》）. Annex C.（附件C）。2022 - 10 - 18. https://www. oecd - ilibrary. org/taxation/g20 - oecd - roadmap - on - developing - countries - and - international - taxation_cf46900c - en.

④ OECD. Crypto - Asset Reporting Framework and Amendments to the Common Reporting Standard.（《加密资产报告框架和对统一报高标准的修订》）. Annex D.（附件D）. 2022 - 10 - 18. https://www. oecd. org/tax/exchange - of - tax - information/crypto - asset - reporting - framework - and - amendments - to - the - common - reporting - standard. pdf.

⑤ OECD. Tax Incentives and the Global Minimum Corporate Tax.（《税收激励与全球最低公司所得税》）. Annex E.（附件E）. 2022 - 10 - 18. https://doi. org/10. 1787/25d30b96 - en.

⑥ OECD. Pricing Greenhouse Gas Emissions.（《温室气体排放定价报告》）. Annex F.（附件F）. 2022 - 10 - 18. https://www. oecd. org/tax/tax - policy/pricing - greenhouse - gas - emissions - turning - climate - targets - into - climate - action. htm.

⑦ OECD. OECD/G20 Inclusive Framework on BEPS Progress Report.（《G20/OECD包容性框架的BEPS工作进展报告》）. Annex G.（附件G）. 2022 - 10 - 18. https://www. oecd. org/tax/beps/oecd - g20 - inclusive - framework - on - beps - progress - report - september - 2021 - september - 2022. htm.

众咨询意见建议进行修订、经 G20/OECD 包容性框架批准予以发布的，并向公众公开征询意见建议，时间截止日为 2022 年 11 月 11 日。科曼秘书长在 G20 财长和央行行长会议的报告中透露，有关废止数字服务税和其他单边税收措施的征询意见文本将在 2022 年年底前发布，在此基础上，《多边公约》（MLC）将在 2023 年年中前完成文本草拟工作并举行签署仪式。与金额 A 的工作同时进行的，还有金额 B 的相关工作，金额 B 相关规则的文本将在 2022 年年底前发布，在 2023 年年中之前完成相关工作。

支柱一方案还有另外一项非常关键的工作就是金额 B（Amount B），金额 B 聚焦征管能力相对较低的辖区，通过金额 B 对跨国企业集团在某一辖区从事基础营销分销活动（BMDA）适用独立交易原则进行简化和优化处理。《10 月 8 日声明》确定有关金额 B 的技术细节制定工作在 2022 年年底前完成，由 OECD 第六工作组和税收征管论坛相互协商程序论坛共同完成相关工作。技术细节制定工作将从定义适用金额 B 的境内基础营销分销活动开始，在 2022 年年中发布公众咨询文件，在 2022 年年底前发布金额 B 的最终成果，但是这一时间表稍有推迟。2022 年 12 月 8 日 OECD 发布《支柱一金额 B》[①] 向各利益相关方公开征询意见建议，该文件旨在简化独立交易原则在从事于各国境内基础营销和分销活动（BMDA）的跨国企业集团的应用，该文件接受意见建议的截止日期为 2023 年 1 月 25 日，目标是在 2023 年年中之前就金额 B 相关规则达成一致，使其在 2024 年与金额 A 同时执行实施。《支柱一金额 B》将两类经营活动定义为基础营销分销活动（BMDA），第一类经营活动是“商品购销业务”，具体指在商品购销业务中，受测方从境外一个或多个关联方采购商品，并向位于境内的第三方进行批发销售的经营活动；第二类经营活动是“销售代理和佣金业务”，具体指在销售代理或佣金销售业务中，受测方对于关联方进行的商品批发销售的贡献和相关经济特征符合规定的金额 B 适用范围标准界定的活动。适用范围标准包含与受控交易经济相关特征有关的定性评估，与 2020 年的《支柱一蓝图报告》不同，《支柱一金额 B》没有对基础营销分销活动（BMDA）给出全面详尽的活动清单，而是以列举形式给出 12 项在判定基础营销分销活动（BMDA）时必须考虑的界定标准。除此之外，《支柱一金额 B》还规定，在判定一项活动是否属于境内基础营销分销（BMDA）活动时，仍旧需要基于转让定价的功能风险分析而不应简单依赖商业模式，12 项界定标准并不是穷尽式列举，而是各国（或地区）主管税务当局和跨国企业集团在具体判定时应予考虑的重点内容。《支柱一金额 B》在 12 项界定标准中引入多个定量指标用以辅助判断，但并不因此否定定性判断的作用，主管税务当局仍有权作出定性判断。对于售后服务等营销活动，《支柱一金额 B》认为其不属于基础营销分销活动（BMDA），不属于金额 B 的适用范围，还应当按照一般转让定价方法进行定价。

《支柱一金额 B》规定，对于符合金额 B 适用范围的基础营销分销活动（BMDA），应优先考虑应用转让定价的交易净利润法（TNMM），但以下两种情况可以豁免应用交易净利润法（TNMM），一是存在当地市场可比价格可用于交易定价的情况；二是在特定情况下，存在其他更合适的转让定价方法用于交易定价的情况。在应用交易净利润法（TNMM）时，可以采用营业利润率（Operating Margin）或销售回报率（Return on Sales）

① OECD. PUBLIC CONSULTATION DOCUMENT. Pillar One - Amount B. 2022 - 12 - 08. https://www.oecd.org/tax/beps/public-consultation-document-pillar-one-amount-b-2022.pdf.

这两种最为常见的净利润指标，也允许考虑其他利润指标，如贝里比率、资产回报率和净利润指标的组合等，在具体应用时，综合考虑关联交易的具体情况、信息的可靠性和完整性、各项指标的优劣势等，选取最合适的利润指标。至于将以什么样的形式呈现简化的独立交易原则下的结果，《支柱一金额 B》提出两种潜在的方法，定价矩阵法（Pricing Matrix）和机械定价工具法（Mechanical Pricing Tool）。定价矩阵法将通过常用基准分析找到独立交易原则下的结果，按照矩阵的方式呈现，其中属于营销（或分销）功能的可比公司将按照相关经济特征进行分类。机械定价工具法将基础数据“转换”为一组公式或一组定量调整，以可靠地得出与受测方的经济相关特征相符合的独立交易利润回报。由于定价矩阵法或者机械定价工具法的最终结果可能呈现的是一个定价区间，为了规则的简化目标，《支柱一金额 B》将在下一步的修订中采用某种方法进一步缩小这一结果。《支柱一金额 B》指出，金额 B 规则简化独立交易原则的应用，本身就是为了减少税收争议，并且规定跨国企业集团纳税人应报送完备的资料以进一步减少税收争议的可能性。但如果仍旧发生税收争议，《支柱一金额 B》也给出了相关规定。对于预防争议发生，《支柱一金额 B》提出预约定价安排（APA），特别是双边预约定价安排（BAPA）或多边预约定价安排（MAPA）仍是最为有效、最可依赖的争议预防机制，并且预约定价安排达成的转让定价方法优先于金额 B 的简化转让定价方法。对于解决争议，《支柱一金额 B》提出跨国企业集团纳税人可以通过相应调整、相互协商程序（MAP）或仲裁来解决金额 B 相关税收争议，在金额 B 实行前已经达成的相互协商程序（MAP）的转让定价方法优先于金额 B 的简化转让定价方法。

（四）废除数字服务税多边公约发布

2022 年 12 月 20 日，OECD 发布支柱一技术细节 13 个模块的最后一个——《支柱一金额 A 废除数字服务税和其他类似单边税收措施的多边公约（草案）》[①]（以下简称《废除数字服务税多边公约》）向各利益相关方公开征询意见建议，截止时间为 2023 年 1 月 20 日。《废除数字服务税多边公约》包含有关废除数字服务税和其他相关类似单边税收措施承诺的多边公约草案，多边公约一旦签署，签署公约的国家（或地区）有义务撤销多边公约附件中列出的单边税收措施，停止将单边税收措施应用于任何公司，并且承诺此后不会再采取类似措施，如有承诺，将不得再享有支柱一金额 A 的利润分配。《废除数字服务税多边公约》给出了核心的两项条款，第 37 条和第 38 条。第 37 条规定，撤销现有措施。该条款包含要求撤销对所有公司的现有全部数字服务税和相关类似措施的规定，并包括一个最终清单，该最终清单将列举全部现有的数字服务税或类似单边税收措施。依据该条款，多边公约的签约方将不得再向任何公司征收最终清单中的任何措施，这项公约义务将在多边公约对每个签署国家（或地区）生效后，在相关的国家（或地区）生效。最终清

---

① OECD. Tax challenges of digitalisation: OECD invites public input on the draft Multilateral Convention provisions on digital services taxes and other relevant similar measures under Amount A of Pillar One. Pillar One - Amount A: Draft Multilateral Convention Provisions on Digital Services Taxes and other Relevant Similar Measures. 2022 - 12 - 20. https://www.oecd.org/tax/beps/oecd - invites - public - input - on - the - draft - multilateral - convention - provisions - on - digital - services - taxes - and - other - relevant - similar - measures - under - amount - a - of - pillar - one. htm.

单将由 OECD 数字经济税收工作小组（TFDE）研究确定，并将其作为多边公约后续谈判的重要内容，但目前没有包括在《废除数字服务税多边公约》之中以供公众讨论。

第 38 条规定，取消对征收数字服务税和相关类似措施的多边公约签约方的金额 A 利润分配，包括四项具体内容：第一项，取消对实施数字服务税或相关类似措施（或未能撤回最终清单列举的现有措施）的国家（或地区）的金额 A 分配，并防止该国（或地区）依据其国内税法实施金额 A 的征税。对于未列举在最终清单的税收措施，也需要按照第 38 条规定进行审查。第二项，对数字服务税或相关类似措施进行一般性定义，该定义与 2022 年 7 月 11 日发布的《支柱一金额 A 进展报告》的相关定义保持一致，包括根据市场标准征税的措施、对外国和外资企业实行隔离的措施、不属于所得税规则的措施三类税收措施。第三项，数字服务税或相关类似措施不包括增值税、交易税、被税收协定涵盖的预提税，或应对滥用现有税收标准的规则。需要注意的是，不被视为数字服务税的措施可能会影响金额 A 的利润分配。第四项，将通过多边公约缔约方会议对某项措施是否属于数字服务税或类似相关措施的定义范围内进行审查。多边公约缔约方大会（The Conference of the Parties of the MLC）的运作机制包括其决策规则等相关规则，将在多边公约后续的谈判过程中制定。

二、支柱二技术细节制定接近完成

（一）新冠疫情蔓延影响各国税收收入

新冠疫情自暴发以来，对相关税收辖区的税收收入造成不同程度的负面影响。2022 年 7 月 25 日 OECD 发布一份名为《亚洲和太平洋地区财政税收统计 2022》①（Revenue Statistics in Asia and the Pacific 2022）的报告，该报告指出，受新冠疫情的影响，亚洲和太平洋地区平均税收收入占国内生产总值（GDP）的比例自 2019 年至 2020 年减少 1.2 个百分点，跌至 19.1%。该报告提供了亚太地区（Asia Pacific Region）28 个经济体税收收入的统一数据，其中孟加拉国、柬埔寨、吉尔吉斯斯坦和巴基斯坦是第一次加入该报告。该报告显示，亚太地区的平均税收收入占 GDP 比例低于 OECD、拉丁美洲与加勒比地区（LAC）的平均水平。2019—2020 年，26 个亚太经济体中有 19 个亚太经济体的税收收入占 GDP 比例是下降的。2020 年的新冠疫情使亚太地区税收收入占 GDP 比例在长达十年的时间内下滑趋势更加明显。2010—2020 年，26 个亚太经济体中有 15 个亚太经济体的税收收入占 GDP 比例下降。新冠疫情还扩大了亚太地区平均税收收入占 GDP 比例与 OECD 及 LAC 平均水平的差距：2019—2020 年，OECD 的平均税收收入占 GDP 比例增加 0.1 个百分点至 33.5%，而 LAC 的平均税收收入占 GDP 比例减少了 0.8 个百分点降至 21.9%。

商品与服务税（Goods and Service Taxes）是亚太区经济税收收入的主要部分，平均而言，商品与服务税收入占亚太地区 2020 年总税收的 50.6%。商品与服务税收入的减少推动了亚太地区经济体在 2019 年至 2020 年的期间内平均税收收入占 GDP 比例的下降。在有

① OECD. Revenue Statistics in Asia and the Pacific 2022. Strengthening Tax Revenues in Developing Asia. 2022 - 07 - 25. https://www.oecd.org/tax/tax - policy/revenue - statistics - in - asia - and - the - pacific - 5902c320 - en. htm.

2020 年数据的 26 个亚太经济体中，21 个亚太经济体的商品与服务税收入占 GDP 比例下降了。该报告显示，对于太平洋岛国来说，由于新冠疫情对旅游业造成的严重冲击，太平洋岛国的商品与服务税收入下降幅度尤为明显。同时，税收收入的另一个重要组成部分，公司所得税（CIT）也受到影响，在 2019—2020 年，亚太地区的公司所得税收入减少 0.1 个百分点。但是，对于亚太地区而言，这个下降幅度还是较为温和的，在 2019—2020 年，OECD 的公司所得税收入下降 0.4 个百分点，LAC 下降 0.2 个百分点。在 2019—2020 年，亚太地区和 LAC 的平均个人所得税（PIT）收入没有变化，但 OECD 的 PIT 收入增加了 0.3 个百分点。

《亚洲和太平洋地区财政税收统计 2022》还包括了 19 个亚太经济体的非税收收入数据。在 2019—2020 年，12 个亚太经济体的非税收收入占 GDP 比例下降，7 个亚太经济体的比例增加。2020 年非税收收入在以下几个亚太经济体超过了 GDP 的 10%：萨摩亚（11.6%）、不丹（19.8%）、瓦努阿图（24.0%）、库克群岛（27.4%）、瑙鲁（67.5%）和托克劳（218.7%）。

2020 年，中国的税收收入占 GDP 比例为 20.1%，同期亚太地区经济体的平均税收收入占 GDP 比例为 19.1%，中国的比例高于亚太区 1 个百分点；同期 OECD 税收收入占 GDP 比例为 33.5%，中国的比例低于 OECD 13.4 个百分点。纵向比较（见图 1－3），2019 年，中国的税收收入占 GDP 比例为 22.1%，2020 年相对于 2019 年下降 2 个百分点。《亚洲和太平洋地区财政税收统计 2022》统计了中国自 2007 年至 2020 年的税收收入数据，在此期间，中国税收收入占 GDP 比例从 2007 年的 16.9% 升高至 2020 年的 20.1%，增加了 3.2 个百分点；在这一期间内，中国税收收入占 GDP 比例最高的年份是 2019 年，达到 22.1%，最低的是 2017 年，为 16.9%。2007—2020 年，中国税收收入占 GDP 比例保持在 20% 左右的水平，而同期内 OECD 的平均水平始终保持在 30% 以上，亚太区平均水平保持在 19% 左右的水平，但是中国和亚太区在 2020 年的税收收入占 GDP 比例都有明显的下降，中国的下降幅度较大。

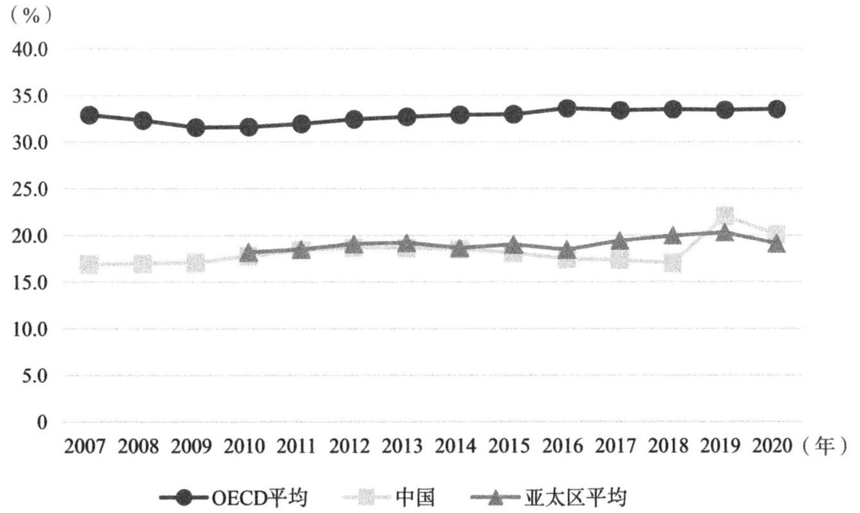

图 1－3　经济体税收收入占 GDP 的比较（2007—2020 年）

资料来源：https：//www.oecd.org/tax/tax－policy/revenue－statistics－asia－and－pacific－china.pdf。

《亚洲和太平洋地区财政税收统计 2022》自 2007 年开始统计中国的税收收入，其数据来源是中国财政部官方公布的数据信息。如图 1－4 所示，2007—2020 年中国的税收收入呈现逐年递增的趋势，只有 2020 年较 2019 年是呈下降趋势的，主要原因是受新冠疫情的影响。2007 年中国的税收收入为 4.562 万亿元，此后便以每年约 10% 的平均复合增长率增长。需要解释的是，《亚洲和太平洋地区财政税收统计 2022》自 2019 年将中国的社会保险缴费（Social Security Contribution）作为税收收入并入统计范围，在此之前没有将社会保险缴费并入统计范围，因此，2019 年中国的税收收入有比较明显的增长，达到 21.791 万亿元，主要原因是 2019 年首次将该年的 5.999 万亿元社会保险缴费作为税收收入的组成部分，而 2020 年中国的社会保险缴费受疫情影响而下降至 4.922 万亿元，2020 年中国的税收收入为 20.349 万亿元。2020 年相较 2019 年，中国的税收收入下降约 7%。

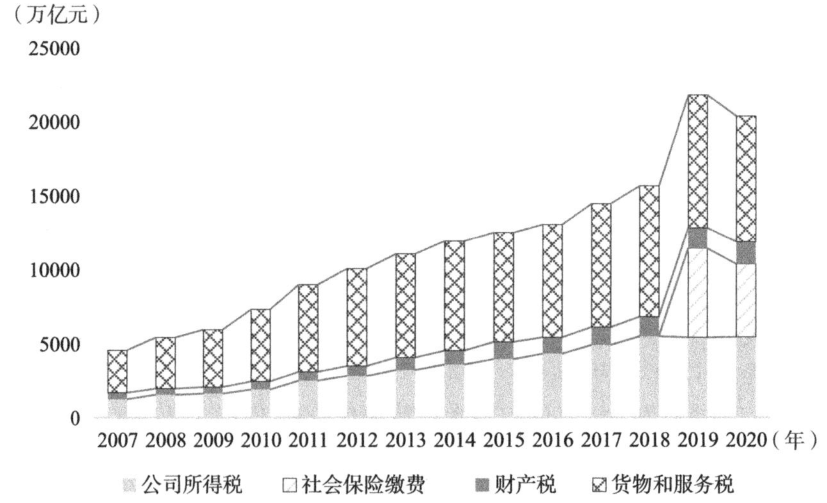

图 1－4 中国税收收入趋势和构成（2007—2020 年）

资料来源：OECD 统计数据库，https：//stats. oecd. org/index. aspx？DataSetCode = RS_ASI#。

（二）GloBE 规则骨干文件发布

按照 G20/OECD 包容性框架的设计，支柱二方案包括两项规则，即“全球反税基侵蚀规则”（GloBE）和应税规则（STTR），而“全球反税基侵蚀规则”（GloBE）又包括所得纳入规则（IIR）和应税规则（STTR），如图 1－5 所示。由于美国的推动，OECD 将支柱二方案技术细节制定置于优先于支柱一方案的位置，因此在 2021 年 10 月 8 日 G20/OECD 包容性框架就“双支柱”方案达成全球共识协议、发布《10 月 8 日声明》之后，就已经在加快支柱二方案技术细节制定的工作，GloBE 规则的骨干文件相继发布。2021 年 12 月 20 日，OECD 发布《应对经济数字化税收挑战——支柱二全球反税基侵蚀规则立法模板（草案）》[①]（以下简称《支柱二 GloBE 立法模板》），向各利益相关方公开征询意见建议，该

① OECD. Tax Challenges Arising from the Digitalisation of the Economy Global Anti－Base Erosion Model Rules（Pillar Two）. 2021－12－20. https：//www. oecd. org/tax/oecd－releases－pillar－two－model－rules－for－domestic－implementation－of－15－percent－global－minimum－tax. htm.

文件是支柱二技术细节制定的第一份文件。2022 年 3 月 14 日，OECD 发布针对《支柱二 GloBE 立法模板》的两份重要文件：一是《应对经济数字化税收挑战——支柱二全球反税基侵蚀规则释义》[①]（以下简称《支柱二 GloBE 释义》）；二是《应对经济数字化税收挑战——支柱二全球反税基侵蚀规则示例》[②]（以下简称《支柱二 GloBE 示例》）。2022 年 3 月 14 日 OECD 还发布一项公告[③]，就支柱二 GloBE 规则的实施框架（Implementation Framework）向公众征询意见，OECD 在公告中列出与实施框架相关的问题（以下简称《支柱二 GloBE 实施框架》），公众征询意见于 2022 年 4 月 11 日截止，并如期在 4 月 25 日举行了公众咨询会议。

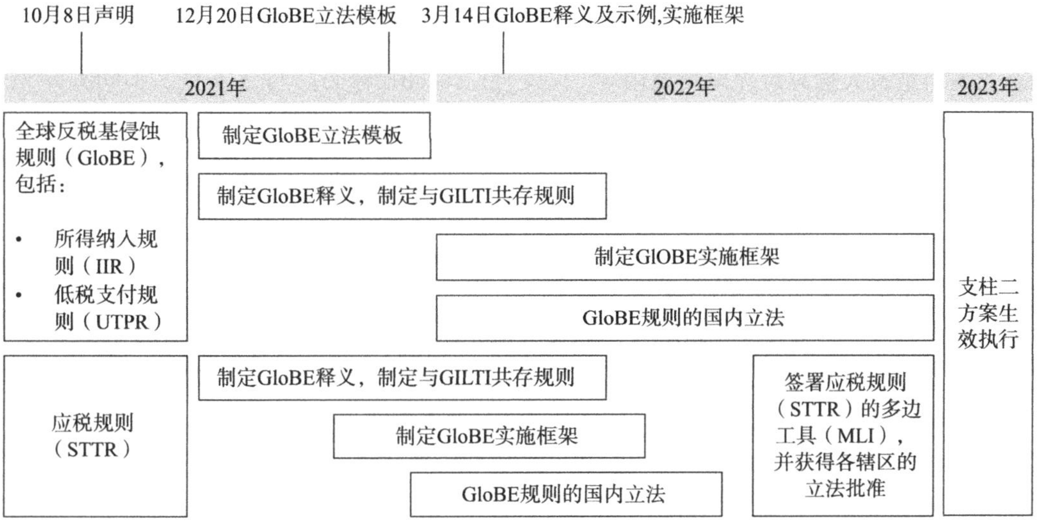

图 1-5 支柱二规则构成和技术节点模块示意

资料来源：根据 OECD 相关文件整理。

《支柱二 GloBE 立法模板》的发布，标志着支柱二方案设计的基本完成，是国际税收体系进程的一个重要里程碑[④]。支柱二 GloBE 规则使得各国（或地区）政府以低税率税收优惠吸引外部投资的能力大为下降，建立全球统一的公司所得税税基以衡量各国（或地区）的有效税率，GloBE 规则形成对传统国际税收规则的根本性改变。尽管已经进行多轮的"去复杂化"，但是 GloBE 规则仍显过于复杂，而且客观上将给跨国企业集团纳税人和

---

① OECD. Tax Challenges Arising from the Digitalisation of the Economy – Commentary to the Global Anti – Base Erosion Model Rules (Pillar Two)). 2022 – 03 – 14. https://www.oecd.org/tax/beps/tax – challenges – arising – from – the – digitalisation – of – the – economy – global – anti – base – erosion – model – rules – pillar – two – commentary.pdf.

② OECD. Tax Challenges Arising from the Digitalisation of the Economy – Global Anti – Base Erosion Model Rules (Pillar Two) Examples) 2022 – 03 – 04. https://www.oecd.org/tax/beps/tax – challenges – arising – from – the – digitalisation – of – the – economy – global – anti – base – erosion – model – rules – pillar – two – examples.pdf.

③ OECD. Tax challenges of digitalisation: OECD invites public input on the Implementation Framework of the global minimum tax. 2022 – 03 – 14. https://www.oecd.org/tax/beps/oecd – invites – public – input – on – the – implementation – framework – of – the – global – minimum – tax.htm.

④ 德勤. "全球税制重塑 2.0 系列" 支柱二——G20/OECD 包容性框架发布全球最低税立法模板. 2021 – 12 – 22. https://mp.weixin.qq.com/s/DKc9eFlCSrYwY2bJBoeQbw.

各国（或地区）税务主管当局带来额外的成本负担，跨国企业集团纳税人将不得不在“会计”“税务”这两套账册之外，再为 GloBE 规则准备“第三套账册”，以满足支柱二在补足税申报缴纳方面的需要。另外，某些极为重要的事项仍旧没有取得关键进展，如 GloBE 规则与 GILTI 规则的共存问题，由于美国拜登政府如何修订 GILTI 规则尚无定论，总部在美国的跨国企业集团如何在 GloBE 规则与 GILTI 规则之间选择即成为一项难以决断的问题。尽管《10 月 8 日声明》确定将在 2022 年年内解决这一问题，但碍于美国国内税法如何修订 GILTI 是解决这一问题的前提条件，而美国两党之间对如何修订 GILTI 规则的对立立场，因此仍旧无法预测这一关键问题如何、何时能够解决。

《支柱二 GloBE 释义》与《支柱二 GloBE 示例》意在更加条理清晰而又明确简洁地解释《支柱二 GloBE 立法模板》，方便各国（或地区）在国内立法时引入相关条款，方便跨国企业集团纳税人更容易理解规则内容。《支柱二 GloBE 释义》与《支柱二 GloBE 示例》以举例和讲解的方式，确实解决了之前在《支柱二 GloBE 立法模板》中未能很好解释的问题，很大程度上增强了支柱二 GloBE 规则的可操作性，但仍旧有若干问题没能得到完全解决。从另外的角度来看，《支柱二 GloBE 释义》与《支柱二 GloBE 示例》也显示出支柱二 GloBE 规则的技术复杂性和合规难度，并且时间紧迫，按照《10 月 8 日声明》确定的时间表，支柱二方案应自 2023 年 1 月 1 日起生效执行，需要各国（或地区）按照《支柱二 GloBE 立法模板》提前完成国内立法。然而，GloBE 规则的国内立法不仅有技术复杂性而且时间紧迫，涉及相关辖区的税制改革问题（如是否引入“合格国内最低补足税”），自然会牵涉国内政治和其他问题。《支柱二 GloBE 实施框架》旨在帮助各国（或地区）可以顺利、有效地实施 GloBE 规则，其主要的内容包括：征收管理方面的指南、申报资料报送和保管、数据收集和信息报告系统、降低跨国企业集团纳税遵从成本的方法（安全港规则）等。

（三）GloBE 规则实施有所推迟

2022 年 7 月 15 日至 16 日，G20 财长和央行行长会议在轮值主席国印度尼西亚的巴厘岛召开①，OECD 秘书长马赛厄斯·科曼（Mathias Cormann）向会议报告“双支柱”方案技术细节规则制定取得的重要进展②。科曼秘书长指出，继《支柱二 GloBE 立法模板》《支柱二 GloBE 释义》和《支柱二 GloBE 示例》发布并达成一致修改意见之后，支柱二技术细节规则制定的工作已接近完成，并且支柱二的实施框架也已取得重大进展，所有七国集团（G7）、欧盟（EU）的所有成员和二十国集团（G20）的部分成员以及其他部分其他国家已经采取或计划采取行动，修改国内税法以引入支柱二 GloBE 规则。但是总体观察，大多数国家在国内税法引入 GloBE 规则将自 2024 年开始实施，这比之前的设想有所推迟。比如欧盟，欧盟的全球最低税指令尚未取得所有成员国的同意，但欧盟引入并实施全球最

① G20. G20 Chair's Summary. Third G20 Finance Ministers and Central Bank Governors Meeting, Bali, 15 – 16 July 2022. 2022 – 07 – 16. http://www.g20.utoronto.ca/2022/220716 – finance.html.

② OECD. OECD SECRETARY – GENERAL TAX REPORT TO G20 FINANCE MINISTERS AND CENTRAL BANK GOVERNORS Indonesia, July 2022. 2022 – 07 – 16. https://www.oecd.org/ctp/oecd – secretary – general – tax – report – g20 – finance – ministers – indonesia – july – 2022.pdf.

低税将是确定的、不容置疑的。有相当数量的国家（或地区）在引入 GloBE 规则时选择“合格国内最低补足税”，这是帮助相关国家（或地区）取消不必要的、过度竞争的税收优惠的途径，以防止被用于利润转移来进行跨境避税。支柱二将自 2024 年实施的可能性在不断增大，可以为 G20/OECD 包容性框架提供更为充分的时间来执行支柱二方案的实施框架，该实施框架被设计用来降低产生重复征税的风险，促进各国（地区）税务主管当局之间的协调合作。支柱二方案的其他部分，如应税规则（STTR）的立法模板及释义、执行实施 STTR 的多边工具（MLI）等相关工作也在紧锣密鼓地进行之中。

在 2022 年 10 月 12 日 OECD 科曼秘书长提交给 G20 财长和央行行长会议的报告中①，科曼秘书长指出 OECD 有关支柱二技术细节规则制定的工作已经转到在国内税法构建全球最低税规则上来，包括改革现有税收优惠、引入“合格国内最低补足税”等工作。因此，OECD 在 2022 年 10 月 6 日发布一份名为《税收优惠与全球最低税——重新考虑 GloBE 规则实施后的税收优惠》的报告，提出若干项具体建议供各国（或地区）在准备实施支柱二全球最低税时考虑。科曼秘书长在报告中提到，G20/OECD 包容性框架仍在就 GloBE 规则实施框架进行谈判和紧张工作，该框架将为 GloBE 规则的执行实施提供进一步指导，并提供“同行审议程序”（Peer Review Process），以协助各国（或地区）能够协调地实施 GloBE 规则并取得一致的效果。G20/OECD 包容性框架还在致力于制定安全港规则、简化和标准化的申报和信息交换框架，以促进跨国企业集团在实施规则时的合规，这项工作预计将于 2022 年年底前完成。科曼秘书长在报告还提到，一直以来税收优惠被用作吸引外部投资的工具，已有证据表明这样的做法往往效率低下、效果不佳，而且容易导致跨国企业集团利用这样的税收优惠获得低税或免税暴利，而提供这样税收优惠国家（尤其是发展中国家）将遭受巨大的财政收入损失。OECD 将在 2022 年第四季度启动一系列试点项目，以协助发展中国家评估支柱二 GloBE 规则的影响，以及 GloBE 规则应如何与国内税收政策相互作用，以确保发展中国家能够在不牺牲吸引外资能力的情况下，向在其税收辖区范围内运营的跨国企业集团征税。

（四）GloBE 规则一揽子实施文件发布

2022 年 12 月 20 日 OECD 在其官网发布支柱二 GloBE 规则一揽子实施文件②（An Implementation Package Relating to Pillar Two Global Anti - Base Erosion Rules），一揽子实施文件是一个协调系统，将以确保全球营业收入在 7.5 亿欧元以上的跨国企业集团在全球运营的每个税收辖区至少支付最低水平的税收，以使有效税率达到 15% 或以上。一揽子实施文

① OECD. OECD SECRETARY - GENERAL TAX REPORT TO G20 FINANCE MINISTERS AND CENTRAL BANK GOVERNORS Indonesia, October 2022 OECD. 2022 - 10 - 12. https://www.oecd.org/g20/topics/international - taxation/oecd - secretary - general - tax - report - g20 - finance - ministers - indonesia - october - 2022.pdf.

② OECD. Further progress on two - pillar solution: OECD releases consultation document on the withdrawal of digital service taxes and other relevant similar measures under Pillar One and an implementation package for Pillar Two 2022 - 12 - 20. https://www.oecd.org/tax/further - progress - on - two - pillar - solution - oecd - releases - consultation - document - on - the - withdrawal - of - digital - service - taxes - and - other - relevant - similar - measures - under - pillar - one - and - an - implementation - package - for - pillar - two.htm.

件具体包括三个文件，分别是：《安全港规则和处罚减免指南》[①]（Guidance on Safe Harbours and Penalty Relief）、《GloBE 规则信息申报表》[②]（Pillar Two – GloBE Information Return）的公众征询文件、《GloBE 规则税收确定性》[③]（Pillar Two – Tax Certainty for the GloBE Rules）的公众征询文件。第一份文件《安全港规则和处罚减免指南》的主要内容有三个部分，第一部分是"过渡性国别报告（CbCR）安全港"（Transitional CbCR Safe Harbour），这是一项短期措施，用来免除跨国企业集团在低风险税收辖区完整的支柱二合规计算义务，适用于 2026 年 12 月 31 日或之前开始的财年，也就是为期三年的适用过渡期。第二部分是"永久性安全港"（Permanent Safe Harbour），这是一个可以应用简化计算的安全港，将大大减少跨国企业集团需要进行的计算和调整的工作量，但是简化计算规则将在后续发布的 GloBE 征管指南中提供。第三部分是"过渡性处罚减免"（Transitional Penalty Relief），将要求税务主管机关在某一跨国企业集团已采取合理措施运用全球最低税规则的情况下，在实施处罚前需要"慎重考虑"的情形，处罚减免规则适用于 2026 年 12 月 31 日或之前开始的财年，也就是为期三年的适用过渡期。

第二份文件《GloBE 规则信息申报表》旨在制定标准化的 GloBE 规则信息申报表，并且注意在满足税务主管当局充分且全面的信息需求与避免对纳税人提出过分的合规要求之间取得平衡。《GloBE 规则信息申报表》就是要依据 GloBE 规则为跨国企业集团纳税人设计一整套申报表，希望满足所有相关国家（或地区）的申报要求。《GloBE 规则信息申报表》要求申报的内容有四个方面：第一个方面，集团和集团成员实体的相关信息，具体为集团名称、报告财年、成员实体信息、集团一般会计信息。第二个方面，集团持股架构信息，具体为最终控股母公司详细信息、集团成员实体及集团合资成员详细信息、排除实体信息、报告财年内发生的持股架构变化情况等。第三个方面，有效税率和补足税的计算确认，具体为确定子集团（如有合资集团）、补足税计算的例外情况（安全港或微利排除）、税收辖区信息（辖区有效税率和补足税的计算、递延所得税调整等）、成员实体信息（实体 GloBE 所得或亏损、有效税额、国际海运所得排除等）。第四个方面，补足税分配，具体为低税辖区确定、所得纳入规则应用过程、低税支付规则（UTPR）应用过程等。《GloBE 规则信息申报表》规定跨国企业集团纳税人提交 GloBE 规则信息申报表的截止日期为报告财年结束后的 15 个月内，在跨国企业集团适用 GloBE 规则的第一个财年，截止日期延长至报告财年结束后的 18 个月内，并且跨国企业集团纳税人还应遵守涉及的国家（或地区）国内税法规定的纳税申报要求。

第三份文件《GloBE 规则税收确定性》是用来解决支柱二 GloBE 规则的高度复杂性的，寻求能够实现税收确定性的税收争议预防与解决机制。由于 GloBE 规则的高度复杂

---

① OECD/G20 Inclusive Framework on BEPS. Safe Harbours and Penalty Relief: Global Anti – Base Erosion Rules (Pillar Two) 2022 – 12 – 20. https: //www. oecd. org/tax/beps/safe – harbours – and – penalty – relief – global – anti – base – erosion – rules – pillar – two. pdf.

② OECD/G20 Inclusive Framework on BEPS. Public consultation document. Pillar Two – GloBE Information Return. 2022 – 12 – 20. https: //www. oecd. org/tax/beps/public – consultation – document – pillar – two – globe – information – return. pdf.

③ OECD/G20 Inclusive Framework on BEPS. Public consultation document. Pillar Two – Tax Certainty for the GloBE Rules. 2022 – 12 – 20. https: //www. oecd. org/tax/beps/public – consultation – document – pillar – two – tax – certainty – for – the – globe – rules. pdf.

性，跨国企业集团纳税人与各国（或地区）税务主管当局的理解和实施会出现差异，特别是当各国（或地区）税务主管当局之间的理解和实施出现差异，将会使税收争议国际化、进一步复杂化。OECD 发布的《GloBE 规则税收确定性》是一份征询公众意见稿，共有四部分内容，分别是前言、税收争议预防机制、税收争议解决机制和进一步征询意见和需要讨论的问题。关于税收争议预防机制，要确保跨国企业集团纳税人与税务主管当局在 GloBE 实施的最初阶段就能够在规则的技术要求、合规遵从、流程评估等各个方面取得一致理解、达成一致意见，从而避免产生税收争议。《GloBE 规则税收确定性》就此提出，依据《支柱二 GloBE 立法模板》《支柱二 GloBE 释义》和即将发布的 GloBE 规则征管指南，以“同行评议审查”（Peer Review Process）的方式确定“合格 IIR”“合格 UTPR”“合格国内最低补足税”。所谓“合格”就是各国（或地区）在其国内税法中引入 GloBE 规则后，其 IIR、UTPR、“合格国内最低补足税”是否通过“同行评议程序”，如果通过，即为达到“合格”状态，这样基本上可以确保各国（或地区）在实施 GloBE 规则时的一致性，以预防税收争议。对于《支柱二 GloBE 立法模板》《支柱二 GloBE 释义》和即将发布的 GloBE 规则征管指南没有解决的其他具体问题，《GloBE 规则税收确定性》提出将问题提交给 G20/OECD 包容性框架进行明确。关于税收争议解决机制，《GloBE 规则税收确定性》提出《OECD 税收协定范本》第 25 条的相互协商程序（MAP）可作为制定 GloBE 规则税收争议解决机制的基础。这样的解决机制可以通过不同的法律工具来实施，如多边公约、现行的《多边税收征管互助公约》、国家间的双边税收协定等。

第二章　数字服务税的“存”与“废”之争

第一节　“横空出世”的数字服务税

一、欧洲多国开征数字服务税

从全球范围来看，围绕数字经济征税权的竞争仍在持续，数字服务税和类似单边税收措施被相关国家（或地区）用来维护自身税收利益，并用作谈判筹码。尽管 2021 年 10 月 8 日就应对经济数字化税收挑战达成历史性的全球共识协议，G20 领导人也给予政治背书，美国随后与相关国家签署协议约定支柱一方案执行之时就是数字服务税废除之日，但是“双支柱”方案能否如期有效执行，特别是支柱一金额 A 的《多边公约》（MLC）能否获得足够的签署方，一系列相关问题仍旧存在重大不确定性，数字服务税和类似单边税收措施能否被最终废除，仍需谨慎观察。

毕马威（KPMG）于 2022 年 12 月发布的一份有关数字经济征税的报告①显示，数字服务税（DST）、预提所得税（WHT）以及数字常设机构（Digital PE）被普遍认为是具有直接税属性（Direct Tax）的单边税收措施。根据毕马威（KPMG）的相关资料，截至目前全球至少已有 59 个国家采取行动或步骤，已经实施或准备实施对数字经济的直接税属性的单边税收措施，其中，30 个国家已经在国内税法中引入直接税属性的单边税收措施，12 个国家正处在税收立法的进程中（其中 3 个国家已否决最初建议的立法议案），10 个国家已公开宣布对数字经济征税的意图或计划，7 个国家在观望和等待全球性的共识解决方案，具体情况如表 2－1 所示。上述国家中，无论已经实施，还是正在制定规则，或者处于有意向、在观望的阶段，大多数国家采取的直接税属性的单边税收措施是数字服务税（或类似单边税收措施），少数国家采取预提所得税或数字常设机构的形式。

---

① KPMG，Taxation of the digitalized economy Taxation of the digitalized economy，Developments summary，Updated：December 22，2022. 2022－12－22. https：//tax. kpmg. us/content/dam/tax/en/pdfs/2022/digitalized－economy－taxation－developments－summary. pdf. 另：此表依据 KPMG 的报告及相关资料整理，在实践中仍有其他国家（或地区）（如柬埔寨）也在讨论数字服务税类似的单边税收措施。

表 2-1　实施或准备实施数字经济征税的国家（地区）

序号	类型	数量	国家或地区
1	已实施	30	阿根廷、奥地利、哥斯达黎加、法国、希腊、匈牙利、印度、印度尼西亚、以色列[1]、意大利、肯尼亚、老挝、马来西亚、墨西哥、尼日利亚、巴基斯坦、巴拉圭、波兰、葡萄牙、塞拉利昂、斯洛伐克[2]、西班牙、中国台湾、突尼斯、土耳其、乌克兰、英国、乌拉圭，越南、津巴布韦（30）
2	制定中	12	巴西、柬埔寨、加拿大、捷克、尼泊尔、荷兰、斯洛伐克[2]、坦桑尼亚、泰国、澳大利亚[3]、智利[3]、德国[3]（12）
3	有意向	10	丹麦、埃及、以色列[1]、日本、拉脱维亚、新西兰、挪威、罗马尼亚、俄罗斯、斯洛文尼亚（10）
4	在观望	7	比利时、芬兰、新加坡、南非、瑞典、瑞士、美国（7）

注释：1. 以色列，已实施数字常设机构（Digital PE），有意向引入数字服务税；

2. 斯洛伐克，已实施数字常设机构（Digital PE），正在制定数字服务税相关规则；

3. 澳大利亚、智利和德国，已否决最初建议的立法议案。

在数字经济商业模式下，任何国家（或地区）都有可能成为数字企业的目标市场，由于数字企业可以不需要在市场所在国家（或地区）构成基于物理存在的常设机构，市场所在国家（或地区）无法再依据传统国际税收规则主张征税权、获取国家税收利益，传统国际税收规则已不适应全球商业环境的变迁。因为这样的原因而失去征税权和税收利益的，既可能是发展中国家，也可能是发达国家。当欧盟国家、英国、日本、韩国这样的发达国家在成为数字经济市场所在地的同时，也面临失去征税权和税收利益窘境的情况下，越来越多的发达国家已经实施或积极考虑单边税收措施。OECD 被称为“富国俱乐部”，在 OECD 成员国中，有超过一半的欧洲国家或者已经实施数字服务税，或者正处于规则制定进程之中，而任何形式的数字服务税都被美国视为歧视性的、针对美国数字企业的不公平税收待遇。OECD 相关国家实施或有意实施数字服务税（DST）的简要情况如表 2-2 所示。

表 2-2　OECD 国家实施或有意实施数字服务税的简要情况

序号	国家或地区	税率	征税范围	全球营业收入阈值门槛	国内营业收入阈值门槛	现状（已实施/制定中/有意向）
1	奥地利	5%	在线广告服务	7.5 亿欧元	2500 万欧元	已实施（自 2020 年 1 月起生效实施；2021 年 10 月 21 日与美国的联合声明表示，在支柱一方案生效实施后，该国数字服务税相应废止）
2	比利时	3%	用户数据销售	7.5 亿欧元	500 欧元	制定中（2019 年 1 月提出议案，2019 年 3 月被拒绝，2020 年 6 月修改后重提，2020 年 10 月新一届政府执政宣布，暂时搁置，等待全球解决方案）

续表

序号	国家或地区	税率	征税范围	全球营业收入阈值门槛	国内营业收入阈值门槛	现状（已实施/制定中/有意向）
3	捷克	5%	目标广告/多方数字界面使用/用户数据提供（额外要求）	7.5 亿欧元	1 亿捷克克朗	制定中（议案讨论因新冠疫情搁置，拟议的方案将之前的税率由 7% 降至 5%）
4	丹麦	6%	在线数据流服务	尚不确定	尚不确定	制定中（拟于 2024 年 1 月起生效实施）
5	法国	3%	数字界面/基于用户数据的广告服务	7.5 亿欧元	2500 万欧元	已实施（自 2019 年 1 月起回溯实施，2021 年 10 月 21 日与美国的联合声明表示，在支柱一方案生效实施后，该国数字服务税相应废止）
6	匈牙利	7.5%	在线广告服务	1 亿匈牙利福林	尚不确定	已实施（作为一项临时性措施，2019 年 7 月 1 日至 2022 年 12 月 31 日，税率减值 0）
7	意大利	3%	基于数字界面的广告/多方数字界面（允许用户买卖商品和服务）/从数字界面收集的用户数据用于传输	7.5 亿欧元	550 万欧元	已实施（自 2020 年 1 月起生效实施；2021 年 10 月 21 日与美国的联合声明表示，在支柱一方案生效实施后，该国数字服务税相应废止）
8	拉托维亚	3%	尚不确定	尚不确定	尚不确定	有意向（设想引入税率为 3% 的数字服务税以增加税收收入）
9	挪威	尚不确定	尚不确定	尚不确定	尚不确定	有意向（曾设想在 2021 年引入数字服务税作为单边税收措施）
10	波兰	2%	音像媒体服务/音像商业用途传播	尚不确定	尚不确定	已实施（自 2020 年 7 月起生效实施）
11	葡萄牙	4%/1%	视频分享平台上的音像商业用途传播（4%），订阅视频点播服务（1%）	无门槛	无门槛	已实施（自 2021 年 2 月起生效实施）
12	斯洛伐克	尚不确定	尚不确定	尚不确定	尚不确定	制定中（政府曾发布立法建议，无进展）
13	斯洛文尼亚	尚不确定	尚不确定	尚不确定	尚不确定	有意向（政府曾设想在 2020 年 1 月 1 日前向议会提出议案建议，无进展）
14	西班牙	3%	在线广告服务/在线广告销售/用户数据销售	7.5 亿欧元	300 万欧元	已实施（自 2021 年 1 月起生效实施；2021 年 10 月 21 日与美国的联合声明表示，在支柱一方案生效实施后，该国数字服务税相应废止）
15	土耳其	7.5%	在线广告服务/数据内容销售/社交媒体服务	7.5 亿欧元	2000 土耳其里拉	已实施（自 2020 年 3 月起生效实施；总统有权将税率降至 1% 或升值 15%；同意 2021 年 10 月 21 日美国联合声明的主要条款，在支柱一方案生效实施后，该国数字服务税相应废止）

续表

序号	国家或地区	税率	征税范围	全球营业收入阈值门槛	国内营业收入阈值门槛	现状（已实施/制定中/有意向）
16	英国	2%	社交媒体平台服务/互联网搜索引擎服务/在线市场服务	5亿英镑	2500万英镑	已实施（自2020年4月1日起回溯实施；2021年10月21日与美国的联合声明表示，在支柱一方案生效实施后，该国数字服务税相应废止）

欧盟注意到数字经济不断创新的商业模式下跨国企业集团抢占欧洲市场份额、获得欧洲市场收入，却没有将税收留在欧洲。为应对这样的局面，欧盟加大对从事数字经济业务跨国企业集团在欧洲市场商业行为的合规调查力度，重点是市场的反垄断调查，开出天价罚单。例如，2021年4月30日，欧盟委员会执行副主席、竞争政策主管 Margrethe Vestager 发表一份专门针对美国苹果公司的反对声明（Statement of Objection）①，指控其滥用市场支配地位，苹果公司的应用商店规则扭曲欧盟市场音乐流媒体的竞争秩序。Margrethe Vestager 指出，初步调查结果显示苹果公司在向其设备用户分发音乐流媒体应用上发挥了相当大的市场影响力，在这个市场上，美国苹果公司拥有绝对垄断地位且滥用这种市场地位，苹果应用商店上有超过180万个应用程序（Apps）。美国苹果公司或因此被处以其全球营业收入10%的罚款②，并且欧盟委员会还对亚马逊（Amazon）③、脸书（Facebook）④、谷歌（Google）⑤、微软（Microsoft）⑥ 等公司进行了市场反垄断调查并都开具了天价罚单，说明欧盟委员会对欧盟市场的保护力度。另外，欧盟启动了对数字企业的征税措施，2018年3月21日，欧盟委员会发布名为“数字经济公平税收”（Fair Taxation of the Digital Economy）的一揽子立法草案⑦，旨在确保欧盟以“公平和友好发展的方式”（fair and growth - friendly way）对数字商业活动予以征税。该一揽子立法草案包括两项主要内容，第一项内容是“过渡性”措施，提出对某些特定的数字服务征收“数字服务税”（DST），税基为数字服务的营业额（即总收入，Gross Revenue），并且建议欧盟各成员国采用统一的3%税率；第二项内容是提出“显著数字存在”（Significant Digital Presence）的长期征

---

① EU. Statement by Executive Vice - President Margrethe Vestager on the Statement of Objections sent to Apple on App Store rules for music streaming providers. 2021 - 04 - 30. https://ec.europa.eu/commission/presscorner/detail/en/SPEECH_21_2093.

② 解读丨欧盟为何反垄断剑指苹果应用商店？指控关键点有哪些？2021 - 05 - 02. https://m.21jingji.com/article/20210502/herald/ef0a229a83d7410c60db2cdec3f239dc.html.

③ 欧盟对亚马逊展开新一轮反垄断调查，监管之手为何越抓越紧 . 2020 - 11 - 11. https://www.yicai.com/news/100833567.html.

④ 欧盟对脸书并购行为展开反垄断调查 . 2021 - 08 - 10. http://world.people.com.cn/n1/2021/0810/c1002 - 321 87005.html.

⑤ 欧盟对谷歌启动新一轮反垄断调查 . 2021 - 06 - 25. http://world.people.com.cn/n1/2021/0625/c1002 - 32140065.html.

⑥ 微软在欧洲遭遇反垄断投诉——云存储捆绑的争议 . 2021. 12 - 21. https://new.qq.com/rain/a/20211213A03QS000.

⑦ EU. Fair Taxation of the Digital Economy. 2018 - 03 - 21. https://taxation - customs.ec.europa.eu/fair - taxation - digital - economy_en.

税解决方案，以此修改传统国际税收规则的常设机构的认定标准，为作为数字经济市场所在地的欧盟争取征税权。

尽管欧盟委员会将征收数字服务税作为“过渡性”措施，但仍旧发出了强烈的信号，欧盟成员国以及非欧盟国家都已开始考虑自己国家的税收措施，有的国家已经采取实质性措施。奥地利、法国、匈牙利、意大利、波兰、葡萄牙、西班牙、土耳其、英国已经开始实施数字服务税；比利时、捷克共和国、丹麦、斯洛伐克已经公开发布消息将要引入数字服务税，并已经公开立法建议；拉脱维亚、挪威、斯洛文尼亚已经公开发布官方的立法意愿，希望引入数字服务税①。但是，纵观 OECD 各国已实施或正在制定进程中的数字服务税，从逻辑到内容、从征税对象到征税税率，都有着非常明显的差异。例如，奥地利和匈牙利的数字服务税仅对在线广告（Online Advertising）的营业收入征税，而法国数字服务税的税基则比较宽，不仅包括数字界面服务（Digital Interface）、目标广告服务（Targeted Advertising），而且包括为广告目的而收集用户数据的数据传输服务；丹麦甚至将视频流服务（Video Streaming Services）也包括在数字服务税的征税范围之内。各国数字服务税的税率也差别很大，最低的是波兰的 1.5%，最高的是匈牙利②和土耳其的 7.5%，这中间的税率差距是很大的，对数字企业税收负担的影响也很大。

英国于 2017 年 11 月发布《企业税收与数字经济：立场文件》③，并且在 2018 年秋季预算报告中决定自 2020 年 4 月起开征税率为 2% 的数字服务税（DST）。意大利自 2019 年 1 月起开征税率为 3% 的网络税（Web Tax）。德国曾在 2019 年 5 月提出对非居民纳税人向德国用户提供的在线广告服务征收预提所得税（WHT），之后因德国与法国决定支持以支柱一方案解决数字企业跨境经营的税收问题，而在征收预提所得税的问题上作出让步。德国联邦财政部（German Federal Ministry of Finance）和德国各州财政部门决定不对支付数字广告服务费的行为征收预提所得税（WHT），并于 2020 年 6 月撤回征收预提所得税的建议④，这是德国具有法律效力的规定，写入德国联邦财政部的官方指南。德国联邦政府财政部负责国际税收事务的总监（Martin Kreienbaum）曾公开表示，德国在“双支柱”方案的谈判上持开放立场，德国支持以支柱一方案解决数字企业跨境经营的税收问题，但如果不能达成这一目标，德国也会考虑单边税收措施。

2019 年 1 月，比利时议会曾考虑根据欧盟委员会 2018 年的建议，制定比利时征收数字服务税的税收立法，当时的立法文本将税率设定为 3%，对销售用户数据这样的数字服务收入征收数字服务税（DST），将适用范围限定在全球数字服务年营业收入超过 7.5 亿欧元的纳税人，并且源自比利时的数字服务年营业收入需要超过 500 万欧元。在适用范围阈值门槛的设定上，比利时与欧盟委员会 2018 年的建议存在明显差异。对

① Daniel Bunn, Elke Asen. What European Countries Are Doing about Digital Services Taxes. 2022 - 08 - 09. https://taxfoundation.org/digital - tax - europe - 2022/.

② 笔者按：匈牙利数字服务税的税率，标准税率是 7.5%，目前暂时降低至 0。

③ UK. Corporate tax and the digital economy: position paper. 2017 - 11 - 22. https://www.gov.uk/government/consultations/corporate - tax - and - the - digital - economy - position - paper, 2019 - 07 - 18.

④ Germany Willing to Compromise in OECD 'New World Tax Order' Deal. 2020 - 01 - 20. https://www.taxnotes.com/tax - notes - international/digital - economy/germany - willing - compromise - oecd - new - world - tax - order - deal/2020/01/20/2c2x3.

于全球年营业收入，欧盟委员会2018年的建议是全球年营业收入（既包括数字服务营业收入，也包括非数字服务营业收入）超过7.5亿欧元即可，而比利时则要求全球数字服务年营业收入需要超过7.5亿欧元；对于源自本国数字服务营业收入，欧盟委员会2018年的建议是源自本国数字服务营业收入超过2500万欧元，比利时的阈值门槛则降低至500万欧元，降低很多。2020年10月1日比利时新一届政府履职，新一届比利时政府对之前的政策有所调整，决定支持正在处于谈判进程中的“双支柱”方案，作为成员国支持OECD和欧盟层面的工作。如果支柱一方案能够得到有效实施，比利时将放弃自己的数字服务税；如果不能，比利时将恢复数字服务税的立法进程。此外，比利时还支持支柱二下的全球最低税规则，支持将其写入欧盟法律，推动在欧盟范围内的执行实施。

二、印度提出均衡税和“显著经济存在”

一直以来，印度在数字经济征税方面表现得非常积极，甚至可以形容为“激进”。早在2016年印度政府就开全球之先河，在全球范围内对符合条件的非居民纳税人征收均衡税（Equalization Levy）①，其中，在线广告服务的税率为6%，电子商务（商品或服务）的税率为2%。印度开征均衡税，为具备显著存在能力却不负有纳税义务的情形、数字产品和服务产生的市场所在地相关数据所创造的价值归属，以及新商业模式下产生收入定性问题的妥善处理，提供了一个短期解决方案与借鉴思路②。2018年8月，印度在其国内税法中引入“显著经济存在”概念（Significant Economic Presence）③，引入这一概念的目的是要在非居民纳税人与印度之间建立起某种“商业联系”（Business Connection），以确定非居民纳税人在印度构成常设机构，印度因此而拥有征税权。印度选择“营业收入”作为主要指标来衡量非居民纳税人是否在印度形成“显著经济存在”，具体的阈值门槛为“单笔应税交易的交易额超过10万卢比”或“在一年之内一个付款方向同一收款方支付的应税交易总额超过100万卢比”。这个阈值门槛并不高，换言之，非居民纳税人向印度纳税的可能性很大，当非居民纳税人达到阈值门槛要求，即可判定在印度形成“显著经济存在”，印度政府可以据此认定非居民纳税人在印度构成常设机构，对归属该常设机构的利润拥有征税权。然而，建立在这种逻辑下的征税权，需要与印度签署双边税收协定的其他国家接受这一概念，这并没有印度自行修改本国国内税法那么简单，因此在2018年国内税法修订而引入这一概念时，印度政府澄清，除非其他国家同意以“显著经济存在”修改双边税收协定，印度现行已签署的所有双边税收协定中的常设机构定义不变，仍坚持以此作为划分跨境利润征税权的标准。

可以看出，印度提出的“显著经济存在”概念及阈值门槛的设定是比较激进的，在

① Deloitte. Equalization Levy, 2016 Is it equitable? . 2019 - 06 - 22. https://www2. deloitte. com/content/dam/Deloitte/in/Documents/technology - media - telecommunications/in - tmt - equalization - levy - 2016 - noexp. pdf.

② 罗翔丹，刘奇超，李垚林，张怀文．经济数字化的税收规则研究系列文章（二）印度均衡税：理论阐释、立法实践与政策思考［J］．国际税收，2018（02）：36－42.

③ India. THE FINANCE BILL, 2018. 2018 - 08 - 11. https://www. indiabudget. gov. in/budget2018 - 2019/ub2018 - 19/fb/bill. pdf.

OECD受G20委托全力推动以全球共识解决方案应对经济数字化税收挑战的大背景之下，印度对以“显著经济存在”进行征税权划分的提案作出一定程度的让步。2020年3月，印度在其《2020年财政法案》[①]（Finance Act 2020）中对“显著经济存在”作出调整，推迟“显著经济存在”概念的执行，同时希望OECD能够加快工作，尽早提出应对经济数字化税收挑战的解决方案并达成全球共识。但是无论如何，“显著经济存在”作为一种新型的“联结度”概念，为应对经济数字化税收挑战提供了新思路，OECD在制定支柱一方案时也相应考虑和借鉴了印度提出的“营业收入”阈值门槛，使得传统国际税收规则下以物理存在为基础的定性联结度判定标准，逐步转变为以营业收入为基础的定量联结度判定标准。

第二节　欧盟暂时搁置“数字课税”

一、以“数字课税”支撑“自有财源计划”

2020年2月欧盟委员会发布《塑造欧洲的数字化未来》[②]（Shaping Europe's Digital Future），在这份文件中欧盟委员会提出将在未来五年专注于三项关键发展目标，以确保欧盟的数字解决方案能够帮助各成员国尊重自己的价值观，实现数字化转型并造福于人民，使欧洲在全球竞争中始终处于举足轻重的地位。三项关键发展目标分别为“为人民服务的技术”“公平且有竞争力的数字经济”和“开放、民主与可持续的社会”。其中“公平且有竞争力的数字经济”发展目标，要求确保包括税收领域在内的欧盟规则能够适应数字经济的发展需要，并确保所有企业在欧盟单一市场的公平竞争。

为应对新冠疫情给欧盟各国经济社会造成的巨大不利影响，应欧盟成员国元首或政府首脑的要求，欧盟委员会于2021年5月底提出了一项内容广泛的一揽子应对方案。2021年7月17日至20日欧盟委员会召开特别会议，7月20日欧盟委员会发布经特别会议批准的《欧盟预算自有财源计划》[③]（EU Budget Own Resources）。按照这个计划，欧盟将努力改革欧盟层面的财政税收制度并创设引入新的自有财源。第一步，欧盟设想于2021年1月1日推出并实施一种基于不可回收塑料废物的自有财源措施，各成员国根据未回收塑料包装废物的重量按照每公斤0.80欧元缴款。第二步，作为增加自有财源的另一项重要基

① India. India's Finance Act 2020, COVID - 19 & HNIs: An Update. 2020 - 03 - 30. https: //conventuslaw. com/report/indias - finance - act - 2020 - covid19 - hnis - an - update/.

② EU. Shaping Europe's digital future. The digital transition should work for all, putting people first and opening new opportunities for business. Digital solutions are also key to fighting climate change and achieving the green transition. 2020 - 02 - 20. https: //ec. europa. eu/info/sites/default/files/communication - shaping - europes - digital - future - feb2020_en_4. pdf.

③ EU. EU Budget Own Resources. 2021 - 07 - 20. https: //www. consilium. europa. eu/media/45109/210720 - euco - final - conclusions - en. pdf.

础，欧盟委员会在其2021年5月18日发布的《21世纪企业税收通讯文件》[①]（Business Taxation for the 21st Century）中确认建立欧盟的"碳边境调节机制"（Carbon Border Adjustment Mechanism），并将创设一个新税种——"数字课税"（a Digital Levy），欧盟委员会希望这两项措施最迟于2023年1月1日实施，以支撑欧盟的自有财源计划。第三步，本着同样的精神，欧盟委员会提出一项关于修订"碳排放交易体系"（Emissions Trading System）的建议，将其扩展到航空和海事领域，实际碳排放超过所获免费配额的企业必须通过"碳排放交易体系"购买排放份额，以此作为欧盟自有财源的重要补充。同时，欧盟将在新的多边财政框架（Multiannual Financial Framework）下努力引入其他自有财源措施，其中包括欧盟将在"双支柱"方案下增加的自有财源措施，以及欧盟委员会考虑中的金融交易税（Financial Transaction Tax）。欧盟为支撑自有财源计划而提出"数字课税"，需要给予高度重视和谨慎观察，尽管欧盟的"数字课税"受到美国礼貌的"劝说"而处于暂时搁置的状态，但仍旧对数字经济全球税收治理有着重要意义和影响。

二、欧盟开启"数字课税"立法程序

欧盟委员会于2021年年初开始为"数字课税"的立法程序做准备，2021年1月14日至2021年2月11日、2021年1月18日至2021年4月12日，分别就"数字课税"的路线图（Roadmap）和政策要点向公众公开征询意见建议[②]，并分别收到59份和216份反馈的意见建议。欧盟成员国的企业、组织和其他匿名人士更多支持"数字课税"的想法，认为"数字课税"可以成为保护欧盟单一市场的强大税收工具，同时"数字课税"可以为欧盟整体带来可观的财政收入。欧盟提出的"数字课税"的法律基础主要是《欧盟运行条约》(Functioning of the European Union，TFEU）的第113条和第115条，以协调一致的税制规则来确保欧盟单一市场内部的功能运行。欧盟委员会主张"数字课税"的主要政策目标，应是寻求在欧盟单一市场内运营数字业务的企业为欧盟的经济复苏作出公平的税收贡献，以支持欧盟各国在后疫情时期更稳定的经济复苏和经济增长。另外，欧盟还希望"数字课税"可以帮助欧盟加快税制规则的现代化进程，以更好地适应和促进欧盟经济的全球化和数字化增长趋势，同时限制临时方案的短期化风险和对欧盟数字经济扭曲。

欧盟委员会认为，"数字课税"可以缓解由于欧盟范围内各类企业之间在数字领域与其他领域之间的不平等竞争而造成的扭曲，以及由此导致欧盟单一市场分裂的风险，"数字课税"作为欧盟层面的统一行动将有助于减轻这样的扭曲。欧盟委员会于2020年12月

---

① EU. COMMUNICATION FROM THE COMMISSION TO THE EUROPEAN PARLIAMENT AND THE COUNCIL, Business Taxation for the 21st Century. 2021 - 05 - 18. https: //ec. europa. eu/taxation_customs/sites/default/files/communication_on_business_taxation_for_the_21st_century. pdf.

② EU. A fair & competitive digital economy - digital levy. 2021 - 05 - 18. https: //ec. europa. eu/info/law/better - regulation/have - your - say/initiatives/12836 - A - fair - competitive - digital - economy - digital - levy_en.

提出《数字市场法》[①]（Digital Markets Act）和《数字服务法》[②]（Digital Service Act），2021 年 11 月和 2022 年 3 月欧盟各成员国就《数字市场法》和《数字服务法》分别达成政治共识。2022 年 7 月 5 日，欧洲议会投票以压倒性多数通过《数字市场法》和《数字服务法》，于 2022 年 7 月 18 日得到欧盟成员国一致批准。解决欧盟数字经济面临的税收挑战问题并非特定成员国的个别问题，而是整个欧盟面临的共同挑战，欧盟的《数字服务法》一揽子计划意在加强欧盟单一市场的数字经济竞争力，欧盟委员会认为“数字课税”可以帮助《数字市场法》做到这一点。因此，在欧盟层面采取协调一致的税收行动，以有效和全面的方式应对欧盟数字经济面临的税收挑战，加强欧盟单一市场的有效运转，在欧盟看来是非常必要的。

《数字市场法》对超大规模跨国企业集团的数字业务提出一系列规范性要求，包括不得滥用市场支配地位打压或并购竞争对手、不得未经用户允许强行推送广告或安装软件，不得将采集的用户数据移作他用等，违者将被处以相当于该企业年营业收入 10% 的高额罚款。“数字课税”的规则设计与欧盟的《数字服务法》《数字市场法》《塑造欧洲的数字化未来》等重要文件提出的原则保持协调一致，并且，欧盟委员会希望“数字课税”的规则设计既不同于欧盟 2018 年建议的数字服务税（DST）[③]，也不同于 G20/OECD 包容性框架下的“双支柱”方案（方案一金额 A），但“数字课税”不应与“双支柱”方案下的任何规则相冲突，“数字课税”应与支柱一方案共存。欧盟委员会确认“数字课税”将会符合世贸组织（WTO）及其他国际组织设定的国际义务，并与其他国际规则相兼容。

三、暂时搁置“数字课税”立法进程

美国方面对欧盟提出“数字课税”的反馈声音是消极的，甚至是极力反对的，比如美国驻欧盟商会[④]（American Chamber of Commerce to the European Union）就提醒欧盟要与国际税收体系的“双支柱”方案保持一致，对企业的重复征税将会带来严重的后果，并且以 1998 年渥太华电子商务部长会议背书、OECD 财政委员会正式发布的《电子商务：税收框架条件》[⑤] 提出的征税原则告诫欧盟委员会要谨慎对待“数字课税”，那就是对待电子商

① EU. The Digital Markets Act: ensuring fair and open digital markets. 2020 - 12 - 12. https: //ec. europa. eu/info/strategy/priorities - 2019 - 2024/europe - fit - digital - age/digital - markets - act - ensuring - fair - and - open - digital - markets_en.

② EU. The Digital Services Act: ensuring a safe and accountable online environment. 2020 - 12 - 21. https: //commission. europa. eu/strategy - and - policy/priorities - 2019 - 2024/europe - fit - digital - age/digital - services - act - ensuring - safe - and - accountable - online - environment_en.

③ EU. Communication on Business Taxation for the 21st Century. 2021 - 05 - 18. https: //ec. europa. eu/taxation_customs/communication - business - taxation - 21st - century_en.

④ Feedback from: American Chamber of Commerce to the European Union. 2021 - 02 - 11. https: //ec. europa. eu/info/law/better - regulation/have - your - say/initiatives/12836 - A - fair - & - competitive - digital - economy - digital - levy/F1688888_en.

⑤ OECD. ELECTRONIC COMMERCE: TAXATION FRAMEWORK CONDITIONS. A Report by the Committee on Fiscal Affairs, as presented to Ministers at the OECD Ministerial Conference, “A Borderless World: Realising the Potential of Electronic Commerce” on 8 October 1998. Ministers welcomed the report and endorsed the proposals on how to take forward the work as outlined within it. https: //www. oecd. org/ctp/consumption/1923256. pdf.

务的征税应遵循税收中性原则、效率性原则、确定性原则和简约性原则，平衡对纳税人的效率和公平，保持税收政策的灵活性和可持续性。言外之意，美国方面希望欧盟停止“数字课税”立法进程。

迫于美国的压力，欧盟暂时搁置对“数字课税”的立法进程。为争取欧盟，特别是争取爱尔兰对“双支柱”方案谈判进程的支持，美国财政部部长耶伦在 2021 年 7 月 11 日出席 G20 财长和央行行长会议之后，就立即赶往比利时首都布鲁塞尔，出席欧盟财长会议，与包括爱尔兰财政部部长多诺霍（Paschal Donohoe）在内的欧盟领导人及欧盟国家政府官员展开讨论。经过艰难谈判，最终欧盟决定暂退一步，欧盟委员会经济专员保罗·真蒂洛尼（Paolo Gentiloni）告诉耶伦，欧盟将和美国共同努力为达成国际税收体系的“双支柱”方案作出贡献，“我告知耶伦部长，我们决定搁置欧盟委员会关于‘数字课税’的提议，让我们集中精力，携手努力，实现这一历史性协议的最后一英里。”① 有了欧盟的支持，美国可以更加放心地推动双支柱的谈判，特别是支柱二全球最低税的谈判进程，这被耶伦形容为“美国全球领导力的回归”。

但是，无论欧盟还是美国都心知肚明，欧盟只是答应“暂时搁置”对数字课税的立法进程，并不意味着欧盟完全放弃“数字课税”。2021 年 12 月 22 日，欧盟委员会发布了经修改的《欧盟预算自有财源计划》②，有三项措施将增加或被调整到新的自有财源计划之中。一是调整“碳边境调节机制”（CBAM），二是调整“碳排放交易体系”（ETS），这两项调整都将增加欧盟层面的财政收入。三是按照支柱一方案分配给欧盟各成员国的“新征税权”（金额 A），对跨国企业集团征收税收收入的 15%，作为欧盟的自有财源。欧盟承诺将为支柱一方案在欧盟单一市场内的生效执行发布实施指令。欧盟在其修订的《欧盟预算自有财源计划》中只字未提有关“数字课税”的事项，似乎是实现了欧盟对暂时搁置“数字课税”的承诺，但是“只字未提”本身也是一种态度，仅表明欧盟现在不对“数字课税”做什么，但不表明欧盟将来不会对“数字课税”做什么。德勤（Deloitte）根据欧盟委员会的内部消息分析③，一旦支柱一的具体实施方案偏离欧盟与美国达成妥协时的条件，欧盟将立即重启“数字课税”的立法进程，并要求追溯实施。

---

① EU pauses digital levy plan to focus on global tax. 2021 - 07 - 13. https: //www. arkansasonline. com/news/2021/jul/13/eu - pauses - digital - levy - plan - to - focus - on - global - tax/.

② EU. Proposal for a COUNCIL DECISION amending Decision (EU, Euratom) 2020/2053 on the system of own resources of the European Union. 2021 - 12 - 22. https: //ec. europa. eu/info/sites/default/files/about_the_european_commission/ n_act_part1_v8. pdf.

③ Deloitte. European Commission proposes two new directives in the field of direct taxation Member States need to implement rules to prevent the misuse of shell companies for tax purposes (ATAD3) . Besides that, the EU wants to introduce a minimum level of taxation, closely following the OECD Pillar 2 rules. 2021 - 12 - 22. https: //www2. deloitte. com/nl/nl/pages/tax/articles/european - commission - proposes - two - new - directives - in - the - field - of - direct - taxation. html.

第三节 法国的数字服务税与美国的“301调查”

一、法国追溯征收数字服务税

2013年1月法国政府发布一份针对数字经济征税的报告《想想盒子之外》[①]（Thinking Outside of the Box），这是全球各国家（或地区）最早提出传统国际税收规则对数字经济征税存在问题的报告之一[②]。这份长达200多页的报告提出需要对数字经济征税的两大关键理由。第一，在数字经济时代，像谷歌（Google）这样的数字跨国企业集团有能力实现远程跨境收集用户和企业的数据信息并经营获利，这至少应被视为某种“虚拟存在”（Virtually Presence），但这样的数字跨国企业集团并不对此担负纳税责任。因此，法国政府在这份报告中建议应重新考虑数字经济时代的常设机构定义，主张“数据生成并被利用之地”可以被认定为构成常设机构。第二，重新定义常设机构需要对传统国际税收规则作革命性的修订，但可以设置改革的过渡期，在过渡期内可以考虑对利用用户数据的行为征税。可以看出，这份大约10年前的报告就已经明确指出数字经济税收挑战难题的核心是征税权划分，重新考虑对常设机构进行定义的建议，直至今日对“双支柱”方案仍具有重要的参考意义。另外，基于这份报告的基本结论方向，此后法国开始了对数字经济征税的尝试，也就相对更容易理解为何法国在对数字经济征税问题上的立场以及为何法国积极实践征收数字服务税的单边税收措施。

法国于2017年9月针对在线提供广告的网络视频点播服务征收“YouTube税”，并且于2019年7月11日法国议会通过法案，将自2019年1月1日起征收税率为3%的数字服务税（DST），这是一种追溯式的征税形式。法国数字服务税是针对营业额（即总收入，Gross Revenue）的征税，征税对象为两类服务：第一类服务是数字界面服务，指通过电子通信提供的数字界面允许用户与其他用户联系并进行互动，尤其是为了在这些用户之间直接交付商品或提供服务的目的，如数字中介服务（Intermediation Services）。第二类是目标广告服务，指投放到广告商（Advertisers）或其代理商的服务，目的是放置数字界面广告（Digital Interface Advertising），该广告是基于访问此类界面时收集或生成的用户数据，这类服务具体包括提供广告的购买（Purchasing）、存储（Storage）或放置（Placement）的服务，以及业绩监控（Performance Monitoring）、用户数据管理和传输服务（User Data Management and Transmission Services）。

法国数字税对纳税人适用范围的要求有两个方面：第一，全球年营业收入在7.5亿欧

---

① France. Thinking Outside of The Box. 2013-01-13. http://www.21stcenturytaxation.com/uploads/Taxation_Digital_Economy_Jan2013_France.pdf.

② KPMG.《国际税收新时代——数字化带来的税收挑战》系列之一——历史沿革及OECD《中期报告》概览.2018-08-01. https://mp.weixin.qq.com/s/ZC0u9hqNc_uDFfW1h7-o8Q.

元以上；第二，“在法国”提供的年应税收入在2500万欧元以上。需要指出的是，跨国企业集团纳税人需要以“集团”（Group）为计算口径，确认跨国企业集团纳税人是否满足上述两项要求。法国数字服务税以企业在法国提供数字服务（Digital Service）或以法国消费者为目标用户而获得的营业收入为税基进行征税，而不是对营业所得（利润）征税。法国数字服务税不以纳税人企业是否在法国有物理存在或构成常设机构为前提，而是聚焦于数字服务本身，即数字平台（如提供数字产品和服务的公司）和提供的互联网广告服务。以当前全球数字经济的发展和竞争来看，法国数字服务税的征收对象主要是美国的跨国企业集团，据初步预计，2019年数字服务税将为法国增加税收收入约4亿欧元，2020年将达到约6.5亿欧元。

二、美国开启“301调查”坚决反制

法国数字服务税受到美国的强烈批评和坚决反对，时任美国总统特朗普多次公开批评法国数字服务税是对美国数字企业的歧视。2019年7月10日，时任美国贸易代表莱特希泽（Robert Lighthizer）根据经修订的《1974年贸易法》第302（b）（1）（A）条，对法国数字服务税（DST）发起了“301调查”①。调查期间，美国贸易代表办公室邀请公众就法国数字服务税发表评论和建议，包括该数字服务税是否会歧视美国企业、数字服务税的追溯性适用，以及数字服务税是否偏离美国和国际税收规则等要点内容。在获得大量信息反馈的情况下，美国贸易代表办公室组织了听证会，并于2019年12月发布关于法国数字服务税的“301调查”报告②，认定法国数字服务税不合理并且具有针对美国数字企业的歧视性，对美国贸易构成税收负担和限制。依据该报告，美国贸易代表办公室提出“适当的”反制措施，包括进一步对来自法国的产品征收高达100%的额外关税③。在美国贸易代表办公室2020年7月16日发布的公告中④，美国贸易代表决定对某些法国特定产品征收25%的从价关税，同时决定，为了给解决这一由数字服务税引起的贸易争端更多的协商时间，将暂停加征关税180天，至2021年1月6日。

美国援引《1974年贸易法》启动“301调查”，表面上的理由是美国认为法国数字服务税歧视性地仅仅针对美国数字企业，涉及贸易的公平性问题，但实质上应该是美国为了维护自身税基的安全而进行的国家间税收利益博弈。美国《1974年贸易法》第301条规定三类美国贸易伙伴的行为、政策或做法将可能触发调查：第一类是违反贸易协议的行为；第二类是不合理的行为、政策或做法对美国企业造成负担或限制；第三类是具有歧视

① USTR. Federal Register / Vol. 84, No. 136 / Tuesday, July 16, 2019 / Notices. 2019 - 07 - 16. https://ustr.gov/sites/default/files/enforcement/301Investigations/Initiation_of_Section_301_Investigation.pdf.

② USTR. Report on France Digital Service Tax. 2019 - 12 - 20. https://ustr.gov/sites/default/files/Report_On_France%27s_Digital_Services_Tax.pdf.

③ USTR. Federal Register / Vol. 84, No. 235 / Friday, December 6, 2019 / Notices. 2019 - 12 - 06. https://ustr.gov/sites/default/files/Notice_of_Determination_and_Request_for_Comments_Concerning_Action_Pursuant_to_Section_301_France%E2%80%99s_Digital_Services_Tax.pdf.

④ USTR. Federal Register / Vol. 85, No. 137 / Thursday, July 16, 2020 / Notices. 2020 - 07 - 16. https://ustr.gov/sites/default/files/enforcement/301Investigations/France_Digital_Services_Tax_Notice_July_2020.pdf.

性的行为、政策或做法对美国企业造成负担或限制①。尽管没有具体说明对法国数字服务税的调查属于哪一类，但是从美国贸易代表办公室发布的公告可以看出，美国调查的目的绝不仅限于所谓的贸易公平，而是聚焦于对法国开征数字服务税合理性的质疑。美国贸易代表办公室的公告认为法国数字服务税是“不合理的税收政策（Unreasonable Tax Policy）”，其明显违背了美国税制规则和国际税制规则的基础，最重要的方面包括：“法国数字服务税具有明显的治外法权”（Extraterritoriality）、“针对营业收入征税而不是针对所得额征税”（Taxing Revenue not Income）、“惩罚商业成功的特定数字企业的目的性”。“301调查”的实质性原因是美国认为法国数字服务税挑战了现行国际税收秩序下的美国税收管辖权，如果允许法国数字服务税成为现实，美国数字企业源自海外市场的营业收入就要缴税在来源国当地，美国的税基就会受到实质性侵蚀，美国的国家税收利益就要遭受巨大损失，这是美国不可逾越的底线。如果允许法国这样做，那么欧洲其他国家就会效仿，世界其他国家必然跟风，美国必须以强硬姿态回击法国。美国对法国数字服务税的“301调查”加剧了经济数字化税收挑战背景下国家间征税权的竞争，加剧了国家间税收利益的博弈。可以预见，美法甚至美欧之间的征税权竞争和税收利益博弈仍将持续，并将给数字经济的全球税收治理带来巨大影响。

三、对法国数字服务税“301调查”的结论

美国贸易代表办公室“301调查”报告认定法国数字服务税是“不合理的税收政策”（Unreasonable Tax Policy），明显违背了美国税制规则和国际税制规则的基础规范。主要的调查结论如下：

第一，法国数字服务税歧视美国数字企业。美国贸易代表办公室的调查报告认定，无论是法国数字服务税的税制结构还是征税逻辑，都有意歧视美国数字企业。首先，美国贸易代表办公室的报告援引法国官员的讲话为证据，说明法国数字服务税的征税目标是某些特定的美国数字企业，而不是法国数字企业。其次，数字服务税涵盖的服务范围以及具体条款中的豁免，针对的是美国数字企业，而将法国数字企业排除在外。美国贸易代表办公室在调查报告中认定，法国数字服务税设定的征税阈值门槛同样针对的是美国数字企业，而不是法国数字企业。最后，法国数字服务税与其他税收的关系也构成对美国数字企业的歧视。

第二，追溯式征收不符合国际规则，并且构成对美国数字企业的意外沉重税收负担。法国数字服务税于2019年7月24日被签署成为法律，却要从2019年1月1日起追溯执行，美国贸易代表办公室的调查报告认为这不符合国际税收规则的适用方式。一般而言，国际通行法律的做法和惯例，不支持刑法和民法领域的追溯适用，除非追溯适用是有利于利益关系人的。税收确定性是国际税收规则的重要基础性原则，OECD于2015年发布的

① USTR. Section 301 Investigations. https://ustr.gov/issue-areas/enforcement/section-301-investigations.

BEPS 项目第 1 项行动计划的成果报告，《数字经济成果报告》[①]（以下简称《数字经济成果报告》），该报告将“确定性和简单性”（Certainty and Simplicity）确定为“税收的基本原则”之一。美国贸易代表办公室引用这项规则，“税收规则应该清晰易懂，以便纳税人知道他们的立场”[②]，论证税收确定性对纳税人的重要程度，从而指出法国数字服务税追溯适用的做法违反了上述原则。此外，由于美国数字企业纳税人并没有为缴纳数字服务税提前做好预算和资金上的准备，追溯式征收对美国纳税人而言将是一项不期而遇的沉重税收负担。

第三，以营业收入为税基不符合所得税国际规则。美国贸易代表办公室的调查报告认为，法国数字服务税以纳税人的营业收入作为税基，而不是利润或所得为税基，是明显违背所得税国际规则的。法国数字服务税以符合法国国内税法规定的、“在法国”提供的数字服务所产生的营业收入为税基，直接乘以 2% 的税率，计算确认数字服务税金额。国际税收规则规定以公司所得，而不是公司的营业收入或总收入作为征税基础，在全球目前生效的 3000 多个双边税收协定中也是这样规定的。法国数字服务税对营业收入征税，而不是公司所得，明显与国际税收规则的通行原则相违。并且，法国数字服务税对营业收入征税的做法，还明显违背了国际税收规则的“税不重征”原则，将产生严重的重复征税，给纳税人带来严重的税收负担。

第四，“治外法权”违背国际税收规则的管辖权原则。法国数字服务税要以“在法国”提供的、符合定义适用范围的数字业务产生的营业收入为征税基础，因此，征收数字服务税的营业收入，需要依据法国国内税法的定义进行判定。然而，法国国内税法对营业收入予以定义，并根据定义予以征收数字服务税，这样的做法违背了国际税收规则对税收管辖权的规定。当纳税人符合法国数字服务税对营业收入的规定，但并没有在法国构成任何物理存在的情形下，或者，即使在法国构成物理存在但与营业收入没有关联的情形下，都可能会被法国政府征收数字服务税。而按照传统国际税收规则，只有在法国构成基于物理存在的常设机构的情形下，法国才可以就非居民纳税人仅源自该常设机构的所得予以征税。法国数字服务税明显违背了这项关于税收管辖权的原则。这项原则的违背，将给美国数字企业带来重大的税收负担。

第五，仅聚焦特定数字企业构成税收歧视。按照法国数字服务税的相关规定，美国贸易代表办公室的报告认为，法国数字服务税仅仅聚焦于一小部分、特定的数字企业作为征税对象，而且以美国数字企业居多，这构成对美国数字企业的严重歧视。美国贸易代表办公室的调查显示，法国政府的若干高级官员曾多次公开表示法国数字服务税主要就是针对美国谷歌（Google）、亚马逊（Amazon）、脸书（Facebook）和苹果（Apple）等公司的。按照美国贸易代表办公室的测算，全球将有约 27 家跨国企业集团（MNEs）符合法国数字服务税规则，其中有 17 家是美国数字企业。27 家跨国企业集团中有 9 家是提供目标广告

---

① OECD. Addressing the Tax Challenges of the Digital Economy, Action 1 – 2015 Final Report. 2015 – 10 – 05. https://www.oecd.org/tax/addressing – the – tax – challenges – of – the – digital – economy – action – 1 – 2015 – final – report – 9789264241046 – en. htm.

② OECD. Addressing the Tax Challenges of the Digital Economy, at 30 (2014). 2014 – 09 – 16. https://www.oecd.org/tax/addressing – the – tax – challenges – of – the – digital – economy – 9789264218789 – en. htm.

服务的，9 家中有 8 家是美国数字企业。27 家跨国企业集团中有 21 家是提供数字界面服务的，21 家中有 12 家是美国数字企业。因此，美国贸易代表办公室的调查报告认定，法国数字服务税就是为美国数字企业“量身定制”的，对美国数字企业构成严重歧视。

第六，征收数字服务税的公共理由缺乏说服力。美国贸易代表办公室的调查报告认为法国为征税数字服务税找到的公共理由（Public Rationals）缺乏足够的说服力，征收数字服务税所依赖的理由不正确，证据不真实。调查显示，法国政府认为与“传统企业”缴纳的税收负担水平相比，大型数字企业没有缴纳足够公平份额的税收。并且，法国政府还主张，市场端用户参与为数字企业的价值创造作出了贡献，数字企业从用户参与和用户提供的数据所创造的价值中获得了收益，因此法国主张应对数字企业予以征税。

第四节　加拿大的数字服务税与美国的两难境地

一、加拿大顶住压力推进数字服务税立法

2021 年 4 月 19 日加拿大政府公布《2021 年联邦财政预算》①，在这份预算中加拿大政府首次提出引入数字服务税（Digital Service Tax）的建议，计划对依赖加拿大用户数据和内容贡献的数字服务收入（Revenue from Digital Services）征收 3% 的数字服务税。加拿大政府认为数字服务税将有助于确保加拿大的税收规则捕捉到企业进行价值创造活动的创新方式。因此，加拿大财政部在 2021 年联邦预算中提出，征收数字服务税将确保加拿大对数字经济商业模式下的价值创造环节进行恰当合理的征税，如果能够在 2022 年开始实施，将在此后的 5 年内为加拿大带来额外的财政税收收入约 34 亿美元。

加拿大数字服务税要求按年度申报，在一个日历年度终了之后，为该年度进行数字服务税的年度申报及完成相应的缴税义务。加拿大政府考虑数字服务税以年度缴税完成，即纳税人只需每年缴税一次。跨国企业集团可以指定集团中的某一实体，代表集团进行纳税申报和税款缴纳，因此集团内的每一成员都对纳税申报和税款缴纳负有共同的、连带的责任。一年内取得源自加拿大数字服务收入超过 1000 美元的实体均需要在加拿大进行税务登记。

加拿大政府希望在应对经济数字化税收挑战达成全球共识协议之前实施自己的数字服务税、加入实施数字服务税单边税收措施的国家行列。2021 年 12 月 14 日加拿大联邦政府公布了实施数字服务税的立法草案②（以下简称《加拿大立法草案》），这意味着加拿大顶住外部压力，将数字服务税立法程序又推进一步。如果《加拿大立法草案》得以通过，那么纳税人最早将在 2025 年中期就要向加拿大政府缴纳数字服务税，第一笔缴税对应的将

---

① Canada. Budget 2021. 2021 - 04 - 19. https://www.budget.gc.ca/2021/home - accueil - en.html.

② Canada. Notice of Ways and Means Motion to introduce an Act to implement a Digital Services Tax. 2021 - 12 - 14. https://fin.canada.ca/drleg - apl/2021/bia - leb - 1221 - 1 - eng.html.

是该纳税人在2022年至2024年取得的源自加拿大的数字服务收入。尽管在《加拿大立法草案》中明确，“一旦全球共识协议开始生效执行，加拿大的数字服务税即将废除”，但是，加拿大此番“心无旁骛”地推动数字服务税立法进程，还是引得美国特别不高兴，这就是加拿大数字税立法的“外部压力”。美国商会（US Chamber of Commerce）代表美国企业界于2021年1月8日致信[①]加拿大财政部，明确提出对加拿大推动数字服务税立法的“深度担忧”，尽管依据目前的法案，加拿大数字服务税不会早于2024年1月1日生效执行，但一旦生效执行，将自2022年1月1日起追溯式执行，美国商会认为难以接受这样的结果。与此同时美国政界、商界、学界纷纷对加拿大此举提出强烈批评[②]。

2021年10月8日，G20/OECD包容性框架发布《10月8日声明》，以“双支柱”方案应对经济数字化税收挑战达成全球共识协议，2021年10月31日G20领导人第十六次峰会核准该声明，为此次国际税收体系作出政治背书，标志着自1923年至今已运行近百年的国际税收体系迈出实质性改革步伐。“双支柱”方案的支柱一，其核心内容是将“大且富”跨国企业集团剩余利润的一部分的征税权重新划分给市场辖区，作为对应条件，支柱一方案明确规定，一旦支柱一方案生效执行，包括数字服务税（DST）在内的所有单边税收措施将废除。

加拿大作为G20/OECD包容性框架的成员辖区同意全球共识协议，那么加拿大为何还要“我行我素”地推动自己的数字服务税呢？主要的原因是加拿大“有自己的想法”，坚持“在自己想法”下进行税收利益博弈。首先，加拿大看到了美国与欧洲五国以及印度等国签订数字服务税过渡安排的“好处”。由于这些国家已经实施数字服务税（或类似单边税收措施），过渡安排允许数字服务税抵免实施支柱一方案的应纳税额，这事实上是对这些国家征收数字服务税既定事实的“承认”。法国是最先实施数字服务税的国家之一，很难说加拿大的数字服务税策略没有受到法国的影响，至少从已有的种种迹象观察，不能排除这种可能，毕竟法语是加拿大两种官方语言之一、魁北克是加拿大的法语省、约670万法语人口占加拿大总人口的20%。其次，欧盟在其《21世纪企业税收通讯文件》[③]中提出“企业在欧洲：所得税框架”（BEFIT），主张建立下一代欧盟自有财源，其中就包括将创设“数字课税”（Digital Levy）。尽管这一主张被美国财政部部长耶伦劝说而暂时搁置，但是这为加拿大提供了重要启示，加拿大希望借鉴欧盟的做法为自己争取税收利益。最后，毋庸讳言，加拿大是美国众多跨国企业集团的重要境外市场，特别是高科技的数字企业，这些跨国企业集团在疫情期间更是赚得“盘满钵满”。加拿大不仅丢掉了本国市场，而且没有征到相应的税收收入，基于国家税收利益的考量，加拿大希望利用数字服务税作为博弈的工具，为现在争利益、为将来做准备。

---

① US Chamber of Commerce. Letter to Lily Batchelder, Assistant Secretary of the Treasury. 2021 - 12 - 08. https://www.uschamber.com/assets/documents/2021 - 12 - 08 - Canada - DST - letter.pdf.

② U.S. concerned by Canada's pursuit of digital services tax: trade representative. 2021 - 12 - 23. https://www.ctvnews.ca/politics/u - s - concerned - by - canada - s - pursuit - of - digital - services - tax - trade - representative - 1.5708943.

③ EU. Business Taxation for the 21st Century. 2022 - 02 - 23. https://www.eesc.europa.eu/en/our - work/opinions - information - reports/opinions/business - taxation - 21st - century.

二、加拿大数字服务税的理论基础

加拿大希望征收数字服务税，旨在确保大型跨国企业集团，无论其是加拿大的税收居民还是其他国家的税收居民，只要通过加拿大在线用户获得的营业收入，包括对用户数据的收集、处理及货币化等过程，都需要向加拿大政府缴纳数字服务税。加拿大数字服务税的税率为3%，税基为源自加拿大的数字服务收入。数字服务收入是指由于用户的参与、用户提供的数据或内容而产生的营业收入，只要这一过程中与加拿大的用户发生关联，就可以认定营业收入源自加拿大。需要注意的是，作为税基的数字服务收入不包括收入中的任何增值税或销售税的税额。加拿大政府强调用户参与对数字经济商业模式下价值创造的关键贡献，因此在《加拿大立法草案》中主张用户参与导致的数据提供和内容贡献是数字经济商业模式价值创造的关键驱动因素。《加拿大立法草案》对“数字服务收入”进行了界定，加拿大数字服务税适用于数字经济商业模式下产生的营业收入。具体而言，加拿大数字服务税的数字服务收入指源自四类经营活动的收入，每一类经营活动数字服务收入金额的确定都基于一个设定的公式，这个公式考虑到位于加拿大用户与位于加拿大境外用户的比例，考虑到用户的各类数据（包括账单、投送地址、电话号码或其他可用信息等）。四个类别的经营活动具体包括：第一类，“在线市场服务”，指通过在线市场提供的服务，帮助、撮合、便利商品或服务的卖方与买方成功完成交易过程。第二类，“在线广告服务”，指针对基于在线界面用户数据而投放的在线广告服务。这类在线界面包括在线市场、社交媒体平台、互联网搜索引擎、数字内容流媒体服务和在线通信服务等在线界面或接口，广告服务包括优先搜索列表等。在线广告服务收入既包括在线界面运营商从广告服务中获得的营业收入，也包括从第三方（如需求侧平台、供应侧平台、广告交换和广告业绩监测服务提供方）促进在线广告投放而获得的营业收入。第三类，“社交媒体服务”，指通过在线界面提供的服务，以促进用户之间或用户与用户生成的内容之间的交流和互动。第四类，“用户数据利用服务”，指出售或许可从在线界面平台收集的用户数据，包括匿名的数据。

加拿大政府在《加拿大立法草案》中提出①，数字技术导致跨国企业集团商业模式的不断创新迭代和创造价值方式的改变。在数字经济商业模式中，数据已经成为一种关键的商品，数据的收集、处理和货币化过程已经成为关键的商业活动。加拿大政府认为在数字经济商业模式下，企业通过在线平台提供特定服务以吸引用户，向用户收集数据和内容，然后对数据和内容进行货币化（Monetization）以赚取利润。在这样的数字经济商业模式中，加拿大政府提出用户不再仅仅是平台的客户或被动的服务接受方，而恰恰与此相反，用户的积极参与、与平台的互动、向平台提供数据和内容贡献，用户已经成为平台进行价值创造的关键贡献者，用户参与是平台业务活动过程中的关键要素投入，在某种程度上类似于传统业务中的劳动力投入和物质资本投入。

由于数字经济商业模式下的商业活动是由跨国企业集团主导的，因此这一问题最好由

---

① Canada. Budget 2021. 2021 - 04 - 19. P731. https：//www. budget. gc. ca/2021/home - accueil - en. html.

多边方式予以解决。加拿大政府在《加拿大立法草案》中表示，加拿大一直以来支持采取多边方式的解决办法，并将继续同国际伙伴积极努力实现这一目标。但是，加拿大政府认为国际税收体系在达成协议方面存在拖延，而且不确定最终达成的全球共识协议可以按照预期的时间表生效执行，因此，加拿大政府在 2021 年的联邦财政预算中提出数字服务税建议，并将其称为“临时措施”（Interim Measure）。

三、加拿大的数字服务税相对温和

加拿大数字服务税的纳税人为满足条件要求的各类企业，包括公司、信托和合伙企业。具体而言，加拿大的数字服务税既适用于个别实体也适用于跨国企业集团，纳税人包括信托、合伙、公司和其他实体，但不包括自然人个人和皇家公司（Crown Corporation）。基于控制纳税人的纳税遵从成本和其他方面的考虑，在一个纳税年度内满足以下两个阈值门槛的企业实体（企业成员实体），都需要向加拿大政府缴纳数字服务税。对于同时满足两项阈值门槛的跨国企业集团或其成员，以源自加拿大用户的数字服务收入超过 2000 万美元的部分为税基，计算确认数字服务税的应纳税额。也就是说，加拿大政府 2021 年预算建议的数字服务税设定了一个起征点（免税额度），2000 万美元，低于这个起征点的源自加拿大用户的数字服务收入是免税的，只有超过的部分才予以征税。从这一点看，加拿大的数字服务税相对温和。

阈值门槛一：纳税人上一年度全球营业收入超过 7.5 亿欧元，这一门槛与 BEPS 第 14 项行动计划成果报告所要求的国别报告的阈值门槛相同。加拿大数字服务税适用于全球年营业收入超过 7.5 亿欧元的大型跨国企业集团，《加拿大立法草案》对纳税人的适用门槛作出规定，纳税人上一年度（不早于 2022 年）的全球年营业收入应不少于 7.5 亿欧元，营业收入应依据通用可接受会计准则（如 IFRS）编制的集团合并会计报表确定。

阈值门槛二：纳税年度源自加拿大用户的数字服务收入超过 2000 万美元。两个阈值门槛中，第二个较第一个更为关键和重要，因为第二个阈值门槛更关乎纳税人的应税收入，这个应税收入就是符合加拿大数字服务税适用范围经营活动的数字服务收入，并且这个数字服务收入要源自加拿大用户。当满足适用范围要求的营业收入超过阈值门槛的时候，超过部分就是应税收入，这样税基也就确定了，应纳税额自然就确定了。因此，判断纳税人的营业收入是否源自加拿大用户就成为非常关键和重要的技术环节，加拿大政府在《2021 年联邦财政预算》中对此作了比较详细的规定，可以采用两种方法来进行判断和确定纳税人取得的数字服务收入是否源自加拿大用户。第一种方法是，如果可以根据交易的基础信息追踪到数字服务收入源自加拿大用户，即可以用基础信息追踪溯源的方法。第二种方法是，如果无法采用基础信息进行追踪溯源，将采用一种具体的公式化分配方法予以计算确认。

四、收入来源地确认是规则的关键

在跨国企业集团纳税人的全球年营业收入高于 7.5 亿欧元的情况下，该纳税人源自加拿大的数字服务收入金额的确认就变得至关重要，这既关系到该纳税人是否符合加拿大数字服务税的适用范围，又关系到该纳税人缴纳加拿大数字服务税的税负水平。数字服务收入涉及营业活动的类别不同，收入来源地确认的原则也会有所不同。例如第一类“在线市场服务”，在线市场服务所形成的收费收入（Fee Revenue）以用户所在地判断收入来源地。

基于“在线市场服务”的特点，如果是收费收入，收费收入往往以买卖双方交易价格的某一百分比确定，类似于销售提成。这样的“在线市场服务”形成的收费收入按照卖方和买方各占50%的比例关系对收入分别确认收入来源地。这样的在卖方所在地与买方所在地之间“五五分成”的方法来判断收费收入来源地的方法，简单直接，效率高，但是似乎忽略了“公平”。因为这样“五五分成”的方法平等地承认卖方与买方在数据提供、内容贡献等方面对形成收费收入的贡献，不再区分卖方与买方的贡献差异，忽视“在线市场服务”的提供商（平台企业）与卖方、买方之间签订合同的法律安排，忽视会计准则依据合同对收费收入的确认结果。加拿大政府在《2021年联邦财政预算》中对收入来源地如此规制，是一种规则上的突破，是加拿大政府行使税收主权的具体体现，是在“公平与效率”之间的平衡取舍，加拿大政府这一维护自身国家税收利益的倾向性选择，值得观察和思考。

“在线市场服务”还有收费收入与交易价格不挂钩的情况，如会员费收入、订阅费收入等。除此之外还有为在线市场销售的商品或服务提供广告服务而形成的收入，这一类收费收入以公式化分配的原则确定收入来源地。按照加拿大用户数对交易参与者合计总数的占比对收入进行分拆，利用用户数确定分配比例，用分配比例来确定来源于加拿大的收入金额。这里的“交易参与者”（Transaction Participant）既包括交易的卖方，也包括交易的买方，而且都会被作为交易参与者计算1次。这样一种确定收入来源地的原则反映了这样一个事实，即：与交易价格不挂钩的收费通常是为与其他界面平台的用户成功达成交易的最终目的而支付的，即使在支付费用时也无法识别交易对方用户。

对于第二类“在线广告服务”，数字服务收入来源地的确认，总体而言将以浏览、收听、点击或以其他任何方式消费享受广告服务的用户的所在地，确认收入来源地。这里的用户指那些被界面平台收集数据并用于定向投放广告的用户。在线市场为销售商品服提供广告服务而形成的收费收入，按照在线市场的公式化分配原则确定收入来源地（如前述）；除此之外，在线广告服务收入要视具体情况根据“追踪法”或“公式法”来确认收入来源地。“追踪法”，在可能的情形下，要追踪位于加拿大的浏览者以确定在线广告服务收入的来源地。例如，某系列在线广告全部面向位于加拿大的浏览者（Viewers in Canada），或者实质上绝大部分（90%或以上）面向位于加拿大的浏览者，那么这一广告取得的收入即可判断为源自加拿大。“公式法”，如果“追踪法”无法实施，即某些情形下，在线广告服务所涉及的用户，既有位于加拿大的浏览者，也有位于其他辖区的浏览者，而且无法清晰地区分开来。在这种情形下，可以采用位于加拿大浏览者数量占位于所有辖区浏览者数量合计数的比例，对在线广告服务收入进行分拆，确定收入来源地。

对于第三类“社交媒体服务”，“社交媒体服务”所形成的收费收入（Fee Revenue）将以公式分配的方法，依据界面平台用户所在地确定收入来源地。具体而言，将以界面平台的加拿大活跃用户数占界面平台活跃用户合计数的比例对社交媒体服务收入进行分拆。

对于第四类“用户数据利用服务”，销售用户数据所形成的收入（revenue from the sale

of user data）将以数据关联的“用户所在地”确定收入来源地。如果数据既关联加拿大用户，又关联其他辖区用户，则可以采用加拿大用户数量占所有辖区用户数量合计数的比例，对收入进行分拆，确定收入来源地。用户所在地又分为“用户正常所在地”和“用户实时所在地”。用户正常所在地（Ordinary Location）是指，出于确定收入来源地的目的，决定界面平台的用户是位于加拿大还是其他辖区，一般情形下要根据个人用户的经常性居住场所的地理位置或商业用户的正常经营场所的地理位置进行判断。决定个人用户经常性住所地理位置或商业用户正常经营场所地理位置所依据的数据信息，一般情形下数字服务的提供商（Digital Service Provider）是可以获得的。这些信息包括设备地理位置或互联网协议（IP）地址、账单地址、送货地址（在相关情况下）和电话区号等可用信息。用户实时所在地（Real - Time Location）是指，如果出现以实时位置用户为目标的定向广告服务，或收集实时位置用户数据进行数据销售，那么将以用户所用设备的实时地理位置确定用户实时所在地；如果无法实现，将考虑其他可用信息[①]。纳税人在选择具体方法确定用户所在地、收入来源地时，应保持方法的一致性，尽管会根据信息数据的可获得性程度不同，会采用不同的方法。

五、美国不会向加拿大退让

美国在对待数字服务税的态度一向是坚决的，立场始终是坚定的，拜登政府与特朗普政府的做法也是一贯的，那就是反对包括数字服务税在内的、一切形式的、针对美国数字企业的单边税收措施，为此美国不惜动用贸易反制措施，先对法国、之后对欧盟等 10 家贸易伙伴开启“301 调查”。另外，美国认为在对支柱一方案的谈判中已经作出了足够的、甚至是过多的让步，那就是允许对支柱一适用范围内跨国企业集团剩余利润的一部分，由市场辖区行使征税权，美国就是希望以这样的让步换取在支柱一下废除任何形式的单边税收措施，重中之重就是数字服务税。因此，当 2021 年 10 月 8 日 OEDD/G20 包容性框架下就双支柱达成全球共识协议之后，美国随即开启与实施数字服务税国家的谈判，2021 年 10 月 21 日美国与奥地利、法国、意大利、西班牙和英国（以下简称“欧洲五国”）发表联合声明，就“从现有单边税收措施向支柱一生效执行的过渡期安排”达成一致协议，之后又与印度等国达成过渡安排协议。

美国财政部参与双支柱谈判的代表甚至担心，美国在支柱一方案上的让步能否得到国会参众两院的批准，而事实上也确实如此。美国参议院财政委员会全部 14 位共和党议员于 2021 年 12 月 22 日联合致信财政部部长耶伦[②]，要求财政部提供详细的“双支柱”方案对美国的影响报告，并指责财政部在废除数字服务税问题上做得很不够，甚至列出详细的 5 个具体问题要求财政部进行报告。

正是在这样的气氛下，加拿大推动对数字服务税实施的立法，无疑是在“火上浇油”，

---

① 笔者按：在《2021 年联邦财政预算》中没有给出“其他可用信息”的具体指引，需要在以后的立法中予以明确。

② Finance Republicans Demand Treasury Analysis of OECD Agreement. 2021 - 12 - 22. https：//www. finance. senate. gov/ranking - members - news/finance - republicans - demand - treasury - analysis - of - oecd - agreement.

立即引起美国方面的强烈反弹。美国贸易代表办公室的发言人于 2021 年 12 月 15 日发表声明[①]，对加拿大继续数字服务税进程表示严重关切，指出加拿大数字服务税是针对美国企业的歧视性待遇，美国贸易代表办公室对此“强烈反对”。该发言人进一步指出，加拿大的数字服务税将对美国企业产生重大的可追溯税收负担，因此美国将审查所有可选项来考虑反制措施。由此观察，美国应不会在数字服务税的问题上退让，即使对方是与美国“一墙之隔”的邻居加拿大也不行。原因很简单，如果美国对加拿大让步了，那么对其他国家又如何呢？在加拿大数字服务税的问题上，美国处于两难境地，但是美国不会纠缠与加拿大的“邻居 + 盟友”的情谊，在国家税收利益面前，料想美国会坚决反对加拿大数字服务税，如有必要，会动用一切政策措施和反制工具。

第五节　数字服务税仍有存续可能

一、美国为废除数字服务税作出让步

无论共和党的特朗普政府，还是民主党的拜登政府，在对待以数字服务税为典型代表的单边税收措施的问题上是高度一致的，那就是坚决反对任何形式的针对美国数字企业的征税，贸易伙伴不行，盟友也不行，在这一问题上美国是团结一致、共同对外的，态度是坚决的。为反制法国税率为 3% 的数字服务税，美国贸易代表办公室（USTR）于 2019 年 7 月对法国开启“301 调查”，紧接着在 2020 年 6 月，又开启对欧盟、英国、奥地利、捷克、意大利、西班牙、土耳其、巴西、印度和印度尼西亚等 10 个贸易伙伴的“301 调查”。用贸易加征关税的手段回击任何形式的对美国数字企业的单边税收措施，这从一个侧面也显示出美国对于本国税收利益和本国企业利益的保护力度。这些反制措施发生在特朗普政府执政时期，体现出特朗普政府“美国优先”执政理念和“快意恩仇”的行事风格。

拜登总统执政以来，美国的执政理念发生了变化，拜登政府完全放弃特朗普政府奉行的“涓滴经济学”，转而追求发展中产阶级和投资底层民众的理念，注重基础设施建设和解决民生问题，以期缓解社会矛盾和减轻贫富两极分化趋势。为此，拜登政府需要对美国国内税制予以改革，方向是向美国大公司和美国富人加税以增加政府的财政税收收入，来支撑自己执政理念下各项经济社会政策的推进实施。但是加税必然伤及美国税制的国际竞争力，美国需要一项有利于美国的国际税收规则来平衡、缓解、对冲加税对美国税制竞争力的负面影响，美国想到了“双支柱”方案的支柱二。对于这项本身就借鉴了美国“全球无形低税所得规则”（GILTI）的方案，美国希望将其改造为美国乐见的全球最低税规

---

① USTR. Statement by USTR Spokesperson Adam Hodge on Canada’s Digital Services Tax As Described in Canada’s Notice of Ways and Means Motion to Introduce an Act to Implement a Digital Services Tax. 2021 - 12 - 15. https：//ustr. gov/about - us/policy - offices/press - office/press - releases/2021/december/statement - ustr - spokesperson - adam - hodge - canadas - digital - services - tax - described - canadas - notice - ways.

则。因此，美国拜登政府对于国际税收体系谈判的目标就变为两项核心内容：废除包括数字服务税在内的所有单边税收措施和设定全球最低税规则。

在“301 调查”问题上，美国拜登政府不断作出调整并做了大量的具体工作，以消除美国与重要贸易伙伴之间就数字服务税产生的紧张和压力。2021 年 3 月美国贸易代表办公室（USTR）发布公告，终止对巴西、捷克、欧盟和印度尼西亚的数字服务税的“301 调查”①；2021 年 7 月，美国与欧盟和英国达成协议，美国对欧盟和英国数字服务税的“301 调查”暂停 5 年；2021 年 11 月，美国终止对法国数字服务税的“301 调查”②。表面上是美国在数字服务税上的让步，而实质上是美国拜登政府在国际税收体系谈判中的新策略，缓解因数字服务税“301 调查”而引起的美国与欧盟、英国、印度等贸易伙伴之间的紧张关系，美国可以和贸易伙伴联起手来推动国际税收体系的谈判进程。

为了达到在全球范围内废除所有数字服务税及类似单边税收措施，美国在国际税收体系的谈判进程中作出一定程度的让步，那就是在支柱一方案上的部分妥协。美国同意支柱一方案将跨国企业集团合并利润超过 10% 的部分定义为剩余利润，同意剩余利润的 25% 作为新征税权（金额 A）分配给市场辖区。当然，美国也不是一味退让，而是策略性地修改了支柱一的适用范围，使其不再仅仅聚焦于数字企业，阈值门槛设定在全球年营业收入超过 200 亿欧元且利润率超过 10% 的跨国企业集团。这样一来，支柱一方案的政策目标不再仅仅聚焦数字企业，而是变为那些“大且富”的跨国企业集团。按照美国同意的标准，全球大约 100 家“大且富”的跨国企业集团符合支柱一方案的适用范围，其中超过 50% 是美国企业，由此看，美国的确作出了让步，而且让步不可谓不大。美国愿意承受这样的让步，就是要获得贸易伙伴和盟友们在废除数字服务税方面的合作，美国决意废除全球范围内针对美国数字企业任何形式的单边税收措施。

二、全球共识协议明确废除所有单边税收措施

受 G20 委托，OECD 在 G20/OECD 包容性框架下推进应对经济数字化税收挑战全球共识性方案的研究与谈判工作。2021 年 10 月 8 日，G20/OECD 包容性框架召开第十三次全体成员大会，136 个辖区就国际税收体系重大改革达成共识，并于会后发布了《10 月 8 日声明》，2021 年 10 月 31 日，二十国集团（G20）领导人罗马峰会一致同意为“双支柱”方案作出政治背书，标志着自 1923 年至今已运行近百年的国际税收体系迈出实质性改革步伐。“双支柱”方案中，支柱一方案突破传统国际税收规则中关于物理存在的限制条件，不再坚持以物理存在判定是否构成常设机构进而划分征税权，而是向市场辖区重新分配大型跨国企业集团的利润和征税权，以确保相关跨国企业集团在数字经济背景下更加公平地承担全球纳税义务。支柱二通过建立全球最低税规则，打击跨国企业集团逃避税，并为全

---

① USTR. Termination of Section 301 Digital Services Tax Investigations of Brazil, the Czech Republic, the European Union, and Indonesia. Federal Register/Vol. 86, No. 60/Wednesday, March 31, 2021/Notices. 2021 - 03 - 31. https://www.govinfo.gov/content/pkg/FR-2021-03-31/pdf/2021-06612.pdf.

② US Congressional Research Service. Section 301 of the Trade Act of 1974. 2023-01-03. https://crsreports.congress.gov/product/pdf/IF/IF11346.

球各国或辖区的公司所得税税率竞争划定底线。

支柱一方案建立向市场辖区重新分配利润的新征税权，是一项规则复杂、技术难度高的方案，需要各国（或地区）在更加协调的基础上进行合作，否则支柱一方案无法得到有效实施。为解决支柱一方案的实施问题，《10月8日声明》提出将通过《多边公约》（MLC）来实施支柱一方案，同时也需要各国（或地区）对国内税法作必要的修改。《10月8日声明》提出将开发《多边公约》（MLC）以建立G20/OECD包容性框架所有成员辖区均可加入的多边框架，无论相关辖区之间是否已经签订双边税收协定。《多边公约》（MLC）将包括关于确定与分配金额A、消除双重征税的必要规则，以及简化的征管程序、信息交换程序、适用于所有辖区的强制性有约束力的争议预防及解决程序等。《多边公约》（MLC）还将包含适当允许相关辖区对与金额A有关事项争议选择适用有强制约束力争议解决机制的规定，以确保金额A执行的一致性和确定性，以及与金额A有关事项的确定性。《多边公约》（MLC）将辅以解释性声明，说明规则和程序的目的及运作方式。如果《多边公约》（MLC）缔约方之间已签订有双边税收协定，相关双边税收协定仍然有效，并将继续规范金额A以外的跨境税收事项。但为使支柱一方案可以更加有效的执行，《多边公约》（MLC）将对其与现行税收协定不一致的地方进行必要的处理。《多边公约》（MLC）也将明确其与未来签订的税收协定间的关系。如果《多边公约》（MLC）各缔约方之间没有现行有效的双边税收协定，《多边公约》（MLC）将确立缔约方之间的法律关系，以确保金额A有效实施。

为确保所有承诺加入《10月8日声明》的辖区都能参与，G20/OECD包容性框架委托OECD数字经济税收工作小组（TFDE）定义和明确金额A各要素设计（例如，消除双重征税、营销分销利润安全港），开发《多边公约》（MLC）并就其内容进行协商。《10月8日声明》对于相关国家（或地区）已经实施或准备实施的单边税收措施作出非常明确的安排，《10月8日声明》规定，要撤销及中止所有数字服务税和其他相关类似的单边税收措施，建立《多边公约》（MLC）并要求签订《多边公约》（MLC）的所有缔约方撤销对所有企业的所有数字服务税以及其他相关类似单边措施，并承诺未来不再引入类似措施。《10月8日声明》明确指出，自2021年10月8日起，至2023年12月31日和《多边公约》（MLC）生效日中较早一日，各国（或地区）不得对任何企业实施新立法的数字服务税或者其他相关类似单边措施，将妥善协调撤销现行数字服务税以及其他相关类似措施的方式。G20/OECD包容性框架注意到某些辖区表示正在快速讨论过渡性安排，这里指的就是美国和欧洲五国、印度等国谈判废除数字服务税的进程。

三、废除数字服务税的不确定性

在2021年10月8日G20/OECD包容性框架发布《10月8日声明》大约两周之后，2021年10月21日美国财政部在其官方网站发布消息，美国与欧洲五国发表联合声明①，

① Joint Statement from the United States, Austria, France, Italy, Spain, and the United Kingdom, Regarding a Compromise on a Transitional Approach to Existing Unilateral Measures During the Interim Period Before Pillar 1 is in Effect. 2021 - 10 - 21. https: //home. treasury. gov/news/press - releases/jy0419.

就“从现有单边税收措施向支柱一生效执行的过渡期安排”（以下简称“欧洲过渡安排”）达成一致协议。这项协议的达成标志着美欧之间就以数字服务税（DST）为典型代表的单边税收措施的争端可能暂告一段落，美国将取消针对欧洲五国产品征收的惩罚性关税，而欧洲五国承诺在支柱一方案生效执行时将完全撤销数字服务税的单边税收措施。这一建立在双方各自向后一步予以妥协的折中方案，为美国实现在全球范围内全面废除针对美国数字企业的单边税收措施树立了标杆，为执行支柱一铺平了道路。2021 年 11 月 24 日美国与印度发表类似的联合声明①，就印度的均衡税（Equalization Levy）作出与“欧洲过渡安排”类似的过渡安排。

美国财政部给予“欧洲过渡安排”很高的评价，认为其既是一项政治协议又是一项务实的解决方案，有利于相关国家以建设性对话设计多边机制来解决共同的难题。但是从“欧洲过渡安排”的具体协议条款观察，能否废除数字服务税及类似单边税收措施还存在重要的不确定性，关键是要看支柱一方案能够如期在全球范围内生效执行，如果不能如期做到生效执行，或者如期实施但相关条款出现巨大分歧，有关国家（或地区）很可能重启单边税收措施。

第一，废除数字服务税及类似单边税收措施是建立在支柱一能够如期有效执行，如果支柱一最终没能有效执行，各方的让步和承诺无效。换言之，如果“双支柱”方案的全球共识协议未能生效执行，此次美欧之间的协议将作废，欧洲五国及印度等国将会继续征收数字服务税或类似单边税收措施，而美国可以恢复报复性关税措施。由此可见，“双支柱”方案在谈判时历尽艰难，在执行时更不会一帆风顺，需要所有利益相关方从全局高度出发推动全球税收治理实质性前行，否则税收争端将会放大至贸易争端，阻碍全球经济的发展，不利于后疫情时期全球经济的复苏。

第二，锱铢必较，美欧斤斤计较各自得失。美欧双方同意，2022 年 1 月 1 日起，至支柱一《多边公约》（MLC）有效执行日和 2023 年 12 月 31 日之间较早的一日，这一期间被过渡安排定义为“过渡期”。过渡期内欧洲五国向美国企业征收的数字服务税，减除这一期间内美国企业就支柱一新征税权应该向欧洲五国缴纳的所得税，如有余额，余额被定义为“可抵免金额”（Credit Amount）。在支柱一方案实际开始执行之后，按年度用“可抵免金额”抵减美国企业应向欧洲五国缴纳的支柱一新征税权下的所得税，直至将“可抵免金额”抵减至零。由此看，美国与欧洲五国之间，已经从 2022 年 1 月 1 日就开始实质性地执行支柱一，同时全面废除数字服务税的单边税收措施，“亲兄弟也要明算账”。

第三，美国为在全球范围内彻底废除单边税收措施“树立标杆”。美国拜登政府为废除单边税收措施和建立全球最低税规则而作出的让步，需要得到美国国会的批准，因此，客观上拜登政府需要更多、更好的筹码去说服参众两院，特别是参议院的共和党议员，包括民主党的温和派议员，支持拜登政府在“双支柱”方案谈判中的立场和决定。这个筹码就是，以行动证明拜登政府确实可以在全球范围内废除针对美国数字企业的、任何形式的单边税收措施。美国与欧洲五国间的过渡安排即被拜登政府视为这样的证据材料。

---

① Treasury Announces Agreement on the Transition from Existing Indian Equalization Levy to New Multilateral Solution Agreed by the OECD – G20 Inclusive Framework. 2021 – 11 – 24. https：//home. treasury. gov/news/press – releases/jy0504.

四、《多边公约》的实施推迟至2024年

《10月8日声明》曾经明确时间表，预期OECD数字经济税收工作小组（TFDE）将努力在2022年年初完成《多边公约》（MLC）及其解释性声明文本，以便尽快开放《多边公约》（MLC）签署并在2022年年中举行高级别的签署仪式。在签署《多边公约》（MLC）后，各国（或地区）需尽快核准《多边公约》（MLC），目标是在根据《多边公约》（MLC）规定的关键多数辖区完成核准程序后，能于2023年立即生效执行。但是，这个“雄心勃勃”的时间表被新冠疫情、俄乌冲突等一系列重大事件所影响，原先设想的工作成果已不能按照预期实现。

2022年7月15日至16日，二十国集团（G20）主席国印度尼西亚在巴厘岛以线上线下相结合的方式主持召开G20财长和央行行长会议，OECD秘书长马赛厄斯·科曼（Mathias Cormann）向会议提交报告①。在报告中科曼秘书长指出，自2021年10月G20/OECD包容性框架就应对经济数字化税收挑战发布《10月8日声明》以来，“双支柱”方案在各方面均取得显著进展，特别是支柱二方案下的各项规则已经发布并做好了实施的充分准备，目前正在就实施支柱一方案的关键规则征询公众意见。但是尽管如此，科曼还是宣布，OECD已采用“新的、更务实的时间表”来制定和批准《多边公约》（MLC），只有给《多边公约》（MLC）足够的、充分的时间，才可以“优化其在全球范围内获得批准的机会”。

2022年7月11日OECD发布的《支柱一金额A进展报告》② （Progress Report on Amount A of Pillar One）再次重申将要求《多边公约》（MLC）所有缔约方废除现行所有的数字服务税（DST）和其他类似单边税收措施。《支柱一金额A进展报告》确定，G20/OECD包容性框架下一步的工作重点，将继续聚焦《多边公约》（MLC）的起草制定工作，在2023年中期完成，供G20/OECD包容性框架各国（或地区）成员签署后，于2024年开始执行。支柱一方案的推迟执行，使得一些国家对此次国际税收体系的前景产生不确定性的预期，数字服务税及类似单边税收措施能否被彻底废除开始变得模糊起来。加拿大提出，如果支柱一方案的《多边公约》（MLC）届时无法实施，加拿大将决定自2024年开始实施税率为3%的数字服务税。此外，新西兰、尼日利亚、坦桑尼亚、尼泊尔等国公开表示仍会考虑数字服务税作为本国维护自身税收利益的“备选项”，如果支柱一方案无法有效实施，将仍然选择数字服务税作为单边税收措施。部分欧盟国家期待美国国会能够尽快通过支柱一方案，如果美国国会未通过该方案，或者过度拖延通过的时间表，这些国家将推翻自己的承诺，恢复对美国企业的数字服务税征税。

---

① OECD. OECD SECRETARY - GENERAL TAX REPORT TO G20 FINANCE MINISTERS AND CENTRAL BANK GOVERNORS Indonesia, July 2022. 2022 - 07 - 16. https://www.oecd.org/ctp/oecd - secretary - general - tax - report - g20 - finance - ministers - indonesia - july - 2022.pdf.

② OECD. Progress Report on Amount A of Pillar One TWO - PILLAR SOLUTION TO THE TAX CHALLENGES OF THE DIGITALISATION OF THE ECONOMY. Public consultation 11 July - 19 August 2022. 2022 - 07 - 11. https://www.oecd.org/tax/beps/progress - report - on - amount - a - of - pillar - one - july - 2022.pdf.

第三章　支柱一：以单一税制设定新征税权

第一节　聚焦超大型跨国企业集团

一、适用范围聚焦“大且富”

支柱一方案旨在解决超大型跨国企业集团利润重新分配的问题①，支柱一方案由金额A、金额B和税收确定性三部分组成。其中，金额A（Amount A），也被称为“新征税权”（New Taxing Right），是支柱一是为应对经济数字化税收挑战，对超大型跨国企业集团全球利润征税权在各国（或地区）间进行的重新分配，是支柱一方案最重要、最核心的组成部分，也是最具革命性的部分。根据金额A规则，一定规模以上的跨国企业集团，无论其在市场辖区是否设立应税实体，或者无论其在市场辖区是否有物理存在，只要从市场辖区取得的营业收入达到一定阈值门槛，该跨国企业集团即需将一定比例的剩余利润分配给该市场辖区。被重新分配的剩余利润被称为金额A，也就是该市场辖区获得的“新征税权”，该市场辖区有权对分得的金额A征收所得税。金额B（Amount B）是通过简化对独立交易原则的运用，确定对跨国企业集团从事基础性分销和营销功能活动（Baseline Distribution and Marketing Activities）可以获得的固定回报。税收确定性是指对于金额A适用范围内的跨国企业集团，将通过具有强制约束力的税收争议预防与解决机制进行管理和规制，以避免发生涉及金额A的双重征税或双重不征税。

符合支柱一适用范围的跨国企业集团被称为“范围内集团”（Covered Group），支柱一方案设定的适用范围门槛是，跨国企业集团在一个期间（Period）内同时符合两项条件，即属于支柱一适用范围，否则不属于支柱一适用范围。这里的一个期间（Period）指的是跨国企业集团最终控股母公司编制集团合并会计报表的一个报告期间。如图3－1所示，跨国企业集团需要同时符合两项条件，而实际上是4项测试，证明跨国企业集团不仅规模大，而且利润水平高，即所谓的“大且富”跨国企业集团，才真正符合支柱一的适用范围，成为“范围内集团”。

---

① 国家税务总局国际税务司解答数字经济税收新“双支柱”方案的20个问题.2021－07－28. https://mp.weixin.qq.com/s/qfBAShlwvQZeUYV－cjSN3g.

第一项条件是，跨国企业集团的全球年营业收入①需要超过 200 亿欧元，因此这项条件也被称为“全球营收测试”（Global Revenue Test）。如果一个期间短于或长于 12 个月，需要按照 12 个月的时间长度对跨国企业集团全球年营业收入进行相应调整。在金额 A 规则实施 7 年后，G20/OECD 包容性框架将对金额 A 的实施情况进行审议，并在 1 年内完成。若审议显示金额 A 机制运行良好，会将“全球营收测试”的阈值门槛由 200 亿欧元下调至 100 亿欧元，税前利润率阈值门槛保持不变。

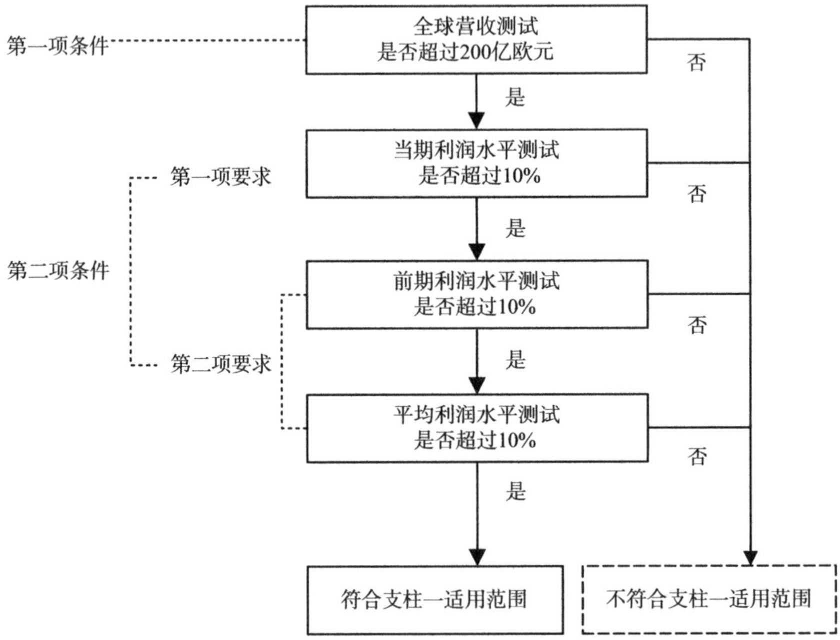

图 3-1　支柱一适用范围测试

资料来源：根据 OECD 相关文件整理。

第二项条件是，跨国企业集团一个期间的税前利润率（Pre - Tax Profit Margin）需要超过 10%，因此这项条件也被称为“利润水平测试”（Profitability Test），采掘业、受监管金融服务业除外。利润水平测试的目的是确保支柱一方案为适用金额 A 规则提供确定性和稳定性，确保那些具备一定盈利能力且盈利水平稳定的跨国企业集团可以适用支柱一方案，而那些盈利能力和盈利水平不足够、不稳定的跨国企业集团不被纳入支柱一的适用范围，不增加这些跨国企业集团的纳税成本和纳税遵从负担。“利润水平测试”需要同时满足两项要求：第一项要求，跨国企业集团当前期间的税前利润率需要超过 10%，这项要求也被称为“当期利润水平测试”（Period Test）。第二项要求，跨国企业集团前 4 个期间中的至少 2 个期间的税前利润率需要超过 10%，也被称为“前期利润水平测试”（Prior Period Test）；且当前期间与前 4 个期间（共 5 个期间）的平均税前利润率需要超过 10%，也被称为“平均利润水平测试”（Average Test）。

① 笔者按：支柱一方案中的“一个期间”通常为一个年度。因此，本书将“一个期间的全球营业收入”叙述为“全球年营业收入”。

二、“新联结度”采用定量标准

当确定“范围内集团”之后，该“范围内集团”就需要按照支柱一方案将金额 A 重新分配给符合一定条件的市场辖区，相应地，该市场辖区即获得支柱一方案下的新征税权。这里的“符合一定条件”即为“范围内集团”与相应市场辖区之间的联结度，为与传统国际税收规则基于物理存在的联结度有所区别，支柱一方案将“范围内集团”与相应市场辖区之间的联结度称为“新联结度”（New Nexus）。支柱一方案规定，“范围内集团”从某一市场辖区取得的营业收入超过 100 万欧元时，该“范围内集团”即在该市场辖区构成“新联结度”，进而该市场辖区有权获得分配金额 A。这里的营业收入 100 万欧元即为是否构成“新联结度”的阈值门槛。对于国内生产总值（GDP）低于 400 亿欧元经济规模的市场辖区，“新联结度”阈值门槛由 100 万欧元降为 25 万欧元。无论 100 万欧元还是 25 万欧元，都是“定量”指标下对“新联结度”的判定，这一点对于传统国际税收规则下的定性联结度判定，是革命性的改变。另外，无论 100 万欧元还是 25 万欧元，都应该是“范围内集团”在连续 12 个月的时间期限内获得的、源自某市场辖区的营业收入，如果“范围内集团”的财务报告期限不等于 12 个月，无论是多于还是少于 12 个月，均需按照连续 12 个月的时间期间进行相应的调整，以连续 12 个月时间期限内的营业收入判断是否满足“新联结度”阈值门槛的要求。需要注意的是，“新联结度”阈值门槛所要求的营业收入，为“范围内集团”合并会计报表中列示的从第三方获得的营业收入，不包括集团内各关联方之间进行内部交易时所产生的营业收入；同时，还应该剔除采掘业和受监管金融服务业的营业收入。

第二节　税基确定性更加依赖会计工作

一、采用“合格会计准则”编制集团合并会计报表

在确定了“范围内集团”和符合“新联结度”阈值门槛要求的市场辖区之后，支柱一方案另外一项重要的内容就是要进行税基确定（Tax Base Determination），这是确定剩余利润和金额 A 的关键环节。支柱一方案规定，支柱一方案下“范围内集团”的“金额 A 税基”也被称为“经调整税前利润”（Adjusted Profit Before Tax），该“经调整税前利润”是在“范围内集团”会计利润（或亏损）的基础上，进行若干项会计税收调整和重述调整，以及扣除支柱一方案规定的净亏损之后的计算结果，如图 3 - 2 所示，作为支柱一方案下“范围内集团”需要重新向市场辖区分配利润（金额 A）的基础。确定金额 A 税基，实质上是确定金额 A 的含金量，因为税基一旦确定，按照支柱一方案确定的比例，应向市场辖区分配的金额 A 也就自然确定了。

范围内集团经调整税前利润（金额A税基）	=	集团合并财务报表会计利润（或亏损）	+	规定的会税调整	+	规定的重述调整	+	可扣除的净亏损	+	其他项目

图 3-2　金额 A 税基确定公式

资料来源：根据 OECD 相关文件整理。

支柱一方案下金额 A 税基确定的基础，是“范围内集团”合并会计报表列示的会计利润（或亏损），也就是说集团合并会计利润（或亏损）作为金额 A 税基确定的计算起点，这是支柱一方案相对于传统国际税收规则的重要特征之一。“范围内集团”合并会计报表是指“范围内集团”最终控股母公司编制的集团合并会计报表，依据的是最终控股母公司采用的会计准则。支柱一方案要求“范围内集团”最终控股母公司采用“合格会计准则”，以确保金额 A 税基的计算不受个别会计准则非常规会计处理方式的影响。支柱一方案规定的“合格会计准则”包括国际财务报告准则（IFRS）和其他“等效会计准则”，并进一步规定，所谓“等效会计准则”包括澳大利亚、巴西、加拿大、欧盟成员国、欧洲经济区成员国、中国香港、日本、墨西哥、新西兰、中国、印度、韩国、俄罗斯、新加坡、瑞士、英国和美国等国家（或地区）的会计准则。由于目前支柱一方案的适用范围只限于那些规模大、利润高的跨国企业集团，因此这类跨国企业集团应有能力采用“合格会计准”编制集团合并会计报表，并且编制的集团合并财务会计报表应接受外部审计师的审计，以确保“范围内集团”合并会计利润（亏损）为计算起点确定金额 A 税基是可靠的，确保为税务主管当局提供随时可用的可靠信息来源。另外，需要指出的是，支柱一方案还制定一项替代方案，即在“范围内集团”未采用“合格会计准则”（IFRS 和等效会计准则）进行金额 A 税基计算的情况下，则需要该“范围内集团”证明其所采用的会计准则与 IFRS 相比并未造成任何重大竞争性扭曲（Any Material Competitive Distortion）（例如，差异超过 1 亿欧元），否则就需要调整金额 A 税基以消除这种重大竞争性扭曲。但是，如果“范围内集团”果真选择这项替代方案，该集团就要对差异的金额进行计算，这实际上仍需要该集团采用“合格会计准则”，因此，从这个意义上来说，替代方案并不会减轻“范围内集团”的纳税遵从负担。

基于“范围内集团”合并会计报表列示的会计利润（或亏损），作为支柱一方案下金额 A 税基确定的起点，而不再寻求基于集团所属的单独实体的利润，意味着支柱一方案放弃传统国际税收规则基于独立实体确认税基的原则，转而以跨国企业集团整体的合并利润为口径确认税基。这样的改变，同样具有革命性。这种革命性的改变，一方面有利于跨国企业集团，因为在这样的集团整体口径下不同独立实体之间的盈利和亏损可以相互冲抵，以盈亏冲抵后集团整体口径确认集团是否盈利，并以此判断集团整体的纳税责任，可以有效降低集团的税收负担。另一方面，基于集团整体的合并利润也有利于打击跨国企业集团利用关联交易转让定价进行利润转移的避税行为，因为跨国企业集团在编制集团合并会计报表时，集团内各关联方之间的内部交易将互相抵销，转让定价技术手段对利润或高或低的影响在此时归于消灭，集团合并会计报表所体现的是从第三方获得的营业收入和利润。

二、允许规定项目的会税差异调整

支柱一方案规定，以“范围内集团”合并会计报表列示的合并会计利润（或亏损）为计算起点，并且允许进行规定项目的、最小限度的某些会计与税收之间的差异调整（Book - to - tax Adjustment，以下简称“会税差异调整”），以获得标准化的“经调整税前利润”。合并会计利润（或亏损）位于“范围内集团”合并会计报表的最低端（Bottom Line），意味着合并会计利润（或亏损）包括了“范围内集团”损益计算的所有方面的内容，支柱一方案规定了若干项目的会税差异调整，其目的，既要确保“经调整税前利润”的计算符合支柱一金额 A 税基确定的需要，协调会计准则与支柱一金额 A 之间的差异，以防止某些潜在的所得重复计算、费用重复扣除等情况，又要确保规定的会税差异调整保持在最低限度，以降低金额 A 规则的复杂性，减轻纳税人的纳税遵从负担和税务主管当局的征管成本。支柱一方案下的“经调整税前利润”还要与支柱二方案下全球最低税的计算保持最大限度的一致性，这将使得“双支柱”方案产生一个统一基础的税基，既可用于金额 A 的确定，也可用于全球最低税的确定，这样将非常有利于降低重复征税的风险。“双支柱”方案下统一基础的税基，作用不可小觑，跨国企业集团所得税计算确认的全球化标准将就此开启，其将成为下一步全球税收治理体系建设的重要基础。

支柱一方案规定的会税差异调整包括：所得税费用、股息、权益利得（或权益亏损）、政策不允许的费用等。此外，以前期间的会计差错和会计政策变更、排除实体的会计利润（或亏损）、资产公允价值调整、基于并购实体的调整等项目，也被考虑在会税差异调整的范围之内。“范围内实体”需要针对以上各个项目进行分析判断，依据支柱一方案给出的会税差异调整的细则进行调整，将“范围内集团”的“合并会计利润”调整为“经调整税前利润”，作为进行金额 A 分配的税基。如果相应期间“范围内集团”对合并会计利润（或亏损）进行会计报表的重述，支柱一方案还要求进行会计重述调整。由于某些限制，“合格会计准则”要求的会计报表重述应在重述被识别和认可的期间，将相应调整计入“范围内集团”的金额 A 税基，而不是向前追溯、打开之前已经关闭的会计期间重新计算以前期间的税基。

“可扣除的净亏损”包括两种情况：第一种情况，如果“范围内集团”符合条件的历史期间进行支柱一方案规定项目的会税差异调整后，累计会计亏损超过累计会计利润，那么累计会计亏损超过累计会计利润的金额即为“可扣除的净亏损”。第二种情况，“范围内集团”发生符合条件的合并（或分立），并且满足“合格会计准则”对经营业务连续性的要求，如果该合并（或分立）产生“被转移亏损”[①]（Transferred Losses），那么该“被转移亏损”也属于“可扣除净亏损”。“可扣除净亏损”需要按照时间顺序结转和扣除。

支柱一方案规定的会税差异调整、重述调整、可扣除的净亏损等调整项目，有着相当重要的意义，从会计工作的角度出发，其相当于为金额 A 税基确定设立了另外一套具有会计准则作用的标准。“范围内集团”需要将“合格会计准则”下的“合并会计利润”，“翻

① 笔者按：“被转移亏损”（Transferred Losses）的具体规则，详见《支柱一联结度与收入来源立法模板》的附件 H（Schedule H）。

译”（Translate）为符合金额 A 税基确定标准要求的“经调整税前利润”，这是对会计工作的额外要求，是对“范围内集团”纳税遵从负担的额外增加。并且，还需要明确指出的是，经过“翻译”获得的“经调整税前利润”只可用于金额 A 的税基确定，并不能用于其他目的或用途，包括“范围内集团”最终控股母公司及其他成员实体不能依据“经调整税前利润”向所在辖区缴纳当地的公司所得税。

三、采用向后递延的亏损结转方法

支柱一方案规定，对于“范围内集团”的亏损采用向后递延的方法，即“范围内集团”当期产生的净亏损可以向后递延，用于抵减之后期间产生的利润。支柱一方案进一步规定，向后递延需要遵守“盈出机制”（Earn - out Mechanism）。所谓盈出机制分为三个步骤：第一步，识别需要进行盈亏相抵的合格期间（Eligible Prior Periods），确认合格期间的净亏损。第二步，将合格期间的净亏损与本期的利润进行盈亏相抵。第三步，盈亏相抵之后如仍有利润，以剩余的利润作为金额 A 税基的计算基础；如仍有亏损的，剩余的亏损递延至以后期间。支柱一方案还对向后递延方法的某些特殊事项进行了特别规定，如方法实施前产生的亏损如何处理，以及在某些特定类型业务重组中转移的亏损如何处理。

四、以公式化方法确定金额 A

（一）计算集团剩余利润

以“范围内集团”的“经调整税前利润”为基础，将“经调整税前利润”的一部分确定为金额 A，向有资格获得金额 A 分配的市场辖区（市场国）进行分配，这是支柱一方案的核心要义。支柱一方案以公式化的方案确定金额 A，同时需要“营销分销利润安全港调整”（Marketing and Distribution Profits Safe Harbour Adjustment），分析确定最终向市场辖区（市场国）分配的金额 A。将“经调整税前利润”的一部分确定为金额 A，实际上是将“剩余利润”的 25% 确定为金额 A，这里的 25% 是 2021 年 10 月 8 日 G20/OECD 包容性框架在其《10 月 8 日声明》中最终确定下来的。那么，“剩余利润”又指什么呢？支柱一方案规定，“范围内集团”超过 10% 集团利润率的部分为该集团的剩余利润，这里的集团利润率为“经调整税前利润”与集团总营业收入的比值（如公式 3 - 1 所示）。将“范围内集团”超过 10% 集团利润率的利润定义为“剩余利润”，其背后的理论基础是转让定价的“剩余利润分割法”，将 10% 的集团利润视为“常规利润”（Routine profit），将超过 10% 常规利润的部分视为”剩余利润” （Residual Profit）。至于为何将常规利润水平定为 10%[①]，并没有经过足够充分的论证和检验，而是一种经验的设定和先例借鉴，比如，美国的“全球无形低税所得规则”（GILTI）就设定 10% 的常规回报率。另外，这里也可以印证，为何支柱一方案的适用范围一再强调跨国企业集团的利润率水平一定要超过 10%，

① 笔者按：尽管存在对 10% 常规利润水平的争议，支柱一方案目前仍旧采用 10% 的常规利润水平，作为计算剩余利润的关键公式系数。

既有满足“大且富”的阈值门槛的需要，限制落入支柱一适用范围的跨国企业集团的数量，也有保障“范围内集团”具备足够的利润水平，可以确定剩余利润、可以将剩余利润的一部分（25%）作为金额A分配给市场辖区（市场国）。

$$集团利润率 = \frac{经调整税前利润}{集团总营业收入} \times 100\% \qquad （公式3-1）$$

（二）向市场辖区分配金额A

“范围内集团”剩余利润的25%被确定为金额A，这里的金额A是“范围内集团”需要向所有构成“新联结度”市场辖区（市场国）进行分配金额A的总金额，需要向各市场辖区（市场国）进行分配。某市场辖区（市场国）分配得到的一部分金额A，才是自己的新征税权。支柱一方案规定，以源自市场辖区（市场国）的营业收入为分配要素，向各市场辖区（市场国）分配金额A。如公式3-2所示，“范围内集团”对某市场辖区（市场国）的金额A分配，该市场辖区（市场国）需要满足“新联结度”的要求，以“范围内集团”源自该市场辖区（市场国）的营业收入作为分配要素，分配获得一部分金额A，以该市场辖区（市场国）国内税法规定的税率，征收本国的公司所得税，获得新征税权的税收利益。

$$某市场国金额A = (经调整税前利润 - 集团总营业收入 \times 10\%) \times 25\% \times \frac{某市场国营业收入}{集团总营业收入} \qquad （公式3-2）$$

$$Q = (P - R \times 10\%) \times 25\% \times \frac{L}{R} \qquad （公式3-3）$$

其中，Q为“某市场国金额A”，注意，这里计算出来的Q仍不是某市场辖区最终获得的金额A，还需要减除“MDPSH金额”，该金额为进行“营销分销利润安全港调整”的金额（MDPSH金额为代数符号为“M”，下文述及）；P为“范围内集团”计算确认的“经调整税前利润”；R为“集团总营业收入”；L为“某市场国营业收入”，是“范围内集团”源自某市场辖区（市场国）的营业收入。“某市场国营业收入”的确认，需要依据支柱一的收入来源地规则进行确认，下文述及。

另外，本书将“$\frac{L}{R}$”称为金额A的“分配系数”，这个系数决定究竟有多少金额A可以分配至某市场辖区（市场国），决定某市场辖区（市场国）获得的新征税权的含金量。从“分配系数”的计算公式可以看出，当“R”作为“集团总营业收入”确定下来的时候，“分配系数”的大小与“L”成正比关系，也就是说“某市场国营业收入”越大，该市场辖区（市场国）的“分配系数”越大、新征税权的含金量越好。

从上述公式中可以看出，“范围内集团”源自某市场辖区（市场国）营业收入的确认，在金额A的分配过程中非常重要、非常关键，某市场辖区（市场国）营业收入的确定，既是决定该市场辖区（市场国）是否满足“新联结度”对营业收入阈值门槛的需要，也是该市场辖区（市场国）究竟可以分配获得多少金额A的需要。另外，还需要注意的是，公式3-2中金额A“分配系数”的分子与分母之间的关系，分子是“某市场辖区（市场国）营业收入”，但只有满足“新联结度”要求的市场辖区（市场国）才可以应用该公式获得金额 A 的分配，换言之，营业收入低于“新联结度”阈值门槛的市场辖区（市场国）不可以应用该公式获得金额 A 的分配。分母是“集团总营业收入”，意味着分母的金额既包括满足“新联结度”阈值门槛市场辖区（市场国）的营业收入，也包括不满足“新联结度”阈值门槛市场辖区（市场国）的营业收入。从这个公式理解，所有满足“新联结度”市场辖区（市场国）的“分配系数”的和一定小于或等于 1，等于 1 应该是特殊情况。如果从税收筹划的角度出发，“范围内集团”可能会产生这样的意图，尽量避免税率高的市场辖区（市场国）满足新联结度的要求，避免向税率高的市场辖区（市场国）缴税；而从市场辖区（市场国）的角度出发，则会尽量争取满足“新联结度”阈值门槛的要求，获得分配金额 A 的资格。

（三）营销分销利润安全港调整

支柱一方案规定，如果“范围内集团”在某市场辖区（市场国）的“剔除利润”①（Elimination Profit，EP）大于或等于某一确定值金额，那么就需要进行“营销分销利润安全港调整”（Marketing and Distribution Profits Safe Harbour Adjustment），这项调整将按照支柱一方案特别制定的规则进行，支柱一方案将其称为“MDPSH 调整”（MDPSH），MDPSH 金额将被用来减少正常情况下计算的向某市场辖区分配的金额 A。MDPSH 调整的计算公式如下，支柱一方案给出一个最小值逻辑公式，在“（EP - PEP）×Y%”和“Q”这两个数值之间确定一个最小值，以最小值作为 MDPSH 调整金额（“M”）的数值。

$$M = \min[(EP - PEP) \times Y\%, Q] \quad \text{（公式 3-4）}$$

其中，M 为“范围内集团”在某市场辖区（市场国）的“MDPSH 金额”；EP 为“范围内集团”的“剔除利润”；PEP 为“范围内集团”的“部分剔除利润”（Portion of Elimination Profit），是“范围内集团”在某市场辖区（市场国）一个时期内“折旧与工资回报”的确定数值，“折旧与工资回报”（a Return on Depreciation and Payroll）的数值，将以如下两个数值中的数值较大者确定：数值一，为折旧与工资剔除的阈值门槛，数值二，为折旧与工资的 40%；Y 为“抵销比例”（Offset Percentage），是某市场辖区（市场国）剩余利润可以用于 MDPSH 调整进行抵销的部分。

在 MDPSH 调整下，计算“（EP - PEP）×Y%”的数值是关键，这个数值一旦计算确定，将与“Q”（某市场国的金额 A）进行比较，以较小者作为 MDPSH 金额的数值，MDPSH 金额的数值即为“M”。

“范围内集团”在某市场辖区（市场国）最终分配的金额 A，要在考虑“营销分销利润安全港调整”之后，也就是减除 MDPSH 金额之后才可以确定。如果“某市场国金额 A”（Q）减除“MDPSH 金额”（M）之后的数值大于 0，则以两个数值相减后的差的数值（Q - M）作为最终向某市场辖区（市场国）分配的金额 A；如果“某市场国金额 A”（Q）减除“MDPSH 金额”（M）之后的数值等于 0 或小于 0，则最终向某市场辖区（市场国）分配的金额 A 的数值为 0。

---

① 笔者按：“剔除利润”（Elimination Profit，EP），按照市场辖区进行计算确定，需要进行有限的会计与税收之间的差异调整。

第三节　收入来源是支柱一的底层逻辑

一、支柱一方案设计以收入来源为基础

（一）围绕收入来源地确认展开

支柱一方案旨在解决超大型跨国企业集团利润重新分配问题，方案的核心是以公式化方法将跨国企业集团剩余利润的一部分作为新征税权[①]（金额 A）分配给市场辖区（市场国），以承认市场辖区（市场国）消费者或用户的参与对数字经济商业模式价值创造的贡献。2021 年 10 月 8 日，G20/OECD 包容性框架召开第十三次全体成员大会，136 个辖区就国际税收体系重大改革达成共识，并于会后发布了《关于应对经济数字化税收挑战“双支柱”方案的声明》（《10 月 8 日声明》）[②]。《10 月 8 日声明》对 2020 年 10 月 12 日 OECD 公布的《双支柱蓝图》的最大改变是将原先以自动化数字服务（ADS）和面向消费者业务（CFB）的行业要求界定支柱一的适用范围，变为采用全球年营业收入和利润率为阈值门槛的定量标准，试图以此将支柱一的适用范围限制在营业收入规模大、利润高，但数量有限的跨国企业集团。支柱一方案由最初的仅聚焦自动化数字服务（ADS），到扩展为自动化数字服务（ADS）和面向消费者业务（CFB），再到《10 月 8 日声明》不再设置行业界限限制，是谈判各方博弈的结果，但不可否认的是，支柱一方案不再是为应对数字经济税收挑战而量身定制的解决方案，而演变为对现行征税权划分原则进行革命性改变的国际税收体系。

2022 年 2 月 4 日，OECD 发布《支柱一金额 A 下的联结度与收入来源地规则立法模板（草案）》[③]（以下简称《支柱一联结度与收入来源立法模板》），向所有利益相关方公开征询意见和建议。《支柱一联结度与收入来源立法模板》是支柱一方案规则制定的关键进展，对实施支柱一方案所必需的《多边公约》（MLC）、国内税法修订、安全港规则等事项有着重要的推进意义。《支柱一联结度与收入来源立法模板》由 OECD 数字经济税收工作小组（TFDE）负责起草，向公众公开征询意见建议仅仅是 OECD 数字经济税收工作小组

---

① 笔者按：根据《支柱一蓝图报告》，支柱一方案将跨国企业集团剩余利润的一部分作为金额 A，即新征税权，用于向市场辖区分配。

② OECD/G20 Inclusive Framework on BEPS. Statement on a Two – Pillar Solution to Address the Tax Challenges Arising from the Digitalisation of the Economy – 8 October 2021. 2021 – 10 – 08. https：//www. oecd. org/tax/beps/statement – on – a – two – pillar – solution – to – address – the – tax – challenges – arising – from – the – digitalisation – of – the – economy – october – 2021. htm.

③ OECD. Public Consultation Document，Pillar One – Amount A：Draft Model Rules for Nexus and Revenue Sourcing. 2022 – 02 – 04. https：//www. oecd. org/tax/beps/oecd – launches – public – consultation – on – the – tax – challenges – of – digitalisation – with – the – release – of – a – first – building – block – under – pillar – one. htm.

（TFDE）的程序性事项，既不表明 G20/OECD 包容性框架已经对规则有了最终意见，也不表明 OECD 数字经济税收工作小组（TFDE）内部关于文本的实质内容已经达成共识。《支柱一联结度与收入来源立法模板》直接采用《多边公约》（MLC）的通用形式，由标准条款（General Article）和对应的条款附注（Schedule）构成。如果最终得以通过，《支柱一联结度与收入来源立法模板》的“新联结度”和收入来源地规则将成为《多边公约》（MLC）的第 4 项条款。

在《支柱一联结度与收入来源立法模板》之后，OECD 又陆续发布了支柱一方案其他的相关规则模板。对已经公开发布的规则观察，如果说金额 A（新征税权）是支柱一方案的核心规则，那么收入来源地的确认是支柱一方案的底层逻辑，收入来源地规则是支柱一方案的底层规则，支柱一方案的设计围绕收入来源地确认展开。支柱一对于传统国际税收规则具有革命性变革的意义，其中重要一点就是支柱一不再坚持基于物理存在的定性联结度，转而寻求基于营业收入的定量联结度，定量联结度的本质性要求就是要判断跨国企业集团纳税人从某一市场辖区（市场国）获得的营业收入金额，当这个金额达到规则确定的标准之上（阈值门槛），支柱一方案就承认跨国企业集团纳税人在该市场辖区（市场国）构成“新联结度”（定量联结度），而不论跨国企业集团纳税人是通过物理存在的方式还是通过远程跨境的方式从该市场辖区（市场国）获得的营业收入。在这一过程中如何判定跨国企业集团纳税人的营业收入是否源自该市场辖区（市场国）就变得至关重要。尽管不必再考虑自动化数字服务（ADS）和面向消费者业务（CFB）两个行业界限，支柱一方案确定金额 A 所需要的各项规则步骤，都直接或间接地需要以收入来源地确认为基础，比如金额 A 适用范围确定、新联结度判定、税基计算和亏损弥补、利润分配，甚至包括消除重复征税和最终纳税金额的确定。收入来源地的确认体现支柱一方案的底层逻辑，直接影响金额 A（新征税权）的利润分配结果，是支柱一方案可行性的基石。

（二）收入来源地决定“新联结度”

《10 月 8 日声明》将金额 A（新征税权）的适用范围确定为全球年营业收入 200 亿欧元以上且利润率 10% 以上的跨国企业集团①，采掘业和受监管金融服务业不在适用范围之内。G20/OECD 包容性框架将在规则生效执行 7 年后对规则是否顺利实施进行审议，审议须在一年内完成，如果经审议认可，则全球年营业收入门槛将被下调至 100 亿欧元。2021 年 10 月，G20/OECD 包容性框架 136 个成员②同意设定具有特殊目的的“新联结度”，作为市场辖区（市场国）可以获得新征税权的资格。《10 月 8 日声明》重申支柱一方案下的“新联结度”将不再依赖于物理存在，当跨国企业集团对某一市场辖区（市场国）经济构成显著且持续参与，就可判定跨国企业集团在该市场辖区（市场国）构成“新联结度”。构成“新联结度”是市场辖区（市场国）获得金额 A（新征税权）利润分配的资格条件，

① 笔者按：《10 月 8 日声明》将符合支柱一金额 A（新征税权）适用范围的跨国企业集团称为“Covered Group”，本书译为“范围内集团”。

② 笔者按：2021 年 10 月 8 日，G20/OECD 包容性框架召开第 13 次全体成员大会，140 个成员中的 136 个成员辖区就双支柱方案达成共识；2022 年 12 月 12 日阿塞拜疆加入包容性框架并且加入共识协议，使包容性框架成员达到 142 个，使参与该共识协议的成员达到 138 个 . https：//www. oecd. org/tax/beps/statement – on – a – two – pillar – solution – to – address – the – tax – challenges – arising – from – the – digitalisation – of – the – economy – october – 2021. htm。

即只有合格市场辖区（合格市场国）才可以参与金额 A 的分配。

当“范围内集团”源自某一市场辖区（市场国）的年营业收入达到阈值门槛，即可判定该跨国企业集团与该市场辖区（市场国）经济的联结度由“量变”达到“质变”，这种“质变”即为支柱一方案的“新联结度”。这里的“新联结度”指跨国企业集团获得的来源于某一市场辖区（市场国）的年营业收入需要超过设定的阈值门槛。《10 月 8 日声明》规定，对于国内生产总值（GDP）超过 400 亿欧元的经济规模较大辖区，当“范围内集团”从该辖区取得的年营业收入超过 100 万欧元，该辖区（市场辖区）即被允许参与该跨国企业集团金额 A（新征税权）的分配。GDP 低于 400 亿欧元的经济规模较小辖区，100 万欧元的阈值门槛降为 25 万欧元。《支柱一联结度与收入来源立法模板》限定了阈值的期限，即无论 100 万欧元还是 25 万欧元，都应该是跨国企业集团在连续 12 个月内源自某市场辖区的营业收入。如果跨国企业集团的财务报告期限不等于 12 个月，无论是多于还是少于 12 个月，均需按照连续 12 个月的期间进行相应的比例份额调整。

《支柱一联结度与收入来源立法模板》规定，“新联结度”是一项特殊目的联结度，其唯一作用是确定某市场辖区（市场国）是否具备参与分配跨国企业集团部分剩余利润（金额 A）的资格。“范围内集团”一旦在市场管辖区（市场辖区）构成“新联结度”，则需要依照支柱一方案将剩余利润的一部分分配给该辖区。与之相对应，构成“新联结度”意味着该辖区获得参与分配金额 A 的“入场券”，享有对金额 A（新征税权）的部分份额进行征税的权利。收入来源地的确认将决定“范围内集团”是否能够与某一市场辖区（市场国）构成“新联结度”，只有该跨国企业集团源自某市场辖区（市场国）的年营业收入的金额足够大，才能够说明两者之间的经济联系已经达到“持续且显著参与”的程度，因而构成支柱一方案的“新联结度”，该市场辖区（市场国）才获得能够分配金额 A 的新征税权。简而言之，源自某一市场辖区的年营业收入能否足够大，决定该市场辖区能否获得新征税权，而《支柱一联结度与收入来源立法模板》规定的收入来源地规则则是如何判定“范围内集团”的年营业收入是来自该市场辖区（市场国），还是来自另外的市场辖区（市场国）。《支柱一联结度与收入来源立法模板》将“新联结度”设计为一项独立的规则，以不对传统国际税收规则下的联结度产生影响。

（三）收入来源地决定新征税权的含金量

支柱一方案不再坚持独立实体原则，即不再坚持税基计算的“个体观”，转而追求税基计算的“整体观”，从跨国企业集团的整体层面进行税基计算。支柱一方案采用跨国企业集团合并会计报表的“经调整税前利润”作为计算税基的逻辑起点，仅允许有限的、规定项目的会计与税收之间的差异调整，并且“经调整税前利润”需要由集团最终控股母公司（UPE）按照“合格会计准则”[①] 编制的合并会计报表的相关数值确定。另外，支柱一方案也不再坚持按照独立交易原则进行利润分配，而采用基于公式的分配方法。《10 月 8 日声明》规定，以“经调整税前利润”扣除 10% 的固定比例利润回报后的部分定义为

① 笔者按：《10 月 8 日声明》及 OECD 相关文件显示，双支柱方案将国际财务报告准则（IFRS）和澳大利亚、加拿大、中国香港、日本、新西兰、中国、印度、韩国、新加坡和美国等国家（或地区）的会计准则认可为合格会计准则（Eligible GAAP）。

“剩余利润”，将剩余利润的25%确定为金额A（新征税权），分配给已构成“新联结度”的市场辖区（市场国）。金额A在各市场辖区（市场国）之间进行分配，依赖于按照收入来源地规则确认的来源于各市场辖区（市场国）的年营业收入作为分配要素。由此看来，源自某一市场辖区（市场国）年营业收入金额的大小，不仅决定该市场辖区（市场国）是否能够构成“新联结度”，还决定该市场辖区（市场国）获得的金额A（新征税权）含金量的大小。如果源自某市场辖区（市场国）的年营业收入金额大，其获得的金额A（新征税权）的利润分配自然就多，该市场辖区（市场国）获得的税收利益自然就大。

《10月8日声明》提出，只有当跨国企业集团的合并会计报表披露了业务分部的财务信息，且某一业务分部的年营业收入和利润率满足支柱一适用范围的阈值门槛①，才可以进行业务分部分拆。按照最终控股母公司适用的会计准则编制的集团合并会计报表所披露的业务分部财务信息，同样需要确定某一业务分部营业收入的来源地，以确定该业务分部营业收入的来源地。

二、以逐笔交易原则确定收入来源地

由于收入来源地确认在支柱一方案中的极端重要性，OECD于2022年2月最先发布《支柱一联结度与收入来源立法模板》，该立法模板明确以逐笔交易原则（transaction - by - transaction）确认收入来源地。逐笔交易原则主要通过可靠指标法、依赖“范围内集团”的管理系统来实现；当“范围内集团”能够证明按照逐笔交易原则无法确认收入来源地（如尾端收入、B2B服务收入等），且满足相应条件的情形下，可以应用要素分配的方法进行收入来源地确认。在逐笔交易原则下，《支柱一联结度与收入来源立法模板》根据交易通常（ordinary）或主要（predominant）特征将全部营业收入分为七个收入类别（Revenue Category）：制成品收入、组配件收入、提供服务收入、无形资产收入、不动产收入、政府补助收入和非客户收入。交易的特征取决于交易的实质性因素，与交易的法律形式无关。如果无法判定一项交易的收入类别，《支柱一联结度与收入来源立法模板》规定可以按照最相似收入类别规则，确认收入来源地。“范围内集团”必须将其全部营业收入划分为各个收入类别，再按照《支柱一联结度与收入来源立法模板》规定的每一个收入类别对应的规则确认收入来源地。《支柱一联结度与收入来源立法模板》还设计了“主辅交易原则”，即当某项交易包含多项交易要素、可被认定为多个收入类别时，以交易的主导要素特征（predominant character）区分“主交易”（Main Transaction）和“辅交易”（Supplementary Transaction）。“范围内集团”可以比照主交易对辅交易进行收入来源地确认，即将主交易适用的收入来源地规则套用于辅交易，或者整体按照主交易适用的规则进行收入来源地确认。《支柱一联结度与收入来源立法模板》暗示，主交易应只有一项，辅交易可以有多项。

《支柱一联结度与收入来源立法模板》明确，根据经营业务的具体情况，“范围内集团”需应用“可靠指标法”（Reliable Indicator）或“要素分配法”（Allocation Key）来确认其全部营业收入的来源地。所谓“可靠指标法”是指使用可靠指标（《支柱一联结度与

① 笔者按：此处的阈值门槛指营业收入达到200亿欧元且利润率达到10%以上。

收入来源立法模板》附注 A 定义或认可的可靠指标）来确定收入来源地的方法。所谓“要素分配法”是指无法通过可靠指标法确认收入来源地的收入，允许使用要素分配的方法确认收入来源地。据此，《支柱一联结度与收入来源立法模板》分别对七个收入类别的营业收入给出了确认收入来源地的具体规则。销售制成品的收入以制成品（向最终客户）的交付地确认收入来源地。对于销售数字产品取得的收入①，如果最终客户是消费者个人，可参照 B2C 服务，以消费者个人所在地确认收入来源地；如果最终客户是企业，可参照 B2B 服务，以服务使用地确认收入来源地。销售组配件收入以组配件构成的制成品（向最终客户）的交付地确认收入来源地。

相对而言，提供服务的收入类型最为复杂。《支柱一联结度与收入来源立法模板》将其分为八类，并相应确定了收入来源地规则。(1) 将与有形资产相关或在客户所在地提供的服务统称为“地域特殊服务”(Location - specific Services)，以服务提供地确认收入来源地。(2) 广告服务。在线广告服务以浏览者浏览广告时的所在地确认收入来源地；其他广告服务以广告展示地或接收地确认收入来源地。(3) 在线中介服务。若该服务是为了促进有形商品、数字产品或数字服务的销售或购买，以购买方和销售方所在地、各自一半确认收入来源地；若该服务是为了促进线下服务的销售或购买，一半收入以购买方所在地确认来源，另一半收入以中介服务提供地确认来源。(4) 运输服务。客运服务以旅客目的地确认收入来源地，货运服务以起运地或目的地确认收入来源地。(5) 客户回报计划以活跃会员占比确认收入来源地。(6) 融资服务。如果借方是消费者个人，参照 B2C 服务；如果借方是企业，参照 B2B 服务。(7) B2C 服务。以消费者个人所在地确认收入来源地。(8) B2B 服务。以服务使用地确认收入来源地。

《支柱一联结度与收入来源立法模板》规定，授权、销售或以其他方式让渡无形资产而取得的收入，如果是无形资产支持的服务（Supported by the Intangible Property)，以服务使用地确认收入来源地；其他情形则以最终客户的无形资产使用地确认收入来源地。授权、销售或以其他方式让渡用户数据而取得的收入，以关联数据用户的所在地确认收入来源地。此外，不动产收入以不动产所在地确认收入来源地；政府补助收入以决定补助或提供资金的政府所在地确定收入来源地；非客户收入以前述收入类别的一定比例确定收入来源地。

三、收入来源地确认示例解释

（一）应用“可靠指标法”

尽管 G20/OECD 包容性框架所有成员都强调“双支柱”方案应更加简化，但《支柱一联结度与收入来源立法模板》仍被认为是高度复杂的规则设计。本部分以《支柱一联结度与收入来源立法模板》附注（Schedule A）描述的通过独立分销商向最终客户销售制成品取得的收入为例（见图 3 - 1)，解释收入来源地的确认逻辑和过程。

---

① 笔者按：《支柱一联结度与收入来源立法模板》将数字产品收入（sale of digital goods）的规则列在制成品收入（sale of finished goods）的规则之下，这样的规则设计不是表明《支柱一联结度与收入来源立法模板》认为制成品包括数字产品，而是因为可以将制成品的收入来源地规则适用于数字产品收入。

《支柱一联结度与收入来源立法模板》规定，“范围内集团”首先应用“可靠指标法”确定营业收入的来源地；只有在满足“要素分配法”适用条件的前提下，才可以应用“要素分配法”。通过独立分销商向最终客户销售制成品的收入，以制成品（向最终客户）的交付地确认收入来源地。《支柱一联结度与收入来源立法模板》列举了四个可靠指标以识别交付地（The Place of the Delivery）：（1）向最终客户的交付地；（2）向最终客户销售的零售店面所在地；（3）独立分销商所在地，前提是独立分销商受合同严格限制只能在所在地销售制成品，或可以合理假定独立分销商位于制成品（向最终客户）的交付地；（4）通过可靠性测试的其他可靠指标。前三个指标是《支柱一联结度与收入来源立法模板》明确列举的，属于“当然”可靠指标。

如图 3 -3 所示，“范围内集团”通过独立分销商向最终客户销售制成品的收入，可以在上述四个可靠指标中任意选择应用，以确认收入来源地；如果选择第四项可靠指标（非列举的可靠指标），需要经过可靠性测试。指标的可靠性测试需要同时满足两项条件：一是受测指标必须产生与交易收入来源地确认相一致的结果，《支柱一联结度与收入来源立法模板》在脚注中提到将为此制定详细的指引。二是受测指标必须至少通过以下一项可靠性测试：（1）“范围内集团”出于商业目的，或为履行法律、监管或其他相关义务而依赖的指标；（2）经由第三方提供给“范围内集团”的信息所验证的指标①；（3）与《支柱一联结度与收入来源立法模板》列举的一项或多项可靠指标可以产生同样的收入来源地确认结果（收入来源地均指向同一辖区）；（4）可以证实应用受测指标产生的收入来源地确认结果，与应用前述三项条件产生的收入来源地确认结果，达到“功能性等同”（Functionally Equivalent）。

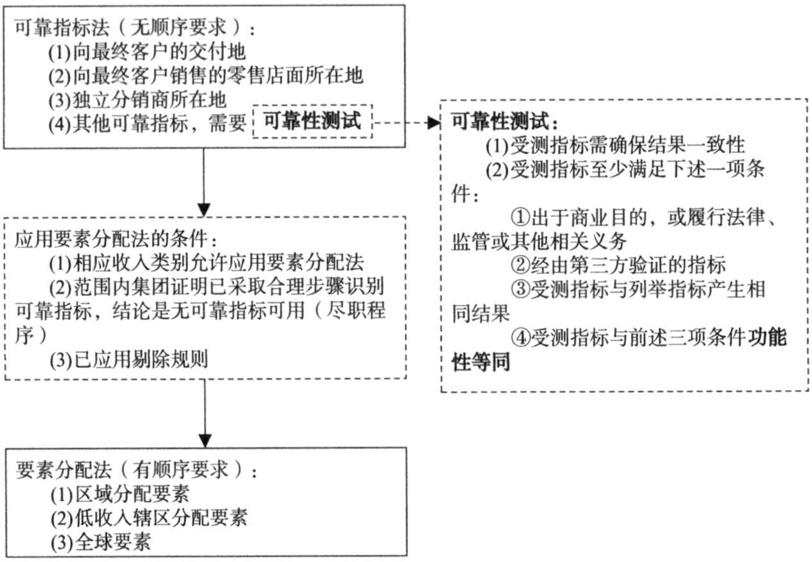

图 3 -3　支柱一收入来源地规则应用逻辑示例

资料来源：根据 OECD 相关文件整理。

① 笔者按：第三方提供的信息，是第三方出于商业目的，或为履行法律、监管或其他相关义务而收集的信息。

（二）满足应用“要素分配法”的条件

为确保“范围内集团”全部营业收入的来源地都能够被确认，《支柱一联结度与收入来源立法模板》制定了兜底条款——“要素分配法”，允许“范围内集团”在“用尽全身解数”仍无法应用可靠指标确认部分营业收入的来源地时，以“要素分配法”进行确认。因此，可以将“要素分配法”看作“可靠指标法”的“备胎”。这里的“用尽全身解数”指的是需要满足应用“要素分配法”的条件。《支柱一联结度与收入来源立法模板》规定，只有在满足下列三项条件的前提下，“范围内集团”才可以应用“要素分配法”（见图 3－1）。

首先，相应收入类别允许应用“要素分配法”。例如，《支柱一联结度与收入来源立法模板》规定，通过独立分销商向最终客户销售制成品的收入允许应用“要素分配法”，而直接向最终客户销售制成品的收入则不允许应用“要素分配法”。

其次，“范围内集团”需证明，已经采取合理步骤但仍无法找到可靠指标。这里的“已经采取合理步骤”是不可逾越、不可省略的程序。“范围内集团”只有尽职尽责地完成这个步骤①，得出仍旧无法找到可靠指标的结论，才能被视为满足要求。《支柱一联结度与收入来源立法模板》在脚注中提到，将为哪些是“合理步骤”制定详细的指引，收入类别涉及销售组配件收入、某些 B2B 服务收入和涉及知识产权（IP）的收入。由于相关交易并不直接面对最终客户，且受到商业竞争和个人隐私保护等法律规定的限制，“范围内集团”可能很难直接获得可靠指标，应确保尽职程序不会过度增加纳税人的遵从负担。

最后，“范围内集团”已经使用了“剔除规则”（Knock－out Rule）。“剔除规则”要求，在应用“要素分配法”之前，“范围内集团”需要识别并没有产生收入的某一辖区或某几个辖区，并予以剔除。“剔除规则”仅在两种情形下才能应用，一是“范围内集团”实际知悉商品或服务并未提供给某市场辖区，如某市场辖区被贸易禁运；二是“范围内集团”实际知悉商品或服务在某几个辖区被最终消费，那么将只在这几个辖区间应用“要素分配法”，其他辖区将被剔除。

（三）按顺序应用“要素分配法”

如图 3－1 所示，根据《支柱一联结度与收入来源立法模板》，“范围内集团”需要按照顺序应用“要素分配法”。需要指出的是，无论是“区域分配要素”“低收入辖区分配要素”，还是“全球分配要素”，《支柱一联结度与收入来源立法模板》规定均采用联合国贸易和发展会议（United Nations Conference on Trade and Development）发布的最终消费支出（Final Consumption Expenditure）作为具体的分配要素，只不过具体方法不同，选用最终消费支出的范围不同。

首先，基于法律或商业合理性理由，如果“范围内集团”能够证明一部分收入源自某一区域（a region），则可以采用“区域分配要素”（Regional Allocation Key）确认收入源

① 笔者按：下文称“已经采取合理步骤”为“尽职程序”。

于某市场辖区（市场国），前提是某市场辖区（市场国）属于该区域。《支柱一联结度与收入来源立法模板》对“区域”作了简要定义，即由一组辖区构成，不论这些辖区的地理位置是否相邻[①]。区域分配要素采用联合国贸易和发展会议发布的最终消费支出，将需要参与分配的本区域内各国（或地区）的最终消费支出进行加总，之后计算各国（或地区）所占比例，以各国（或地区）所占比例确认收入来源地。对于本示例中通过独立分销商向最终客户销售制成品的收入而言，如果独立分销商在某一区域中为“范围内集团”分销或转售制成品，则可以应用“要素分配法”。例如，某“范围内集团”设定北美区域市场，如果该集团可以证明一部分收入源于北美区域市场，则可以采用区域分配要素，将该部分收入在同属北美区域市场的美国、加拿大等辖区间进行分配，确认收入来源地。

其次，如果“范围内集团”应用区域分配要素后仍有剩余收入未能确认来源地[②]，《支柱一联结度与收入来源立法模板》规定，这部分剩余收入可以采用“低收入辖区分配要素”（Low Income Jurisdiction Allocation Key），确认来源于低收入辖区[③]（Low Income Jurisdiction），前提是相关辖区满足“低收入辖区”条件。低收入辖区分配要素采用联合国贸易和发展会议发布的低收入辖区的最终消费支出，将需要参与分配的低收入辖区的最终消费支出进行加总并计算各国（或地区）所占比例，以各国（或地区）所占比例确认收入来源地。

最后，如果“范围内集团”能够证明没有收入源自任何低收入辖区，则可以采用“全球分配要素”（Global Allocation Key）确认收入来源地。全球分配要素是《支柱一联结度与收入来源立法模板》设置的“最后防线”，以确保“范围内集团”能够对全部收入进行来源地确认。全球分配要素依旧采用联合国贸易和发展会议发布的最终消费支出，将需要参与分配辖区的最终消费支出进行加总，之后计算各国（或地区）所占比例，以各国（或地区）所占比例确认收入来源地。如果“范围内集团”应用“剔除规则”，能够证明没有任何收入来源地于某市场辖区，则该辖区不参与应用全球分配要素的分配过程。

四、收入来源地确认的重要特征

（一）收入来源地确认更具包容性

《支柱一联结度与收入来源立法模板》是在2020年10月12日OECD发布的应对经济数字化税收挑战《支柱一蓝图报告》[④]的基础上进一步修改而成的。相较于蓝图报告，《支柱一联结度与收入来源立法模板》中的收入来源地规则更具包容性，更有利于该规则作为多边公约的关键核心部分被各国（或地区）和跨国企业集团接受。《支柱一蓝图报告》仅针对自动化数字服务（Automated Digital Services，ADS）和面向消费者业务（Con-

---

① 笔者按：详见《支柱一联结度与收入来源立法模板》第28页，第18个定义。

② 笔者按：这部分剩余收入被《支柱一联结度与收入来源立法模板》称为尾端收入（Tail - end Revenue）。

③ 笔者按：《支柱一联结度与收入来源立法模板》中的低收入辖区指由世界银行（the World Bank）确定的低收入经济体（Low - Income Economy）或中低收入经济体（Lower - Middle Income Economy）。

④ OECD. Reports on the Blueprints of Pillar One and Pillar Two. 2020 - 10 - 12. http：//www. oecd. org/tax/beps/beps - actions/action1/#d. en. 521630.

sumer Facing Businesses，CFB）两个行业进行收入来源地规则的设计，规定一系列指标用于确认收入来源地，并且这一系列指标是分层级结构[①]的，“范围内集团”需要依照顺序依次应用。按照《支柱一蓝图报告》的指标层级体系，“范围内集团”应首先选用第一层级指标，当无法为第一层级指标获取可靠信息数据或可以证明第一层级指标无法可靠应用时，方可采用第二层级指标，以此类推。《支柱一蓝图报告》设计指标层级体系的考虑是，高层级指标对于收入来源地确认的结果更可靠，通常情形下“范围内集团”应优先应用高层级指标，只有在无法获得可靠信息数据（“不得已”）的情形下方可依序应用更低层级的指标。为防止“范围内集团”滥用“无法获得可靠信息数据”借口而一味选择应用更低层级指标的情形，《支柱一蓝图报告》甚至要求“范围内集团”在某些情况下修改与客户的合同或协议，以获得更可靠的信息数据。这一要求对于跨国企业集团而言，似乎过于勉为其难。《支柱一蓝图报告》也坦言，注意到这样的要求将为纳税人带来过多的额外负担，比如需要更多时间成本用于与客户进行谈判，甚至有可能引发更大范围、其他方面的成本[②]。

《OECD 10 月声明》放弃了《支柱一蓝图报告》提出的支柱一方案适用范围，转而采用阈值门槛测试的方式。新的适用范围仅聚焦跨国企业集团的规模和盈利水平，而不再限定其经营活动的行业类别，即以跨国企业集团取得的全球总营业收入是否达到一定规模、利润水平是否达到一定程度为标准加以界定。适用范围的扩大，意味着之前不属于自动化数字服务或面向消费者业务的营业收入也需要进行收入来源地确认。《支柱一联结度与收入来源立法模板》将跨国企业集团的营业收入划分为七大类别，分类别制定收入来源地规则，这使得收入来源地规则更具包容性。另外，《支柱一联结度与收入来源立法模板》放弃了《支柱一蓝图报告》规定的指标层级体系。OECD 意识到，大多数情形下跨国企业集团并不掌握最终客户的信息数据，或者获得最终客户的信息数据并不容易，要求跨国企业集团额外向最终客户收集信息数据并不具备商业合理性，指标层级体系的要求显得“管制过度”，并且会增加纳税人的遵从成本。OECD 认为，规则应该更具包容性，应允许“范围内集团”在列举的可靠指标之外选择可用的指标，只要满足给定的要求即可，因此《支柱一联结度与收入来源立法模板》作了相应的修改。

（二）收入来源地确认更加细节化

《支柱一联结度与收入来源立法模板》中的收入来源地规则更加细节化。《支柱一联结度与收入来源立法模板》设置了标准条款以规定联结度测试和收入来源地确认的一般规则，同时辅以条款附注，按照跨国企业集团营业收入的七大类别，分别制定详细规则，并在最后对收入来源地规则涉及的 61 个专业术语进行详细定义。此外，《支柱一联结度与收入来源立法模板》还包括大量的脚注，对各条款之间的逻辑关系、有关术语的指向和含义、有关条款的适用条件等进行细之又细的规定，同时还在一些脚注中指出，某些尚存争议的领域需要进一步讨论确定。

收入来源地规则更加细节化还体现在某些具体规则的设计上。例如，当“范围内集

① 笔者按：本书将《支柱一蓝图报告》的指标层级结构称为“指标层级体系”。

② 笔者按：详见《支柱一蓝图报告》，第 378 段。

团”应用“区域分配要素”时，《支柱一联结度与收入来源立法模板》规定以联合国贸易和发展会议公布的上年度某市场辖区的最终消费支出在所属区域全部辖区最终消费支出中所占的比例为分配要素，进行收入来源地确认。如果无法找到某市场辖区的最终消费支出，《支柱一联结度与收入来源立法模板》规定，可以依据该辖区的人口与所属区域的人均最终消费支出相乘，得到该辖区最终消费支出的近似值。如此细节性的规定，就是要确保“范围内集团”全部营业收入的来源地得到确认，进而确定联结度并为分配金额A做好准备。

当然，更加细节化也使得收入来源地规则仍旧显得过于复杂。例如，对于应用要素分配法的低收入辖区分配要素所针对的尾端收入，《支柱一联结度与收入来源立法模板》规定，如果“范围内集团”的尾端收入等于或超过当期“范围内集团”销售制成品收入的5%，“范围内集团”必须采取合理步骤减少以后期间的尾端收入规模，降至5%以下；采取的合理步骤必须在发生尾端收入等于或超过5%的期间之后的两个期间内完成。为避免歧义，除非“范围内集团”能够证明可以应用可靠指标法或采用区域分配要素确认收入源自哪里，否则在“范围内集团”采取合理步骤降低尾端收入规模的期间内，该集团应继续采用低收入辖区分配要素或者全球分配要素确认收入来源地，而不论尾端收入的规模是否被降至5%以下。《支柱一联结度与收入来源立法模板》并没有就5%的尾端收入给出合理性解释，没有对这里的“合理步骤”加以界定，甚至没有就“范围内集团”不采取合理步骤设置相应罚则。因此，可以想见，收入来源地规则将在更加细节化的同时变得更加复杂，这对于纳税人和征管机构都将是巨大的挑战。

支柱一方案针对传统国际税收规则体系中的联结度和利润分配规则进行改革，将跨国企业集团的剩余利润进行重新分配，旨在解决超大型跨国企业集团部分剩余利润在哪里缴税的问题。支柱一方案的创新之处在于，突破了传统国际税收规则基于物理存在的“定性”联结度，转而采用以营业收入为判定条件的“定量”联结度（“新联结度”）；不再限定跨国企业集团经营业务的所属行业，将全球年营业收入200亿欧元以上且利润率10%以上的跨国企业集团纳入支柱一方案的适用范围；将范围内跨国企业集团超过10%的利润定义为“剩余利润”，将剩余利润的25%分配至构成“新联结度”的市场辖区。因此，确定跨国企业集团的营业收入源自哪个市场辖区就变得极为重要。这一指标既决定跨国企业集团是否在某市场辖区构成“新联结度”，又决定了究竟有多少金额A可以分配给该市场辖区，因为金额A的分配以源于该市场辖区的营业收入为分配要素。可以看出，收入来源地规则是支柱一方案的底层逻辑，决定着各市场辖区是否可以获得新征税权，以及所获新征税权的含金量。与其说各市场辖区可能会就利润分配的新征税权（金额A）展开利益博弈，不如说各市场辖区一定会就收入来源地确认锱铢必较，这也是为何OECD此次发布的《支柱一联结度与收入来源立法模板》仅包括新联结度和收入来源地规则，而“新联结度”规则只涉及相对简单的数量级测试问题，收入来源地规则是构成此次公众征询意见文本的“重中之重”，收入来源地规则是支柱一方案的可行性基础。

第四章　联合国12B条款：扩大来源国征税权

第一节　赋予来源国额外征税权

一、来源国可以就境外付款征收预提税

联合国经济及社会理事会下设的联合国国际税务合作专家委员会（以下简称“联合国税务委员会”）[①] 于2020年10月提出一项基于双边税收协定的数字经济税收挑战的解决方案，在《联合国发达国家与发展中国家间避免双重征税协定范本》（以下简称《联合国税收协定范本》）2021年的更新版本中增加第12B条款；2021年4月19日，在联合国税务委员会的第22次会议上该建议获得通过[②]。12B条款的提出，为应对数字经济税收挑战提供了新的思路，尽管受到多方质疑，12B条款仍然值得高度重视，为我国更好参与数字经济全球税收治理提供启示和借鉴。

12B条款第2段规定赋予缔约一国（来源国）以额外的征税权，允许缔约一国对向缔约另一国的付款征收预提所得税（Withholding Tax，以下简称“预提税”），该付款是产生自缔约一国的自动化数字服务（Automated Digital Services，ADS）所得，税率不应超过缔约国双方在税收协定中设定的比例。12B条款注释提出这个比例应当轻重适度，建议设定为3%或4%。如图4-1所示，假设ADS所得1000万欧元产生于乙国，乙国（缔约一国）税收居民B公司接受甲国（缔约另一国）税收居民A公司远程跨境提供的自动化数字服务（ADS），因此B公司需要向A公司付款，A公司是该项所得的受益所有人。如果甲国与乙国在双边税收协定中设定的预提税征税率是4%，那么乙国可以依据联合国12B条款，就1000万欧元的境外付款征收预提税40万欧元（1000×4%）。

乙国可以征收的预提税40万欧元就是12B条款向乙国额外赋予的征税权，这在传统

---

① 笔者按：联合国国际税务合作专家委员会是联合国专门负责国际税收事务的工作机构，工作职责包括《联合国发达国家与发展中国家间避免双重征税协定范本》的完善和更新工作。

② UN. 22nd Session of the Committee of Experts on International Cooperation in Tax Matters. 2021-04-19. https://www.un.org/development/desa/financing/events/22nd-session-committee-experts-international-cooperation-tax-matters.

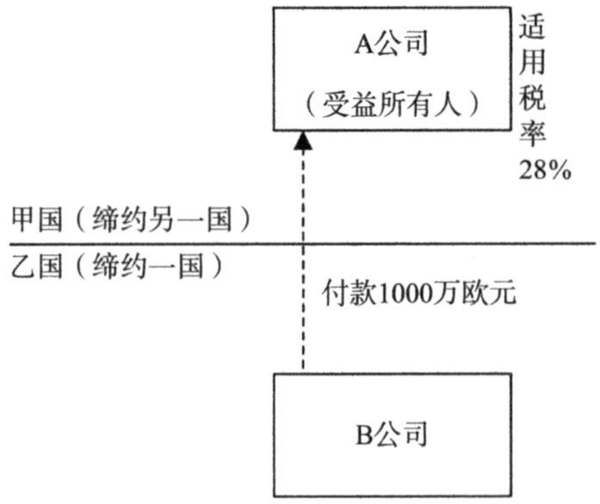

图 4-1 12B 条款征税方式示意

资料来源：根据联合国相关文件整理。

国际税收规则之下是无法实现的。授予和限制来源国的优先征税权是传统国际税收规则的首要基础和重点内容①，来源国可以行使优先征税权的前提是非居民企业在来源国构成以物理存在为联结度的常设机构。A 公司作为乙国的非居民企业，向乙国跨境提供远程自动化数字服务，没有在乙国构成常设机构，则乙国无法就 A 公司从乙国取得的 ADS 所得行使征税权。为解决这一经济数字化税收挑战难题，联合国 12B 条款将焦点转向了付款环节，赋予 ADS 所得的来源国②以额外的征税权，这一优先征税权的行使，不再以是否构成常设机构为前提。

二、预提税的可替代选择：年度净利润法

联合国 12B 条款在赋予来源国额外征税权的同时，也赋予纳税人在缴税方式上的选择空间。联合国 12B 条款第 3 段规定，如果 ADS 所得产生于缔约一国，该所得的受益所有人为缔约另一国税收居民，那么该受益所有人可以要求缔约一国采用年度净利润法计算税基，以缔约另一国国内税法规定的适用税率确认应纳税金额。如果纳税人选择年度净利润法，则联合国 12B 条款第 2 段规定的预提税规则将不再适用。年度净利润法的税基被联合国 12B 条款定义为“合格利润”（Qualified Profit），为受益所有人 ADS 利润率与产生于缔约一国 ADS 年营业收入总额乘积的 30%（如公式 4-1 所示），联合国 12B 条款允许缔约国之间就这个 30% 进行谈判，这个比例可以适当降低。如受益所有人无法确定 ADS 业务部门（分部）的利润率，也可采用受益所有人整体的利润率来计算；如果受益所有人属于某一跨国企业集团，可以采用集团 ADS 业务部门（分部）的利润率；在集团无法提供 ADS 业务部门（分部）利润率的情况下，也可以使用集团整体利润率，前提是集团整体利润率要高于受益所有人整体利润率，否则要采用受益所有人整体利润率。如果利润率均无法获得，也就意味着合格利润无法确定，则年度净利润法不适用，仍旧适用联合国 12B 条款第 2 段的预提税规则。

---

① 张志勇．近期国际税收规则的演化——回顾、分析与展望［J］．国际税收，2020，79（01）：3-9.

② 笔者按：此处所谓“来源国”，可理解为“支付国”，即 12B 条款将征税权赋予的是“支付国”，下文述及。

合格利润=30%×受益所有人ADS利润率×来源于缔约一国ADS的年营业收入总额

（公式4-1）

如图4-1所示，前述假设继续适用，并且假设该集团ADS业务部门（分部）的利润率为40%，A公司在甲国的适用税率为28%。则A公司可以选择年度净利润法向乙国缴税，应纳税金额为33.6万欧元（30%×40%×1000×28%）。那么，对于本示例中的纳税人而言可以在两种方法之间进行选择，预提税的40万欧元或者是年度净利润法的33.6万欧元，显然，净利润法在本示例中似乎更有利于纳税人。这项选择权可以帮助纳税人平衡两种纳税方式的税收负担，以更有利于自己的方式完成纳税义务，究竟如何选择，纳税人需要根据自身利润水平情况和适用的双边税收协定条款综合判断确定。

三、适用范围仅限于自动化数字服务（ADS）

联合国12B条款仅适用于自动化数字服务（ADS）。联合国12B条款对自动化数字服务进行了定义，自动化数字服务是指通过互联网或其他电子网络提供的、需要服务提供方最低限度人为参与的任何服务。同时联合国12B条款以正列举的方式给出了ADS的具体业务活动的范围，包括在线广告服务、提供用户数据、在线搜索引擎服务、在线中介平台服务、社交媒体平台服务、数字内容服务、在线游戏、云计算服务和标准化在线教育服务等。联合国12B条款对适用范围的界定与OECD支柱一方案蓝图对ADS的界定非常相近，不仅内容相近，并且规制方法也相近。首先，都采用正面清单的方式，列举出符合适用范围的ADS各项业务活动；其次，都采用负面清单的方式，列举出不符合适用范围的各项业务活动，如12B条款注释的第59段规定，客户定制专业服务、客户定制在线教学服务等均不属于ADS业务活动；最后，都采用“兜底条款”对ADS给出通用性的定义，强调ADS具有“通过互联网或电子网络提供”和“最低限度人为参与”两大特征，没有被两个清单明确界定的创新业务活动将依赖通用性定义予以鉴别判断，以确定是否属于ADS业务活动。另外，如果ADS所得付款符合12条或12A条款对特许权使用费（Royalties）或技术服务费（Fees for Technical Services）的规定，则适用于相关条款的规定，联合国12B条款不适用。

四、不影响常设机构条款效力

联合国12B条款第8段规定，如果ADS所得的受益所有人通过常设机构在缔约另一国经营业务，或者通过位于缔约另一国的固定基地（Fixed Base）经营业务，并且该ADS所得与常设机构或固定基地具备有效关联，或属于通过常设机构在缔约另一国经营相同或相似其他业务活动的，则适用《联合国税收协定范本》第7条（营业利润）或第14条（独立个人服务），联合国12B条款不再适用。这一规定反映出联合国12B条款不希望影响《联合国税收协定范本》其他条款效力的意图，尤其是常设机构条款。传统国际税收规则以是否构成常设机构作为来源国行使优先征税权的前提，而是否构成基于物理存在的联结度又是构成常设机构的前提，联合国12B条款无意改变这些基础规则，而只是将联合国12B条款的规则效力局限于非居民企业通过远程营业活动获取所得、未构成常设机构的情形，这既是联合国12B条款区别于OECD支柱一方案蓝图的地方，也是联合国12B条款更为谨慎小心的地方，联合国税务委员会希望；联合国12B条款尽量减少对现有规则的影响。联合国12B条款是对传统国际税收规则的“小修补”，甚至不对传统国际税收规则作任何额外的改动，这是联合国12B条款极为保守的表现。

第二节 以双边模式解决征税权划分难题

一、依托付款环节设计预提税力

联合国12B条款的第1段规定，ADS所得可以由居民国征税，但是并没有规定居民国对ADS所得拥有排他性的、独占的征税权，这一点在12B条款注释的第21段明确给予了说明，这为12B条款向来源国赋予额外的征税权作了规则铺垫。非居民企业未构成基于物理存在联结度的常设机构，是来源国无法依据传统国际税收规则行使优先征税权的难题所在。联合国12B条款抓住ADS所得的付款环节设计预提税，将这项额外的征税权赋予来源国，这一点与支柱一方案蓝图的“新征税权”既有相同之处，又有着重要区别。相同之处在于二者都向来源国（市场辖区或支付国）额外赋予了征税权，并且该征税权的分配不再以基于物理存在的联结度为前提。重要区别在于联合国12B条款仅聚焦于ADS未构成常设机构的情形，而支柱一方案蓝图为新征税权的适用设计了新联结度，当非居民企业对市场辖区经济构成显著且持续参与，即认为构成新联结度。在构成新联结度的情况下，市场辖区即有资格获得新征税权，而不再考虑是否传统国际税收规则下的基于物理存在联结度的常设机构。

联合国12B条款依托付款环节设计预提税，意在确保额外赋予的征税权一定可以“有税可征”，并且没有为付款金额设定阈值门槛，只要发生符合条件的境外付款就可以行使征税权，获得预提税收入。这同时也体现了联合国税务委员会寻求简化方法和程序的目标，为纳税人减轻纳税遵从负担、为税务主管当局减轻征管成本的意图。联合国12B条款仅仅针对ADS所得的付款征收预提税，税基是付款的总金额（Gross Amount），不进行任何的扣除和调整，征收率是经缔约国双方同意的3%或4%，没有任何争议，在向境外支付的环节实现税款征收后允许扣除预提税的剩余款项继续向境外支付。从中可以看出，联合国12B条款体现出《联合国税收协定范本》序言中提及的“与居民国的征税权相比，《联合国税收协定范本》支持保留多数税源国的征税权[①]”的意图，在发达国家与发展中国家的征税权竞争中维护了发展中国家的税收利益。

① UN model Double Taxation Convention between Developed and Developing Countries, 2017 Update, Para 3 of Introduction. 2017 - 12 - 10. https: //www. un. org/development/desa/financing/what - we - do/ECOSOC/tax - committee/thematic - areas/UN - model - convention.

二、向“支付国”分配征税权

联合国 12B 条款是将额外征税权赋予了纯粹的“来源国”（the State of Source）吗？联合国 12B 条款对这一点的规则表述是有区别的。例如，联合国 12B 条款最关键的规定是第 2 段有关赋予额外征税权的一句：“来源于缔约一国的自动化数字服务所得也可以在该缔约一国征税”，其英文表述为“income from automated digital services arising in a Contracting State…”。《联合国税收协定范本》的中文版本将“arising in”译为“来源于”，因此本书也将其译为“来源于”。但需要指出的是，“arising in”的确切中文含义应是“产生于”或“发生于”，“the source of”的确切中文含义才是“来源于”。《联合国税收协定范本》其他条款在描述“来源国”和“来源于”时明确使用了“the State of Source”和“the source of”，其中的区别需要特别注意，不能一概论之。另外，联合国 12B 条款注释的第 2 段特别指出，“在《联合国税收协定范本》2021 年更新版本中增加第 12B 条款的目的是保护 ADS 所得付款国家的征税权”。

那么何种情形下可以判定 ADS 所得来源于（arising in）某一国呢？联合国 12B 条款第 9 段规定了两种情形，一种情形是如果缔约一国税收居民向缔约另一国税收居民进行 ADS 付款；另一种情形是某自然人无论其是否为缔约一国税收居民，只要其有义务进行与缔约一国常设机构或固定基地有效关联的 ADS 付款，且该 ADS 付款由常设机构或固定基地承担。联合国 12B 条款这样规定不仅把法人主体纳入了联合国 12B 条款的适用范围，也把自然人主体纳入了适用范围。更重要的是，将判定“来源于”的关键条件设定为“付款”，只要发生付款，就可以判定 ADS 所得来源于某一国，而没有其他条件限制，包括不必考虑该国是不是 ADS 的用户所在国。因此笔者认为，确切而言，联合国 12B 条款将额外征税权赋予的应是 ADS 所得的“支付国”，而不一定是 ADS 所得的“来源国”（the State of Source）。

三、年度净利润法采用公式分配

联合国 12B 条款为纳税人提供可选择的替代性方案——年度净利润法，以帮助纳税人平衡预提税的税收负担。联合国 12B 条款为年度净利润法设计了“合格利润”和 30% 的利润分配比例，将非居民纳税人在另一国跨境远程运营自动化数字业务（ADS）取得利润的一部分（即 30%）确定为税基，另一国（来源国或支付国）以国内税法规定的适用税率进行征税。这与支柱一方案对金额 A 的确定有着相近相似之处。支柱一方案将跨国企业集团合并会计报表的利润总额中超过常规利润的部分认定为剩余利润；将剩余利润的 25% 确定为新征税权（金额 A），以营业收入为分配要素将金额 A 向各市场辖区进行分配，各市场辖区以各自国内税法规定的适用税率予以征税。

对利润进行公式化的分摊或分配来确定税基，是联合国 12B 条款对于传统国际税收规则按照转让定价独立交易原则进行利润分配的突破，这种设计利润分配规则的底层逻辑与支柱一方案以公式分配方法设计新征税权（金额 A）是极为相近的。只不过支柱一方案对新征税权（金额 A）的设计更大胆和更彻底一些，对新征税权（金额 A）的确定不仅突破了独立交易原则，而且突破了独立实体原则，而12B条款对“合格利润”的确定仍旧限于协定缔约国双边范围内就纳税人实体利润水平的划分，这样做的好处是在规则执行层面的可行性更高。以公式分配方法确定税基的年度净利润法更能体现联合国12B条款的所得税属性（直接税属性），而不是像数字服务税（DST）那样，可能被判定为间接税属性，更有利于联合国12B条款与《联合国税收协定范本》其他条款之间的协调与衔接，特别是与消除重复征税的相关条款的衔接。

第三节　联合国12B条款的天然局限性

一、仅能解决数字经济税收挑战的部分难题

联合国12B条款仅仅针对自动化数字服务（ADS），而没有针对数字经济税收挑战所涉及的所有业务活动。这样做的好处是，聚焦数字经济最典型的业务活动，“直奔主题”解决数字经济税收挑战的难题。这样做的不利方面是，联合国12B条款的解决方案不彻底，不能全面解决数字经济税收挑战难题，不能阻止相关国家和地区继续采取单边税收措施。OECD应对税基侵蚀和利润转移（BEPS）2015年最终成果报告指出，“数字经济日渐成为经济本身（即经济数字化），从税务角度几乎没有可能将数字经济从经济的其他范畴人为彻底圈离”，这意味着经济数字化税收挑战存在于经济的所有业务部门，仅仅针对自动化数字服务（ADS）提供解决方案，过窄的适用范围说明联合国12B条款意在尝试性地解决部分问题，而不愿去打破传统国际税收规则的基本概念和框架。

另外，联合国12B条款也仅部分地解决了数字经济商业模式下价值创造地征税权的分配问题。联合国12B条款对额外赋予征税权的设计基础，仍旧源于传统国际税收规则划分征税权的“二维法”，即基于经济忠诚原则的受益原则和能力原则在居民国与来源国之间分配征税权，在承认居民国无限征税权的同时赋予来源国优先征税权。如前所述，确切而言，联合国12B条款将额外征税权赋予了支付国，如果支付国恰巧是来源国，是最能体现联合国12B条款设计初衷的，那就是向来源国赋予额外的征税权。但是，在自动化数字业务的商业模式中，确实存在支付国不是来源国的可能性，甚至也不是自动化数字服务的用户所在国。例如，某些没有付款环节的免费自动化数字服务，用户参与确实创造了价值，所创造的价值可能在商业模式的其他环节得到价值实现，但因为没有付款环节，联合国12B条款则无法适用。再如，自动化数字服务的典型业务——在线广告服务，如图4-2所示，位于Y国的在线广告服务付款方向位于X国的在线广告服务提供方订制广告，在线广告服务通过跨境远程方式提供给位于Z国的用户，因此Z国是在线广告服务的用户所在国。但是依据联合国12B条款，由于在线广告服务的付款路线是由Y国到X国，Y国可以对付款征收预提税，而Z国不会被赋予这样的征税权。因此，联合国12B条款并没有为用户所在的Z国解决征税权分配的问题。

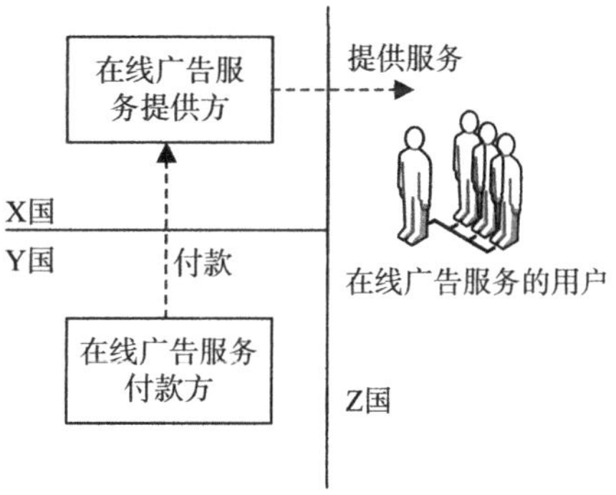

图 4-2 在线广告服务交易架构

资料来源：根据联合国相关文件整理。

二、固定比例预提税的合理性问题

数字经济商业模式下，跨国企业集团的市场覆盖是全球性的，由于各国各地区的经济总量不同、市场规模不同、数字化程度不同、消费者购买力和喜好不同等诸多原因，跨国企业集团在各来源国的利润水平也不尽相同。联合国 12B 条款针对自动化数字服务（ADS）所得的境外付款，也就是 ADS 业务营业总收入（毛收入）征收固定比例的预提税，税负计算的底层逻辑是视同各来源国取得了相同水平的利润率，这使得依据联合国 12B 条款征收预提税的合理性存疑。针对营业总收入（毛收入）按固定比例征收的预提税，不能体现出按照盈利程度分担税负份额对所得征税的基本原理。

仅就税基和税率而言，作为单边税收措施的数字服务税和联合国 12B 条款的预提税是相同的：税基相同，都以自动化数字服务（ADS）业务的营业总收入（毛收入）进行征税；税率相同，都以固定比例作为税率或征收率。不同的地方是，数字服务税被允许作为费用在公司所得税税前扣除（如法国）；联合国 12B 条款的预提税允许利用双边税收协定享受税收抵免，以避免重复征税，联合国 12B 条款下的预提税更具有直接税的属性。

三、存在税负转嫁的可能性

采用对业务经营活动总收入（毛收入）直接征税的方式，极易引发税负转嫁行为，这在单边税收措施的数字服务税上已有体现。亚马逊在 2020 年 8 月 5 日宣布，自 2020 年 9 月 1 日起，向英国卖家提高转送费（Referral Fees）、履单费（Fulfilment）、存储费（Storage）和多渠道履单费（Multichannel Fulfilment Fees）等多项收费价格，以反映英国征收税率为 2% 的数字服务税。这种向亚马逊在线商城（Online Market）的卖家转嫁成本的做法在 2019 年就已经开始了，亚马逊自 2019 年 10 月 1 日向法国卖家提高收费价格，以应对法国 3% 的数字服务税。此外，2020 年 9 月，苹果、谷歌相继发布价格调整通知，提高对英国、法国、意大利等国 App Store 开发者的收费价格，以相应地体现这些国家对苹果、谷歌征收 2% 或 3% 的数字服务税的成本。所谓价格调整，就是使用“还原算法”（Gross -

up）将附加给亚马逊、苹果、谷歌的数字服务税再反算、附加到价格之中，以向消费者加价的方法将税负转嫁给消费者，而自身并不承受税负，以保证自身利润不受影响，这对于已经牢牢占据市场主导地位的大型数字企业而言轻而易举，因为这些富可敌国的跨国企业集团具备不对称的市场议价能力，消费者或用户往往别无选择，只能认可加价。如此看来，数字服务税这样的单边税收措施最终伤害的是消费者的利益，并不能实现加征税收的初衷——让数字化跨国企业集团缴纳原本应该承担的税负份额。

那么，双边模式下的联合国12B条款同样面临着税负转嫁的可能，因为以征收率为计算逻辑的预提税更容易使用“还原算法”将税负再反算到价格之中，甚至在合同中约定由消费者或用户承担最终税负，实现税负转嫁。这样不但加重了消费者的税收负担，也扭曲了市场竞争的价格生成机制。

第四节　联合国12B条款的执行难题

一、双边模式解决方案的执行难度大

联合国12B条款是《联合国税收协定范本》2021年更新版本中增加的条款，是基于双边模式的解决方案，这在方案的执行上会大大增加难度。首先，《联合国税收协定范本》2021年修订后，各国是否愿意选用这样的条款来更新双边协定是一个重要问题，如果许多居民国不愿意选用联合国12B条款，那么来源国（支付国）也没有办法推动执行。因为这是需要双边共同意愿推动的事情，尽管对来源国有利，但没有居民国的同意，再好的解决方案也无法实现。其次，即使缔约国双方均同意选择联合国12B条款，但是双方修订协定具体条款的细节仍需要时间，而且最终需要双边立法机构的批准。最后，如果缔约国双方对联合国12B条款的谈判旷日持久，那么全球协定网络的更新将更是遥遥无期，这将极有可能刺激部分市场辖区继续推进或积极启动单边税收措施，会使围绕经济数字化税收挑战的国际税收竞争趋势更加激烈，加大经济数字化税收挑战的治理难度。因此，这也是OECD极力推动基于多边模式、具备强制约束力“双支柱”方案的根本原因，方案的可执行性是制定方案的重要原则。

联合国12B条款允许来源国按照3%或4%的征收率就自动化数字服务（ADS）所得的境外付款征收预提税，这种对总收入（毛收入）予以征税的方法忽略了业务活动的利润空间，有可能造成重复征税。联合国12B条款认为3%或4%的征税率已经比较中性和适当，但如果将其理解为有效税率（ETR），在所得税税率为20%的情形下，利润率也要达到20%①。这在自动化数字服务（ADS）业务保持高利润的情形下，来源国征收的预提税可以从居民国的减轻重复征税措施中获得抵免，但如果自动化数字服务（ADS）业务的利

① 笔者按：如果有效税率（ETR）为4%，在所得税税率为20%的情形下，利润率要达到20%（4% / 20%）。

润率不够大，则极有可能居民国没有足够空间可以为已经缴纳的预提税提供税收抵免，造成重复征税，这也为联合国 12B 条款的执行带来难度。

二、规则设计为税收筹划留下空间

联合国 12B 条款紧盯自动化数字服务（ADS）所得的跨境付款环节设计征税权的分配规则，跨国企业集团将可能利用这一点进行避税操作。跨国企业集团有可能重新搭建全球投资架构和跨境交易链条，以规避实施联合国 12B 条款，这在跨国企业集团全球供应链的交易设置中是不难实现的。

同时，年度净利润法允许纳税人采用受益所有人或所属集团的利润率，来计算确认"合格利润"，这也为跨国企业集团进行避税操作留有空间。第一，跨国企业集团最终控股母公司、受益所有人采用何种会计准则并不一致；第二，在符合会计准则要求的前提下，会计准则的应用有着巨大的自由度空间，企业可以按照实际经营需要，在不违反会计准则的前提下量身定制自己的会计政策。以上两点使得纳税人可以在受益所有人的利润率和集团的利润率之间进行选择，还可以对利润率的计算进行管理（如根据会计估计进行费用的计提），使利润率降低，从而有效规避纳税义务。

三、有可能加大遵从负担和征管成本

联合国 12B 条款将个人用途的自动化数字服务（ADS）付款也涵盖在征税范围之内，并且对境外付款的金额不设阈值门槛，只要有付款，即可适用 12B 条款行使征税权，这不仅会加重纳税人纳税遵从负担，也会加大税务主管当局的征管成本，尤其是对征管能力不足的发展中国家。不区分重要性程度的征管覆盖，将大大降低税务主管当局的征管效率，使其精力浪费在小金额的事务上，而不能够聚焦大公司、大金额的重点逃避税行为，得不偿失。

年度净利润法需要采用受益所有人或跨国企业集团的自动化数字服务（ADS）业务分部利润率，这就需要受益所有人或跨国企业集团按照自动化数字服务（ADS）的业务活动边界进行业务分部的核算管理，否则就不能给出自动化数字服务（ADS）业务分部的利润率。但是，自动化数字服务（ADS）业务分部的核算管理无疑将加大纳税人的纳税遵从负担。并且，由于执行不同的会计准则，同一会计准则下的会计政策自由选用程度不同，将给税务主管当局鉴别利润率的合理性带来重大挑战，加大税务主管当局的征管成本。年度净利润法在确定利润率时，以受益所有人利润率和所属跨国企业集团利润率二者中孰高为准，如果受益所有人和集团都盈利，这样的选择似乎可行，但如果受益所有人亏损，而恰好集团盈利，那么将造成纳税人即使亏损也要按照年度净利润法缴税的情形，这与所得税的税收中性原则相悖，加大了纳税人的纳税遵从负担。

第五章　支柱二：以单一税率终结逐底竞争

第一节　支柱二方案的逻辑框架

一、STTR 和 GloBE 共同组成支柱二

总体而言，支柱二包括两部分内容：应税规则（Subject To Tax Rule，STTR）和全球反税基侵蚀规则（Global Anti－Base Erosion，GloBE），如图 5－1 所示，STTR 和 GloBE 共同构成支柱二。STTR 是一项需要修订税收协定才可以实施的规则。在 STTR 下，如果跨国企业集团内部某些特定跨境关联支付的适用税率低于最低税率①（9%），STTR 允许来源国对该支付款项进行优先但有限的征税。STTR 是发展中国家在“双支柱”方案谈判中争取到的一项重要税收权利，STTR 适用的利息、特许权使用费和其他经明确定义的支付款项更多来源于发展中国家，作为来源国的发展中国家如果在接下来的双边税收协定修订中提出要纳入 STTR，《10 月 8 日声明》规定，对方辖区应予满足，这在支柱二的规则逻辑中给予了发展中国家一定的“优先”权利，并且 STTR 没有被《10 月 8 日声明》设定适用门槛。但是这种权利又是“有限”的，《10 月 8 日声明》规定 STTR 下的征税权限于最低税率（9%）与特定类型关联支付适用税率之间的差额。STTR 的规则效力在支柱二中优先于 GloBE，并且来源国依据 STTR 征收的税款可以作为 GloBE 有效税额的组成部分，来计算有效税率（ETR）和补足税（Top－up Tax）。

GloBE 包括两项规则，所得纳入规则（Income Inclusion Rule，IIR）和低税支付规则（Undertaxed Payment Rule，UTPR），如图 5－1 所示。GloBE 适用于根据 BEPS 第 13 项行动计划（国别报告）确定达到全球年营业收入 7.5 亿欧元门槛的跨国企业集团，但是各国（或地区）对总部位于本辖区的跨国企业集团可以自行确定适用门槛，不受 7.5 亿欧元的限制。《支柱二 GloBE 立法模板》进一步明确全球反税基侵蚀规则（GloBE）适用于全球年营业收入不低于 7.5 亿欧元的跨国企业集团，不低于 7.5 亿欧元是指最终控股母公司合并会计报表年收入在受测财年之前的四个财年中至少有两个财年为 7.5 亿欧元或以上；作

① 笔者按：2021 年 10 月 8 日 OECD 发布的《关于应对经济数字化税收挑战“双支柱”方案的声明》将应税规则（STTR）的最低税率确定为 9%。

为最终控股母公司的投资基金或房地产投资工具、养老基金、政府机构、国际组织和非营利组织被排除在 GloBE 的适用范围之外（此类实体被称为排除实体）。与 STTR 不同，GloBE 需要各国（或地区）修订国内税法予以实施，因此全球需要足够数量的辖区完成国内税法的修订，GloBE 才可以开始实质意义上的实施，才可以达到全球最低税的实施效果，这是一项艰巨的任务，这也是为何 OECD 抢先发布《支柱二 GloBE 立法模板》的重要原因之一，为各国（或地区）的国内立法争取时间。尽管《10 月 8 日声明》将 GloBE 定位为“共同方法”，并不强制各国（或地区）在其国内税法中引入该规则，但是一旦选择实施，就需要采取与支柱二方案相一致的方式实施和管理相关规则，包括选用《支柱二 GloBE 立法模板》及后续发布的相关指引。

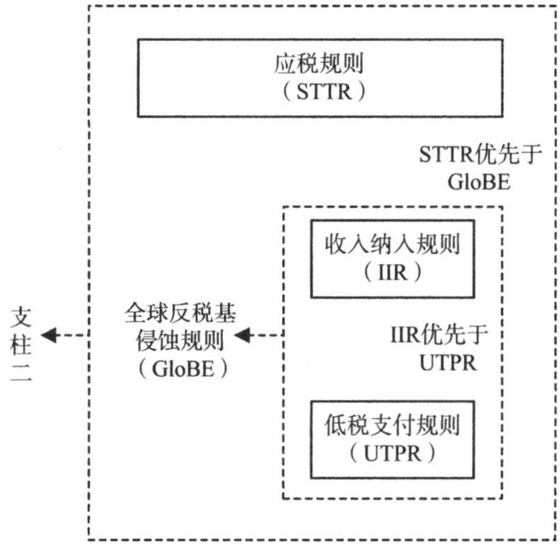

图 5－1　支柱二全球最低税规则逻辑

资料来源：根据 OECD 相关文件整理。

二、IIR 是支柱二方案全球最低税的核心

IIR 是支柱二的核心，是全球最低税的灵魂，是此次国际税收体系改革各国利益博弈的焦点。IIR 是 GloBE 的“主规则”，UTPR 是“辅规则”，UTPR 起到对 IIR 的补充和辅助作用。IIR 与 UTPR 两者相辅相成，旨在确保跨国企业集团在其开展经营业务的所有辖区的有效税率不低于全球最低税（15%），由此看，IIR 与 UTPR 也可并称为“全球最低税规则”（Global Minimum Tax Rule，GMTR）。IIR 采用“由上而下”的方法确定缴税主体，即通常情形下由跨国企业集团的最终控股母公司将计算确定的补足税向其所在辖区纳税。补足税是跨国企业集团经营业务所在辖区的有效税率低于全球最低税税率（15%）情形下计算确定的，也就是说，跨国企业集团在低税辖区出现的低税情形，将由集团最终控股母公司在最终控股母公司所在辖区缴税，如果最终控股母公司所在辖区选择不适用 GloBE，则根据 IIR 由上而下的方法选择次级控股公司向其所在辖区缴税。依此逻辑，跨国企业集团内某一收入来源国的有效税率低于全球最低税税率时，将由跨国企业集团的最终控股母公司或次级控股公司将补足税缴纳给所在辖区，而这里的“所在辖区”往往是跨国企业集团

的居民国。GloBE 规则下，跨国企业集团丧失在收入来源国追求低于全球最低税的低税待遇的动机，而收入来源国为吸引外部投资而提供的低于全球最低税的税收优惠也丧失吸引力优势，这是全球最低税规则竞争性的实质性体现。

UTPR 是指当跨国企业集团最终控股母公司（或次级控股公司）不适用 IIR 时，集团内次一级控股公司（实体）通过限制扣除或等额调整的方法进行补征税款，直至达到全球最低税（15%）水平。一旦启用，UTPR 将对包括最终控股母公司所在辖区实体在内的低税实体的应缴补足税进行分配。《支柱二 GloBE 立法模板》放弃了之前建议的“两步分配法”，改为“要素分配法”，采用 BEPS 第 13 项行动计划（国别报告）中已有的“员工人数”和“有形资产账面净值”作为分配补足税的要素，两要素在分配过程中各占 50% 的权重。要素分配法一方面进一步简化了支柱二的技术复杂性，另一方面，由于未采用“营业收入”这一指标作为分配要素，客观上阻挡了在跨国企业集团内利用转让定价调节营业收入进行税收筹划的企图，并且利用已有国别报告中的数据，也降低了纳税人的税收遵从成本。

三、补足税金额的计算和纳税责任的确认逻辑

全球最低税规则下对于补足税的计算可以分为四个步骤。第一步，确定跨国企业集团、成员实体及其所在辖区。在跨国企业集团满足 7.5 亿欧元全球年营业收入阈值门的情形下，需要确定该集团最终控股母公司、其他成员实体，包括常设机构及其所在辖区。这里，成员实体所在辖区（所在地）的判定标准由各国（或地区）的国内税法规定。另外，排除实体虽不适用 GloBE 规则，但排除实体的所得仍需计入所属集团的全球年营业收入，并且排除实体所持有的其他成员实体仍可适用 GloBE 规则。第二步，确定各成员实体的 GloBE 所得（或亏损）。以可接受财务会计准则下的净所得（或亏损）为计算起点，进行《支柱二 GloBE 立法模板》规定范围内的、有限的会税差异调整。第三步，确定有效税额，确定归属于各成员实体的经调整的有效税额。以可接受财务会计准则下各成员实体的当期所得税费用为计算起点，进行《支柱二 GloBE 立法模板》规定范围内的调整，包括进行暂时性差异和以前年度亏损的调整。第四步，按辖区计算有效税率和补足税（按照公式 5-1、公式 5-2 计算确认），按照 IIR 和 UTPR 适用顺序确定相关成员实体的应缴补足税税额。

$$\text{有效税率(辖区)} = \frac{\text{辖区有效税额合计}}{\text{辖区 GloBE 净所得合计}} \times 100\% \qquad \text{(公式 5-1)}$$

$$\text{补足税(辖区)} = (15\% - \text{有效税率}) \times (\text{辖区 GloBE 净所得合计} - \text{基于实质的所得排除}) \qquad \text{(公式 5-2)}$$

举例说明支柱二全球最低税的计算逻辑[①]，如图 5-2 所示，某一跨国企业集团（M 集团）的最终控股母公司为 A 公司，是 A 国居民纳税人，A 公司以下各关联公司的投资与持股关系如图所示，持股比例均为 100%。M 集团在 D 国的三家关联公司的所得（GloBE 净所得）均为 1000，其中 D1 公司、D2 公司和 D3 公司的适用税率分别为 5%、10% 和 15%，三家公司的有效税额分别为 50（1000 × 5%）、100（1000 × 10%）和 150

① 笔者按：为重点解释全球最低税计算逻辑，补足税计算公式和案例仅对所得纳入规则（IIR）和低税支付规则（UTPR）的关键内容进行说明，忽略附加当期补足税、境内补足税等内容。

（1000×15%），总共为 300（50 + 100 + 150）。因此 M 集团在 D 国的有效税率为 10%（300÷3000），低于全球最低税税率（15%），有效税率与全球最低税税率之间的税率差为 5%（15% - 10%）。补足税的计算，按照《支柱二 GloBE 立法模板》的规定，以 M 集团在 D 国所有成员实体的 GloBE 净所得合计数，和 M 集团在 D 国的有效税率与全球最低税税率之间的税率差，相乘而得出；本案例的补足税税额为 150（3000×5%）。

根据 D1 公司、D2 公司和 D3 公司的 GloBE 净所得将补足税 150 在三家公司之间进行分配，由于三家公司的 GloBE 净所得均为 1000，每家公司分配的补足税均为 50。若 A 国决定适用 GloBE，作为 M 集团最终控股母公司的 A 公司，需要将补足税 150 向 A 国缴纳。缴税后，M 集团在 D 国的有效税率达到全球最低税水平 15%［（150 + 300）÷3000］，M 集团从 D 国获得的所得为 3000，M 集团为此总共缴税 450，其中向 D 国缴税 300，向 A 国缴税 150。若 A 国决定不在其国内税法中引入 GloBE，那么根据由上而下的方法，假设 B 国和 C 国都决定适用 GloBE 的情形下，需要由 A 公司的次级控股公司（本案例中的 B 公司和 C 公司）完成补足税的缴纳义务。M 集团的 B 公司和 C 公司需要分别向 B 国和 C 国缴纳补足税，补足税税额都是 50（1000×5%）。此时，D1 公司、D2 公司、D3 公司、B 公司和 C 公司已缴的税额分别为 50、100、150、50 和 50，总共 400，按照全球最低税税率（15%）的要求应该达到 450（3000×15%），还需要再缴纳 50。对于这最后的 50，在 A 国不适用 GloBE 的情形下，M 集团就需要启用 UTPR 来完成补足税的缴纳。依据《支柱二 GloBE 立法模板》规定的要素分配法，按照 B 公司和 C 公司的员工人数、有形资产账面净值在所有需要分配这最后 50 补足税的辖区（本案例为 B 国和 C 国）之间进行分配，B 公司和 C 公司按照经公式分配的结果分别向 B 国和 C 国缴税，金额合计为 50。至此，在 IIR 和 UTPR 的联合作用下，M 集团在 D 国的有效税率水平达到全球最低税水平。

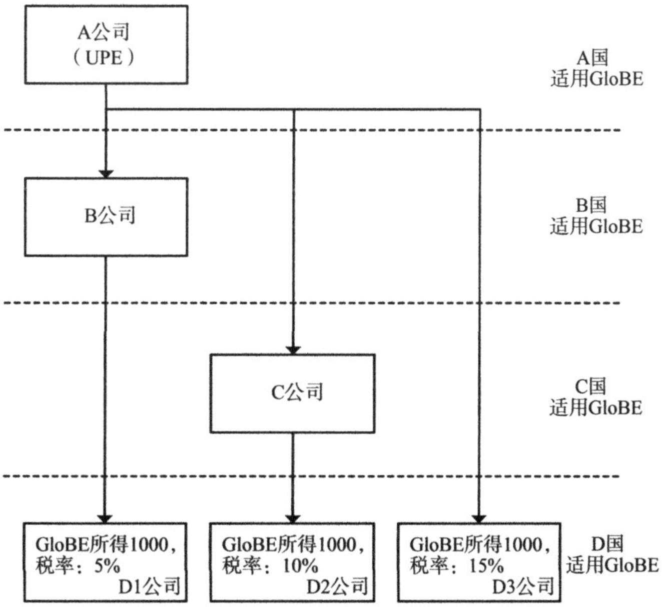

图 5 - 2　全球最低税计算逻辑举例

资料来源：根据 OECD 相关文件整理。

四、GloBE 与 CFC 的比较

受控外国公司规则（Controlled Foreign Corporation Rule[①]），又称为 CFC 规则，该项规则用于反避税措施，旨在打击居民公司将其所得转移至由其控制的、通常位于低税或无税辖区的居民公司。根据 CFC 规则，受控外国公司的所得，或者被视为其股东直接实现的所得，或者被视为分配给其股东的股息，但多数情况下该规则只适用于法人公司股东[②]。拥有受控外国公司控制权的居民纳税人可以将税基转移至受控外国公司，而受控外国公司所在的辖区往往又是无税或低税辖区，这样就可以实现利润转移或长期递延纳税。CFC 规则由美国于 1962 年首次引入其税收法典，以保护美国作为资本输出国、同时又是税收居民国的国家税收利益，保护美国的税基。因此，这项规则受到资本输出国的重视，OECD 作为“富国俱乐部”，其成员国大多在其国内税法中引入 CFC 规则，德国、荷兰、西班牙等国的 CFC 规则覆盖被动所得（Passive Income），如股息等；丹麦、法国、爱尔兰、卢森堡、意大利、英国等国的 CFC 规则不仅覆盖被动所得，而且覆盖积极所得（Active Income），瑞士是唯一没有引入 CFC 规则的国家[③]。G20 国家都已在本国国内税法中引入 CFC 规则。

“制定有效的受控外国公司规则”（Designing Effective Controlled Foreign Company Rules）是 2013 年税基侵蚀和利润转移（BEPS）15 项行动计划的第 3 项，该项行动计划在 2015 年发布的最终成果报告提出改进 CFC 规则的建议，并且认为这些建议并非最低标准，而是可以确保实施最终成果报告建议的税收辖区能够有效防止纳税人将所得转移到无税或低税辖区的外国子公司，通过各税收辖区间的协调合作来解除对各国竞争力的担忧，并且创造公平竞争的环境[④]。第 3 项行动计划的最终成果报告指出，CFC 规则一般适用于由位于母税收辖区[⑤]的股东所控制的外国子公司，当股东对外国子公司有足够的影响力、达到可以控制的情形时，则可以适用 CFC 规则。第 3 项行动计划最终成果报告建议 CFC 规则应仅在受控外国公司实际税负显著低于母税收辖区的适用税率时适用，并且强调防止和消除双重征税的重要性，为此，第 3 项行动计划最终成果报告建议，实施 CFC 规则的税收辖区应允许实际缴纳的外国税收进行抵免，包括 CFC 规则下中间层母公司缴纳的税款。第 3 项行动计划最终成果报告还建议，如果纳税人已经依据 CFC 规则就受控外国公司的所得缴纳税款，那么在股息分配或者处置受控外国公司股份而获得资本利得时，实施 CFC 规则的税收辖区应考虑允许已经缴纳的税款进行抵扣以避免双重征税。

于 2008 年 1 月 1 日开始实施的《中华人民共和国企业所得税法》首次引入 CFC 规则，

---

① 笔者按：美国税收法典将受控外国公司称为“Controlled Foreign Corporation”，英国税法将其称为“Controlled Foreign Company”，加拿大税法将其称为“Controlled Foreign Affiliate”。

② 荷兰国际财税文献局（IBFD）. 国际税收词汇（第 7 版）［M］. 北京：中国税务出版社，2016：100.

③ https：//taxfoundation. org/controlled - foreign - corporation - rules - cfc - rules - in - europe - 2020/.

④ 经济合作与发展组织（OECD）. 制定有效受控外国公司规则（OECD/G20 税基侵蚀和利润转移（BEPS）项目 2015 年成果最终报告之三）［M］. 中国税务出版社，2015：9.

⑤ 笔者按：这是 BEPS 项目行动计划最终成果报告中的提法，所谓“母税收辖区”（parent jurisdiction），即母公司所在税收辖区。

在其第四十五条特别规定："由居民企业，或者由居民企业和中国居民控制的设立在实际税负明显低于本法第四条第一款规定税率水平的国家（地区）的企业，并非由于合理的经营需要而对利润不作分配或者减少分配的，上述利润中应归属于该居民企业的部分，应当计入该居民企业的当期收入。"这里所称的"中国居民"是指按照《中华人民共和国企业所得税法》的有关规定，就其从中国境内、境外取得所得在中国缴纳个人所得税的个人。这项作为我国企业所得税法首次引入的新规则，《中华人民共和国企业所得税法实施条例》对"受控外国公司"的定义和范围、"实际税负明显低于"的具体判定标准等进行了原则性的规定。《中华人民共和国企业所得税法实施条例》的第一百一十七条规定："企业所得税法第四十五条所称控制，包括：（一）居民企业或者中国居民直接或者间接单一持有外国企业10%以上有表决权股份，且由其共同持有该外国企业50%以上股份；（二）居民企业，或者居民企业和中国居民持股比例没有达到第（一）项规定的标准，但在股份、资金、经营、购销等方面对该外国企业构成实质控制。"第一百一十八条给出了"实际税负明显低于"的具体判定标准："企业所得税法第四十五条所称实际税负明显低于企业所得税法第四条第一款规定税率水平，是指低于企业所得税法第四条第一款规定税率的50%。"也就是说构成上述控制关系的外国（地区）企业的实际税负，低于我国企业所得税法规定税率的50%，即12.5%。

GloBE规则与CFC规则有很多地方是相似或相同的，但同时也存在非常明显和重要的区别。首先，在规则的政策目标方面，两项规则虽有不同，但会共存。CFC规则着重防止作为居民纳税人的母公司向无税或低税辖区的子公司转移利润，规避纳税义务或长期递延纳税，目的在于保护资本输出国的税基、维护税收利益。GloBE规则聚焦有效打击税基侵蚀和利润转移行为，通过实施全球最低税来遏制日益严峻的税率逐底竞争，为全球划定公司所得税的税率竞争底线。依据GloBE规则，跨国企业集团的母公司（最终控股母公司或中间母公司）则需要向所在辖区缴纳低税辖区补足税，也就是说跨国企业集团母公司（最终控股母公司或中间母公司）的所在辖区被GloBE规则赋予优先征收低税辖区补足税的征税权。GloBE规则将是一个区别于传统国际税收规则和各国国内税法的一项新规则，是一项需要多边合作、多边协调、多边治理的具有全球统一标准的新规则。但是，GloBE规则并不影响CFC规则的存在，GloBE规则的实施不会影响各税收辖区实施自己的CFC规则，两项规则可以实现共存。

其次，在征税基础方面，计算逻辑存在差异。GloBE规则和CFC规则均要求由母公司所在辖区实施征税权，两项规则具有相似性，但在计算逻辑方面存在重要差异。比如GloBE规则适用于根据BEPS第13项行动计划（国别报告）确定达到全球年营业收入7.5亿欧元门槛的跨国企业集团，但是各国（或地区）对总部位于本辖区的跨国企业集团可以自行确定适用门槛，不受7.5亿欧元的限制。而CFC规则一般对跨国企业集团设定适用门槛，而且CFC规则适用于跨国企业集团内股东控制的独立实体，多数情形下独立实体为公司法人形式。又如，GloBE规则要求跨国企业集团的每一个成员实体都要确定其GloBE所得（或亏损），这项要求是GloBE规则为纳税人增加的遵从成本。确定成员实体GloBE所得（或亏损）的起点是确定成员实体财务会计净所得（或亏损）（Financial Accounting Net Income or Loss），这里的财务会计净所得（或亏损）可以从成员实体的财务会计报表中找到。需要注意的是，用来确定成员实体财务会计净所得（或亏损）的财务会计报表，是用来并入最终控股母公司编制的集团合并财务报表的，并且是在跨国企业集团成员实体之间抵销内部交易之前的报表。换言之，成员实体的财务会计净所得（或亏损）为最终控股母公司编制集团合并财务报表时成员实体所确定的净所得（或亏损），并且这个净所得（或亏损）是对集团内部交易进行任何调整抵销之前的。与 GloBE 规则不同，CFC 规则下有两种方法（实体法和交易法）来计算 CFC 所得，两种方法均主要适用于纳税人的消极所得，这样看，GloBE 规则覆盖所得的范围要大于 CFC 规则。实体法比较简单易行，而交易法的计算结果更接近纳税人实际情况，但交易法的纳税遵从成本较高。

最后，在适用税率方面，两项规则存在明显差异。GloBE 规则通过 IIR 和 UTPR，将跨国企业集团在其有经营活动的各税收辖区的有效税率补征税款至全球最低税（15%）水平，这里不仅要求跨国企业集团整体的有效税率不低于全球最低税税率水平（15%），也要求跨国企业集团在其有经营活动的任一税收辖区的有效税率不低于全球最低税税率水平（15%），因为 GloBE 规则要求计算跨国企业集团在其有经营活动的任一税收辖区的有效税率，也就是要求任一税收辖区的有效税率不低于全球最低税税率水平（15%）。而 CFC 规则一般情形下要求依据股东（母公司）所在辖区的国内税法计算需要补缴的税款金额，适用的是股东（母公司）所在辖区的税率，按照计算确认的应缴税额与受控外国公司在外国已缴税额之间的差，补缴相应税额；当然，这个过程中要考虑税收抵免的问题。

第二节 GloBE 借鉴美国的 GILTI

一、GloBE 将与 GILTI 并存

由于 GloBE 按辖区适用全球最低税，与美国“全球无形低税所得规则”（Global Intangible Low Tax Income，GILTI）将要进行的改革方向是一致的，因此包容性框架在其 2021 年 10 月 8 日的《10 月 8 日声明》中同意支柱二 GloBE 规则将与美国 GILTI 规则并存，并考虑二者并存的条件，以确保公平的税收竞争环境。但是，《支柱二 GloBE 立法模板》尚未对“并存条件”进一步给出任何具体的指引，其中应有两个原因。一是 GloBE 规则和 GILTI 规则本身就非常复杂且具有技术难度，尽管二者有相似、相近之处，但二者在政策目标、规则逻辑、实施效果等方面具有明显的差异，设计共存条件以保持公平一致的税收竞争环境具有很大的难度。二是 GloBE 规则和 GILTI 规则各自都未最终定型：支柱二在立法模板的详细注释、STTR 的协定范本条款、安全港细则、针对征管合规等方面的实施框架，都未最终制定完成；GILTI 规则自 2018 年开始实施，但是目前美国新一届政府正在着手对 GILTI 规则进行修订，由于美国立法程序的复杂性和不确定性，GILTI 规则究竟“路在何方”目前仍是未知数。在这样的情形下 OECD 尚无法给出明确的二者共存的条件。

二、GILTI 意在保护美国竞争优势

GILTI 规则是 2017 年特朗普税改设立的新规则（以下简称“特朗普税改”），该规则

成为美国税收法典的第951A节（Section 951A）。该规则规定任何在美国境外注册设立关联公司的美国跨国企业集团都需要计算确认“境外无形低税所得”（GILTI），并按照规则确定的适用税率计算纳税。GILTI规则的征税逻辑是，对美国跨国企业集团在境外注册设立的关联公司取得的“净测试所得（Net Tested Income）”，超过该集团投入到境外关联公司的“合规营业资产投资额（Qualified Business Asset Investment，QBAI）”的常规回报（10%）的余额，进行征税。合规营业资产投资额（QBAI）是美国跨国企业集团向境外关联公司投出的有形资产的金额，包括机器设备、办公楼、厂房等。GILTI规则将合规营业资产投资额（QBAI）的常规回报率设定为10%，其可以理解为美国跨国企业集团向境外关联公司投出的有形资产在常规经营情形下应该获取的基本回报，GILTI规则将净测试所得超过这个基本回报的部分视为来源于无形资产的回报，也称为“GILTI所得”，如图5－3所示，GILTI规则对来源于无形资产的回报予以征税。

GILTI Tax Payment（GILTI应缴税额）＝（测试净所得 －QBAI×10%）× Deduction 50%（优惠扣除50%）× 21%（适用税率21%）－ Deemed Paid Foreign Tax Credit（已缴境外所得税核定抵免）

（其中“测试净所得 －QBAI×10%”部分为：GILTI所得）

图5－3　美国GILTI规则应交税率的计算逻辑

资料来源：根据美国GILTI规则相关文件整理。

特朗普税改允许GILTI所得扣除50%之后再适用美国联邦标准税率21%，这样看，在不考虑税收抵免情形下GILTI规则的有效税率是10.5%（50%×21%）。特朗普税改允许计算GILTI应缴税额时进行境外所得税抵免，但有限制，最高可以抵免已缴境外所得税的80%，并且没有获得抵免待遇的剩余20%已缴境外所得税不能够再向后递延或向前追溯抵免。这样测算下来，考虑税收抵免情形下GILTI规则的整体有效税率为13.125%（10.5%/80%），换言之，如果美国跨国企业集团境外关联公司的有效税率低于13.125%，该集团的美国最终控股母公司就要为此缴税，从这个意义而言，GILTI规则可以被视为美国的全球最低税。特朗普税改规定，自2026年以后GILTI规则下的优惠扣除将从50%减为37.5%，由此GILTI规则的有效税率将从13.125%提升到16.406%（21%×62.5%/80%）。

GILTI规则的政策意图是，通过对美国跨国企业集团征收最低税的方式，阻止美国跨国企业集团利用无形资产向境外的低税辖区转移利润，同时GILTI规则与另外的“境外无形所得规则”（FDII）、“反税基侵蚀和滥用规则”（BEAT）共同发挥作用，鼓励美国跨国企业集团将研发活动（R&D）和知识产权（IP）留在美国，鼓励美国跨国企业集团将更多投资和就业回流美国，保护美国的竞争优势。GILTI规则的实施效果是显著的，美国经济分析局（BEA）发布的分析报告[①]显示，2015—2017年美国跨国企业集团通过股息等方式汇回美国的资金平均基本保持在1650亿美元水平，但是2018年这个指标提高到8510亿美元，尽管2019年和2020年有所回落，也仍然超过4000亿美元。美国经济学家Kim-

① Bureau of Economic Analysis，US，International Transactions，International Services，and International Investment Position（IIP）Tables. 2021－07－20. https：//apps. bea. gov/iTable/index_ita. cfm.

berly Clausing[①] 的研究发现特朗普税改的低税率（21%）、GILTI 规则以及 BEAT 规则的共同作用，有效降低了美国跨国企业集团向外转移利润的动机，她的研究估计美国跨国企业集团向低税辖区的利润转移减少了 12%—16%。爱尔兰是美国跨国企业集团向境外转移知识产权（IP）的重要目的地，根据爱尔兰财政部 2021 年 6 月份的一份报告[②]，美国特朗普税改、OECD 转让定价指南更新和爱尔兰税法修订等诸多原因，使得越来越多的美国跨国企业集团改变了其知识产权（IP）所在地和许可协议框架，知识产权改为从美国（之前是低税辖区，如百慕大、开曼）向其他辖区进行授权许可，因此特许权使用费从其他辖区汇往美国，而之前是特许权使用费从美国汇往低税辖区；2020 年从爱尔兰汇出的特许权使用费有约 60% 是去往美国的，爱尔兰财政部预计这一比例在未来几年还要增加。

三、GILTI 给 GloBE 带来执行难题

尽管 GILTI 规则的实施取得成效，但是也诟病不断，新一届的民主党美国政府（拜登政府）有意对包括 GILTI 规则在内的美国国际税收规则进行较大程度的修订。拜登政府完全放弃之前特朗普政府奉行的“涓滴经济学”（Trickle Down Economics），转而主张向大公司和美国富人加税来增加财政收入，增加向社会底层和中产阶级的投入以发展经济，解决日益严重的美国贫富两极分化的社会问题，因此，“加税增收”是拜登政府进行新一轮税制改革（以下简称“拜登税改”）的方向和主题。在这一背景下，拜登政府认为现行 GILTI 规则未实现有效阻止美国跨国企业集团将投资和就业外迁海外的目标，GILTI 规则的现有措施，如将合规营业资产投资额（QBAI）的 10% 作为有形资产常规回报而允许扣除，允许 GILTI 所得扣除 50%、按照全球汇总方法确定 GILTI 应缴税额，仍在鼓励美国跨国企业集团将投资和就业外迁海外。

依据目前已公开的资料，预计拜登税改将对 GILTI 规则作如下修订：第一，取消合规营业资产投资额（QBAI）的 10% 作为有形资产常规回报的扣除，也有方案提出将回报率由 10% 降为 5%，这样一方面可以更好地与 GloBE 规则的公式化经济实质排除进行政策协调，另一方面也可以更好地阻止美国跨国企业集团向境外转移投资和就业的动机。第二，GILTI 规则的扣除从 50% 降为 25%，这样，如果拜登税改将公司税率由现在的 21% 改为 28%，则 GILTI 规则的有效税率将为 21%（28% ×75%），这是为何美国曾一度建议将支柱二全球最低税设定在 21% 的原因。目前，支柱二全球最低税税率已确定为 15%，拜登税改将考虑以此对 GILTI 规则的扣除比例做相应调整，以与 15% 的最低税税率看齐。第三，取消计算 GILTI 应纳税额的“全球原则”，改为“国别原则”（Jurisdiction - by - Jurisdiction Rule），以与 GloBE 规则按照辖区适用 IIR 保持一致。第四，取消 F 分部规则（Subpart - F Rule）下的高税免除规则，以及取消 GILTI 规则下的交叉引用规则。第五，取消

---

① 笔者按：Kimberly Clausing 曾是加州大学洛杉矶分校法学院和里德学院（Reed College）的法学教授，现为美国拜登政府财政部负责税收分析的部长副助理。

② Government of Ireland. The changing nature of outbound royalties from Ireland and their impact on the taxation of the profits of US multinationals - May 2021. 2021 - 12 - 20. https：//www. gov. ie/en/publication/fbe28 - the - changing - nature - of - outbound - royalties - from - ireland - and - their - impact - on - the - taxation - of - the - profits - of - us - multinationals - may - 2021/.

GILTI 规则下对外国石油所得（Foreign Fossil Fuel Income）的免除待遇。

GILTI 规则给支柱二带来诸多执行难题。第一，孰先孰后的规则优先级别问题。美国应该会坚持优先适用 GILTI 规则，之后再适用美国的受控外国公司规则（CFC Rule），如果要求纳税人再适用支柱二 GloBE 规则，无疑会给纳税人造成巨大的纳税遵从负担。解决的办法似乎只有让美国跨国企业集团纳税人在 GILTI 规则和 GloBE 规则之间选择进行“二选一”，这就要允许 GILTI 规则凌驾于 GloBE 规则之上，那么 GILTI 规则是支柱二的“上位法”还是“超规则”？这个孰先孰后的问题需要解决。第二，规则稳定性问题。基于美国自身的问题，GILTI 规则何时修订、如何修订无法预期，因此 OECD 尚无法在《支柱二 GloBE 立法模板》中就 GILTI 规则与 GloBE 规则的“并存条件”给出具体指引，这意味着 GloBE 规则受制于 GILTI 规则，受制于美国将对 GILTI 做如何的修订。第三，规则复杂性问题。美国 GILTI 规则与另外的 FDII 规则和 BEAT 规则，共同构成 2017 年特朗普税改的国际税收规则部分，加之美国税收法典极其繁巨复杂，并且会随着政府更迭而频繁更新改动，更放大规则的复杂性。目前支柱二的难题也在于其过度的复杂性，二者耦合，支柱二 GloBE 规则将遭遇执行难题。

第三节　全球最低税的规则竞争性

一、来源国制定税收优惠的税收主权空间受挤压

美国对待“双支柱”方案的谈判态度发生过重大转变。特朗普政府由于奉行涓滴经济学的减税政策，在“美国优先”的执政理念下，对双支柱谈判采取强硬立场，曾因 OECD 未同意美国提出的对支柱一的“安全港”建议而一度要退出谈判。拜登政府主张“加税增收”，同时考虑到大幅加税对美国税制竞争力的负面影响，拜登政府意识到支柱二的重要价值，为此改变了对“双支柱”方案的谈判立场：同意支柱一将“大且富”公司一部分利润的征税权分配给市场辖区，但坚持全面废除数字服务税（DST）；将支柱二改造为美国乐见的全球最低税规则（曾提出最低税率为 21%），以此为美国提高国内税率筑起一道保护屏障，在美国国内加税增收的情形下，最大限度地对冲对美国税制竞争力的负面影响，不仅留住而且吸引投资和就业在美国。为此，美国对支柱二的推动异常积极，由于爱尔兰等国的极力反对，美国有所妥协，支柱二全球最低税税率定格在 15%。

美国推动支柱二全球最低税的公开理由是，在全球范围内结束税率逐底竞争，这个说法也有一定的道理，但绝不是美国想法的全部。避税天堂和低税辖区的存在确实导致全球税率逐底的有害税收竞争，扭曲全球资源的有效配置，是全球税收竞争环境不公平的重要原因。但是，以全球一致的税率标尺和规则机制来“一刀切”地规制所有辖区的有效税率，这样的全球最低税的政策目标，不仅仅是要迫使避税天堂放弃不合理的过度低税政策，客观上也存在对有关国家制定税收优惠政策税收主权空间的挤压，特别是无论 GloBE 规则还是 GILTI 规则都将按照单独辖区确定有效税率以适用全球最低税，这进一步放大了

对税收主权的挤压效应，使得跨国企业集团可以直接比较各单独辖区的有效税率。这种挤压效应对于收入来源国的影响更需要引起警觉和重视，更多处于发展中国家地位的收入来源国往往依靠提供税收优惠来吸引外部投资，当全球最低税将有效税率定格在15%，收入来源国的税收主权不得不做出让步，不得不重新考虑对税收优惠政策予以调整。支柱二全球最低税削弱了处于发展中国家地位的收入来源国以税收优惠为核心内容的税制竞争力。

二、来源国的税收利益空间受挤压

IIR采用由上而下的方法确定缴纳补足税的实体并以此确定征收补足税的辖区，即由缴纳补足税实体的所在辖区收取税款。由上而下的方法首先要选择跨国企业集团的最终控股母公司（UPE），尽管《10月8日声明》和《支柱二GloBE立法模板》都允许最终控股母公司所在辖区可以不选择适用IIR，但最终控股母公司（UPE）所在辖区政府应该没有任何理由拒绝或放弃IIR，没有任何理由拒绝或放弃获得国家税收利益的权利。那么，在最终控股母公司（UPE）所在辖区大概率会选择适用IIR的情形下，由于收入来源国提供税收优惠而导致有效税率低于全球最低税税率，所形成的补足税将由最终控股母公司（UPE）支付给UPE所在辖区。换言之，原本是收入来源国为吸引外部投资而让渡的税收利益、提供的税收优惠，最终由跨国企业集团最终控股母公司的所在辖区获得，跨国企业集团的纳税水平没有低于最低税，而结果是收入来源国掏出自己腰包的税收利益而补贴了UPE所在辖区，UPE所在辖区更多情况下是居民国，是资本和技术的输出国。由上而下方法的政策影响是，即使穷国（收入来源国）愿意补贴富国（居民国），由于跨国企业集团在全球范围内得不到低于最低税的优惠待遇，而不再会因此将投资和就业转移到穷国（收入来源国），收入来源国参与全球竞争工具箱中的低税优惠工具就此“丢失能量”，收入来源国必须考虑其他的竞争工具来吸引外部投资。《支柱二GloBE立法模板》在其摘要中明确写道：“当某一辖区的有效税率低于最低税率时，对在该辖区内产生的利润征收补足税。”而征收、获得补足税的不是产生利润的辖区，按照由上而下的方法，往往是最终控股母公司所在辖区或次级控股公司所在辖区，这些辖区获得对产生自其他辖区的利润征收补足税的权利。这就造成在GloBE规则下，哪个辖区拥有更多的大型跨国企业集团及其最终控股母公司，哪个辖区就具有更多征收补足税的权利。支柱二全球最低税对征税权的划分，再一次偏向了居民国。

三、税收优惠的技术处理空间受挤压

支柱二的GloBE规则为全球最低税建立了全球统一税基，跨国企业集团需要据此计算确认GloBE所得、有效税额、有效税率和补足税，这一系统性的做法使得有关国家对税收优惠的技术处理空间受到挤压。《支柱二GloBE立法模板》给出了支柱二全球最低税全球统一税基的各项具体指引，使得各国（或地区）之间的税制差异，特别是税收优惠的差异变得透明和可比。《10月8日声明》规定按照财务会计利润确定税基，这是GloBE所得的计算起点，允许符合支柱二政策目标且具共识的有限调整，并可以对某些时间性差异进行调整。《支柱二GloBE立法模板》规定，跨国企业集团内每个成员实体的GloBE所得（或亏损）以最终控股母公司编制合并会计报表时成员实体所确定的净所得（或亏损）为基础，这里的净所得（或亏损）是指对集团内部交易进行任何调整抵销之前，各成员实体需要采用最终控股母公司编制合并会计报表时使用的会计准则，《支柱二 GloBE 立法模板》将包括我国企业会计准则在内的 18 个国家（地区）或组织的会计准则列为“可接受财务会计准则”。不同辖区成员实体间的任何交易，必须以相同金额入账并且需要符合独立交易原则，《支柱二 GloBE 立法模板》甚至对允许调整的项目列出清单，以确保成员实体能够在尽量统一的全球规则前提下计算确认税基。客观上全球统一税基要求纳税人准备第三套账册[①]，以满足计算确认补足税的要求。

不仅仅是全球统一税基，《支柱二 GloBE 立法模板》还对其他方面作出详细规定。例如有效税率，其是与最低税税率进行比较、确定是否具有缴纳补足税义务的关键指标。《支柱二 GloBE 立法模板》规定有效税率按辖区计算，以跨国企业集团在单一辖区内所有成员实体经调整有效税额的总和，除以该辖区的 GloBE 净所得计算确认。而何为有效税额，《支柱二 GloBE 立法模板》也具体规定应予包含的“正面清单”和不予包含的“负面清单”，并对有效税额在成员实体间的分配、暂时性差异的处理、GloBE 亏损的选择等诸多方面均进行了详细规定。支柱二 GloBE 规则对税基的全球性统一，使得税收优惠的技术处理空间受到挤压，当以全球性的统一标准确定税基、有效税额、有效税率的时候，这个过程本身就已经在变得愈加透明，支柱二以规则的刚性让税收优惠对有效税率的影响“浮出水面”。

四、来源国辖区税收行政主权空间受挤压

支柱二全球最低税的执行实施，不仅需要全球性的实质性规则，还需要全球性的程序性规则，甚至会引入具有强制约束力的多边治理机制，这对辖区的税收行政主权造成挤压。《支柱二 GloBE 立法模板》第六章对公司重组和控股结构改变如何适用 GloBE 规则进行了规制，涉及合并、分立、成员实体的进入或退出、资产和债务的转移等事项；《支柱二 GloBE 立法模板》第七章对 GloBE 规则实施的税收中性和其他分配事项进行了规制，涉及作为最终控股母公司的透明实体、应税分配方式的选择等事项；《支柱二 GloBE 立法模板》第八章是关于 GloBE 规则的征管规定，包括跨国企业集团向各国（或地区）提交标准化的信息报告、安全港规则等事项。可以看出，《支柱二 GloBE 立法模板》对于支柱二全球最低税在实施过程中的程序性工作同样给了出具体的规则要求，而规制的方向仍然是追求全球性的统一，OECD 将会进一步制定《支柱二 GloBE 立法模板》的详细注释，来具体落实“GloBE 实施框架”对申报、合规、征管、协调等方面的要求。

GloBE 实施框架是 OECD 将要制定发布的全球最低税实施的程序性规则，该框架将以经协商一致的征管程序为基础，协商一致的征管程序包括具体的申报义务和多边审议程序等方面。《支柱二 GloBE 立法模板》第 8.3 条明确指出，辖区政府的税务部门应根据其国内税法的要求，按照达成共识的征管指南适用 GloBE 规则。OECD 还会制定 STTR 的协定

① 笔者按：第一套账册是按照会计准则准备的，以生成财务会计报告；第二套账册是按照辖区国内税法准备的，以完成辖区政府要求的纳税申报；第三套账册是按照支柱二要求准备的，以完成补足税的纳税申报。

范本条款及落地实施的多边工具（MLI），协定范本条款将辅以注释，解释 STTR 的目的和运作机制，而多边工具（MLI）将在相关双边税收协定中快速且一致地引入 STTR。因此，从以上各项规则可以明确地观察到，支柱二全球最低税具有全球强制约束力的多边治理机制的导向性。支柱二尽管在包容性框架下制定，但是由 OECD 主导，OECD 为提高规则实施需要的税收确定性而放开规则的“技术棱角”，这样，一方面确实会有利于提升支柱二的实施效率，但另一方面在客观上也确实会挤压各国（或地区）的税收行政主权空间。某辖区的税务主管当局只需要接收全球标准化的信息报告，按照全球标准化的程序予以审核确认，如遇问题或争议则按照多边审议程序和达成共识的征管指南进行处理，并且需要接受处理的结果，这样看，该辖区税务主管当局将可能成为支柱二 GloBE 规则的功能执行机构，税收行政自主空间受到挤压。

第四节 仍需完善更多技术细节

一、实施框架下的工作复杂繁重

2021 年 10 月 8 日，136 个 G20/OECD 包容性框架成员[①]辖区达成全面共识并发布《关于应对经济数字化税收挑战“双支柱”方案的声明》（以下简称《10 月 8 日声明》）。紧随其后，2021 年 12 月 20 日，OECD 发布《应对经济数字化税收挑战——支柱二全球反税基侵蚀规则立法模板》（以下简称《支柱二 GloBE 立法模板》），标志着支柱二方案的设计基本完成。2022 年 3 月 14 日，OECD 发布针对《支柱二 GloBE 立法模板》的《支柱二 GloBE 释义》和《支柱二 GloBE 示例》两份重要文件，旨在为计划采用全球最低税规则的辖区提供用以修订国内税法的标准，《支柱二 GloBE 释义》和《支柱二 GloBE 示例》为正确解读和适当应用《支柱二 GloBE 立法模板》提供指引，促进全球各国（或地区）实施《支柱二 GloBE 立法模板》的一致性和协调度。2022 年 3 月 14 日 OECD 还发布一项公告，就支柱二方案全球最低税的《支柱二 GloBE 实施框架》（Implementation Framework）向公众征询意见，征询意见于 2022 年 4 月 11 日截止，并如期在 4 月 25 日举行了公众咨询会议。

应对经济数字化税收挑战的“双支柱”方案在全球范围内达成最终共识，对建立公平合理的国际经济秩序具有重要历史意义[②]。G20/OECD 包容性框架已经开启制定全球最低

---

① 笔者按：2021 年 10 月 8 日，G20/OECD 包容性框架召开第 13 次全体成员大会，包容性框架下 140 个成员中的 136 个成员辖区就双支柱方案达成共识；2022 年 12 月 12 日阿塞拜疆加入包容性框架并且加入共识协议，使包容性框架成员达到 142 个，使参与该共识协议的成员达到 138 个 . https：//www. oecd. org/tax/beps/statement - on - a - two - pillar - solution - to - address - the - tax - challenges - arising - from - the - digitalisation - of - the - economy - october - 2021. htm。

② 刘昆出席二十国集团财长和央行行长会议 . 2021 - 10 - 21. http：//www. gov. cn/xinwen/2021 - 10/21/content_5644030. htm.

税《支柱二 GloBE 实施框架》的相关工作，作为这项重要工作的第一步，OECD 就《支柱二 GloBE 实施框架》需要解决的各方面问题全球公开征询意见建议，为能够顺利实施全球最低税做充分准备。支柱二方案全球最低税的实施将是一项极为复杂和技术精密的工程，不仅涉及修订各国（或地区）的国内税法，也涉及修订国家间的税收协定，因此为各国（或地区）执行支柱二方案提供具有全球一致性和指导性的规则文本指南，就显得格外重要。

全球最低税已经由规则制定阶段逐步过渡到执行实施阶段，一个有效的、得到最大范围支持的《支柱二 GloBE 实施框架》对于全球最低税而言是非常关键的，但这方面的工作也是极为繁重的，需要在全球最低税《支柱二 GloBE 实施框架》中解决的重要问题纷繁复杂，总结起来主要包括四个方面：第一，是否需要在《支柱二 GloBE 实施框架》中增加征管指引，需要何种类型的征管指引；第二，对全球最低税在纳税申报、信息收集、报告系统、记录保存等方面有哪些具体要求，以提高全球最低税的缴税效率、准确性和可验证性；第三，对降低全球最低税纳税遵从成本有哪些建议，包括对简化规则和使用安全港的建议；第四，对最大限度地保持规则协调、提高税收确定性和避免双重征税风险的建议。针对这些重要问题，OECD 共收到 73 份反馈建议，总计超过 500 页，其中来自实业界和行业协会的建议最多，约占 38%，其次为中介机构的顾问专家，约占 19%。约有 1/2 的反馈建议同意在《支柱二 GloBE 实施框架》中增加征管指引，并且对征管指引的具体内容和方向提出意见；约有 3/4 的反馈建议聚焦全球最低税的纳税申报问题，对申报文件的标准化、集中申报、宽限期、非故意差错免于处罚等事项提出意见；约有 3/4 的反馈建议关注安全港问题，对如何更有效利用国别报告数据、“合格国内最低补足税”（QDMTT）等事项提出意见；约有 3/4 的反馈建议关注规则协调和税收确定性问题，对规则是否合格和透明、税收争议的预防与解决机制提出意见。

二、安全港规则更具重要性

支柱二方案的规则复杂性和技术难度毋庸讳言，但是，通过对规则制定进程的观察，复杂性和技术难度是绕不过去的，换言之，这件事情本身就是复杂的，技术难度是必要的。为更有利于全球最低税的执行和实施，支柱二方案提出安全港规则，对满足一定条件的跨国公司纳税人提供一种选择，既可以合规实施全球最低税规则，又可以实现程序简化，减轻纳税遵从负担。安全港规则对于各国（或地区）税务主管当局也是好事，这样可以在实现降低征管成本的情况下，提高全球最低税的征管效率。因此，从支柱二方案的执行实施角度观察，安全港或许将受到跨国公司纳税人和税务主管当局的青睐，这应该是此次公众征询意见中这方面的意见建议比较集中的原因。

《支柱二 GloBE 实施框架》将会是一个“一揽子”实施文件，以解决支柱二方案的技术复杂性和执行实施时需要的程序性保障，在这中间，安全港被赋予特殊的使命，被各利益相关方寄予厚望。在《支柱二 GloBE 实施框架》中拟议的安全港可能有两种类型，一种是“过渡性安全港”，基于 BEPS 第 13 项行动计划国别报告的各项要求，尽可能使安全港的各项规则简单明了，不再额外增加跨国企业集团纳税人的遵从负担。另一种是“永久性安全港”，将在《支柱二 GloBE 实施框架》中制定固定的简化规则，允许跨国企业集团纳税人对其非重要的子公司（成员实体）进行简单计算、适用简化程序，从而实质性地降低跨国企业集团纳税人的遵从成本。

《支柱二 GloBE 立法模板》及其《GloBE 注释》并未对安全港规则的实质内容进行规制，只是原则性地提出安全港规则的制定方向和思路，如《支柱二 GloBE 立法模板》的第 8.2.1 条规定："当某辖区的成员实体在财年内符合 GloBE 实施框架关于安全港条件时，则该辖区（安全港辖区）该财年的补足税应被视为零。"但是，这一条款的最关键部分"安全港条件"，却没有被清晰设定。如此看，安全港规则的实质性内容将包括在《支柱二 GloBE 实施框架》中，因此，《支柱二 GloBE 实施框架》的地位和作用是不低于《支柱二 GloBE 立法模板》及其《注释》的，需要对《支柱二 GloBE 实施框架》赋以足够的重视。在 2022 年 4 月 25 日的公众咨询会议上，有专家学者提出一项"双层测试"的建议，以确定跨国公司的有效税率（ETR）是否很"有可能"高于最低税税率，如果"很可能"高于，则可适用安全港规则。双层测试的第一层是国家层面测试（Country level test），第二层是跨国公司层面测试（MNE level test）。这一建议的优点显而易见，但缺点也是非常突出的，包括相关指标的设定（如，何为"很可能"）、流程的设计及合规成本等。接下来，OECD 会考虑这一建议，以安全港规则豁免跨国公司对补足税的计算，并提高全球最低税规则的税收确定性和透明度。

三、一致性和协调性至关重要

从 OECD 为《支柱二 GloBE 实施框架》公众征询所设计、提出的各项问题，以及 4 月 25 日的公众咨询会议中可以清晰地观察到，《支柱二 GloBE 实施框架》不再针对《支柱二 GloBE 立法模板》及其《支柱二 GloBE 释义》征集更多的修改意见，换言之，《支柱二 GloBE 立法模板》及其《支柱二 GloBE 释义》应已相对固定，进一步修改的空间不大，《支柱二 GloBE 实施框架》聚焦的是全球最低税规则在执行时的一致性和协调性，当然还要顾及规则执行的合规和遵从成本，这是一个重要转向，需要更加清楚认识。关于税收确定性，也是必须要在《支柱二 GloBE 实施框架》中解决的重要问题，需要高度重视的，是有关税收争议的预防和解决机制，这从 4 月 25 日的公众咨询会议中也可窥得端倪。在会议上，有专家学者提出应用《OECD 税收协定范本》第 25 条第 3 款解决全球最低税税收争议的可能性，该条款规定"缔约国双方主管当局应通过相互协商设法解决在解释或实施本协定时所发生的困难或疑义，也可以就本协定未作规定的消除双重征税问题进行协商。"与会专家学者建议对该条款的注释就行修改，使该条的执行效力覆盖全球最低税规则，并且增加一条"镜像"（mirror）规则，以协调税收争议的解决流程。"多边性"是支柱二方案全球最低税的本质属性，这也必然会体现在全球最低税的税收争议预防与解决的机制中。《支柱二 GloBE 立法模板》《支柱二 GloBE 释义》和《支柱二 GloBE 实施框架》构成全球最低税规则的"三部曲"，需要 G20/OECD 包容性框架各成员辖区以修订国内税法、修订税收协定的方式予以落地、落实。

第六章　全球税收治理的格局与趋势

第一节　欧盟打造整体税制竞争力

一、致力于保护个人数据与隐私

2016 年 4 月 14 日，欧盟议会批准《通用数据保护条例》（General Data Protection Regulation，GDPR），于两年过渡期届满后的 2018 年 5 月 25 日正式生效实施。GDPR 旨在保护欧盟消费者个人数据与隐私，GDPR 赋予自然人无障碍地获取与转移个人数据的权利，被认为是欧盟有史以来最为严厉的数据保护法律。GDPR 的适用范围极为广泛，任何收集、传输、留存或处理（包括免费服务）涉及欧盟所有成员国个人信息的机构组织均受 GDPR 的约束，包括欧盟以外的外国公司、组织或个人。出于历史和现实等多方面的原因，欧洲对于隐私保护的态度一贯是比较强势的，GDPR 成为欧洲隐私保护法的基石，确立了欧盟整体对待数据的共同规则，也为建设欧盟“数字单一市场”打下坚实的基础。无论公司主体是否在欧盟成员国注册设立，只要满足下列两个条件之一，即受 GDPR 管辖：一是主体标准，即控制者或执行者在欧盟境内设立机构主体处理个人数据信息，不论处理活动是否在欧盟内进行；二是目标标准，即如果控制者或执行者不在欧盟境内，但数据目标在欧盟境内，只要数据处理活动：①向欧盟境内的数据目标提供商品或服务，而无论是否付款，②监视数据目标的行为，只要数据目标的行为发生在欧盟境内。受 GDPR 的影响，很多数字企业，如 Facebook、Apple、Microsoft、Google 等，更改了其数据隐私政策[①]。

GDPR 强化了对数据主体的数据隐私权的保护。GDPR 规定，数据主体拥有对数据的知情权、反对权、被遗忘权（删除权）、数据的可携带权等权利。一方面，数据主体的同意必须是具体的、明确的，必须是在获得充分知情权的前提下的自由意志表达；另一方面，数据主体在同意之后，仍旧有权随时撤回“同意”，一旦数据主体撤回，GDPR 规定

① 笔者按：欧盟委员会于 2020 年 6 月 24 日发布了《数据保护作为公民赋权的支柱和欧盟对数字转型的路径〈通用数据保护条例〉的两年实施历程》，European Commission. Data Protection as a Pillar of Citizens, empowerment and the EU's Approach to the Digital Transition – Two Years of the Application of the General Data Protection Regulation. 2020 – 06 – 24. https：//eur – lex. europa. eu/legal – content/EN/TXT/? uri = CELEX：52020DC0264。

数据控制者必须为数据主体的撤回提供一切必要的便利帮助。尽管 GDPR 规定，允许数据控制者在特定的情形下，基于合法利益处理数据，但同时赋予数据控制者相应的义务，要求数据控制者必须证明其合法利益是显著高于数据主体的个人权利和自由的；如果数据控制者不能有效证明，则不能处理数据，即使是基于合法利益。GDPR 规定，符合规定条件的数据控制者必须设立“数据保护专员”（Data Protection Officer）或指定管理人员，专门负责数据保护工作。

根据国际公法的一般原则，尽管欧盟不能对发生在欧盟之外且与欧盟无关的个人数据的处理进行管制，然而，通过实施 GDPR 欧盟已经将欧洲隐私保护法事实上的领土范围扩大到远远超出欧洲地理范围的边界。GDPR 的领土适用范围由 GDPR 第 3 条确定，该条款反映了欧盟立法者的意图，即在全球数据流动的背景下，确保全面保护欧盟数据主体的权利，并就数据保护要求建立活跃于欧盟市场的公司的公平竞争环境。GDPR 基于两个主要标准定义了该条例的领土范围：第 3 条第（1）款规定的“建立”标准和第 3 条第 2 款规定的“目标”标准。如果满足两个条件，GDPR 的相关规定将适用于数据控制者或数据处理者对个人数据的处理。此外，GDPR 第 3 条第 3 款确认了 GDPR 在欧盟成员国的适用。2019 年 11 月 12 日，欧洲数据保护委员会（European Data Protection Board）对外发布了针对 GDPR 的域外适用效力的最终指南①。该指南旨在确保在评估数据控制者或数据处理者的特定处理是否在欧盟法律框架范围之内时，GDPR 的各项规定将获得统一适用。该指南列出并阐明了确定 GDPR 地域范围的具体适用标准，对于欧盟内部和外部的数据控制者和数据处理者，这种共同的解释性指南是必不可少的，可以帮助他们评估是否需要遵守 GDPR。由此可以看出，GDPR 的遵从成本是很高的，而且出现从事相关业务领域的跨国企业集团在全球范围内对所有消费者都应用 GDPR 规范，尽管 GDPR 并没有要求这些公司这样做，欧盟通过市场机制和单边监管全球化的结合，实际上已将其严格的监管法律外部化②。保护消费者个人数据信息是确立数据权属的根本性措施，只有消费者建立个人数据信息的所有权法律意识，同时在强大的法治体系下可以向数字企业收集、占有、使用等行为说“不”，数据的价值才真正体现出来，数字企业才会“善待”消费者的个人数据信息，才会给予与消费者数据信息的价值相对称的收益回报。这是因为，假如消费者选择不同意，数字企业将无法收集消费者个人数据信息，或者即使收集到也得不到授权将收集到的数据信息投入到价值创造的过程之中，无法利用数据信息获益。

二、致力于欧盟“数字单一市场”建设

欧盟高度重视数字经济治理，并且始终致力于建设欧盟“数字单一市场”建设，通过个人数据隐私保护、征收数字税等方式，打造可以抗衡美国数字进攻的制度壁垒，并意图通过建设“数字单一市场”做大欧盟数字市场规模，提升欧盟数字经济发展水平。欧洲议

① European Data Protection Board. Guidelines 3/2018 on the territorial scope of the GDPR（Article 3） – version adopted after public consultation. 2018 – 03 – 30. https：//edpb. europa. eu/our – work – tools/our – documents/guidelines/guidelines – 32018 – territorial – scope – gdpr – article – 3 – version_en.

② 许可．欧盟《一般数据保护条例》的周年回顾与反思［J］．电子知识产权，2019，331（06）：4 – 15.

会议员亚历克斯·沃斯（Alex Voss）认为，面对强势的美国和中国的数字经济，欧洲成了夹心层[①]。通过一系列数字经济发展战略，欧盟力图与美国和中国争夺数字经济全球市场份额、“数字主权”和国际规则制定权，力争成为美国、中国之外的全球“数字化第三极”，甚至成为全球数字经济和数字治理的领导者[②]。为争夺数字经济市场规则的制定权和话语权，欧盟委员会于2020年12月15日推出《数字市场法》（Digital Market Act）和《数字服务法》（Digital Service Act），这两项法案旨在打破互联网科技巨头垄断、促进欧洲数字创新，维护欧盟数字市场秩序和夺回欧洲数字主权，捍卫在数字经济领域欧盟各国公民的基本权利。《数字市场法》侧重于反托拉斯法在数字经济领域的拓展和体现，阻止互联网科技巨头企业凭借自身垄断优势在欧盟单一市场的过度扩张；《数字服务法》侧重于加强数字平台在打击非法内容和假新闻及其传播方面的责任，从内容和形式等方面规范互联网科技企业提供的服务，以更好保护欧盟单一市场内的消费者。两项法案都是欧盟致力于“数字单一市场”建设的重要工作，具有里程碑意义。

2021年11月，欧盟各成员国经过约一年时间的谈判，就《数字市场法》和《数字服务法》的法案文本达成一致；2022年3月，欧洲理事会与欧洲议会就两部法律达成协议；2022年7月5日，欧洲议会投票以压倒性多数通过《数字市场法》和《数字服务法》，2022年7月18日，最终得到欧盟所有成员国的一致批准；《数字市场法》于2022年11月1日生效实施，《数字服务法》于2022年11月16日生效实施[③]。

《数字市场法》针对大型互联网科技公司的线上平台，提出“守门人规则”（Gatekeepers），此举将迫使像亚马逊、谷歌、脸书（Meta）这样的超大型互联网企业必须考虑为各自的数字平台提供更多的开放性和互操作性，这将给互联网数字产品和应用程序的消费方式带来重大变化。《数字市场法》规定，“守门人”通常控制着至少一种核心平台服务，如搜索引擎、社交网络服务、特定信息服务、操作系统服务、在线商城和在线中介服务等，“守门人”起到连接企业用户和消费者用户的重要桥梁作用，拥有持久、庞大的用户基础，在欧洲数字经济市场占据或预期占据稳固而持久的市场地位，因而拥有制定线上平台交易规则的事实权利。《数字市场法》规定，可以根据用户数量、累积活动能力、市场估值等综合标准判定大型互联网科技公司是否构成“守门人”，具体可考虑如下三项条件。第一项条件，达到影响欧盟单一市场的营业规模。企业在过去三个财政年度在欧洲经济区（EEA）实现的年营业额等于或超过65亿欧元，或者在上一财政年度其平均市值或等值公平市价达到650亿欧元以上，并在至少三个欧盟成员国提供核心平台服务经营业务。第二项条件，控制着企业用户通向终端用户（消费者）的重要门户。企业运营的核心平台服务在上一财政年度在欧盟建立或位于欧盟的月活跃终端用户超过4500万，并且在欧盟建立的年活跃企业用户超过1万。第三项条件，已经享有或在不久的将来预期享有稳固且持久的数字经济市场地位。企业在过去三个财政年度中的任一财政年度都符合第一项

① 专访丨欧洲议会议员：面对强势的中美数字经济 欧洲成了夹心层. 2020-10-19. https://companies.caixin.com/2020-01-19/101505923.html.

② 张茉楠. 全球数字治理：分歧、挑战及中国对策［J］. 开放导报，2021（06）：31-37.

③ EU. The Digital Services Act：ensuring a safe and accountable online environment. 2020-12-21. https://commission.europa.eu/strategy-and-policy/priorities-2019-2024/europe-fit-digital-age/digital-services-act-ensuring-safe-and-accountable-online-environment_en.

和第二项条件，则可以证明企业已经享有或在不久的将来预期享有稳固且持久的数字经济市场地位。依据《数字市场法》，一旦被认定为“守门人”，互联网平台企业必须按照《数字市场法》第5条至第7条的规定履行相关义务，如果未能尽到尽职责任，则将面临巨额罚款，罚款额度有可能达到企业年全球营业额的10%；如果企业系统性违反相关规定，则可能会被施以额外的惩罚措施，例如业务剥离惩罚。

《数字服务法》则聚焦数字服务提供商应该承担的义务。《数字服务法》规定，作为消费者与商品、服务、数字内容的中介，数字服务提供商应承担相应的义务。《数字服务法》为此规定了对数字服务提供商的严格透明度要求和问责机制，以此构建更加公平和更加开放的欧盟“数字单一市场”。《数字服务法》意图打破互联网科技巨头企业的垄断地位，鼓励欧盟各成员国的数字创新和中小企业发展，并最大限度地保障欧盟公民在数字经济领域内的基本权利。

《数字服务法》适用于在欧盟单一数字市场内提供服务的所有互联网科技企业，主要包括四个方面的内容。第一，打击非法在线提供商品、服务和数字内容，设立用户容易标记非法内容的机制，设立平台与“可信标记者”（Trusted Flaggers）开展合作的机制，以及赋予在线市场商业用户的可追溯性义务，以帮助识别销售非法商品的卖家。第二，赋予用户个体和社会组织更多权利的机制，用户个体和社会组织可以质疑互联网科技企业的行为。第三，设立评估和化解风险的机制，为用户提供有效的保障，要求在线平台采取广泛的透明度措施，包括广告来源、数据访问以及推荐算法的透明度，提高平台如何收集、使用和保护消费者数据以及将竞争对手的业务信息与自身业务利用隔离开来的透明度。第四，赋予欧盟委员会对超大型互联网科技企业的管理与执法权力，设立应对网络空间复杂性的监管结构，依托新设立的欧洲数字服务委员会（European Board for Digital Services），欧盟成员国可以在监管中发挥主要作用，同时欧盟委员会在加强对大型互联网科技企业的执法和监督方面发挥作用。

通过《数字市场法》和《数字服务法》可以清晰看出，欧盟希望加强欧盟“数字单一市场”建设、设立严格的规则和加大违规处罚力度，来阻止大型互联网科技企业在欧洲市场的过度扩张，为欧盟各成员国的企业提供发展的机会和追赶的空间，为欧盟自己重新夺回“数字主权”，促进欧盟“数字单一市场”的发展。一方面，《数字市场法》和《数字服务法》确实有利于建设欧盟“数字单一市场”，有利于在欧盟各成员国实现数字治理规则的统一，此举将极大降低欧洲中小型企业的合规成本，促进进一步提高对数字科研的资本投入，帮助欧盟抢占数字经济领域的制高点。另一方面，《数字市场法》和《数字服务法》为大型互联网科技企业巨头在欧盟的业务经营设立更多的遵从义务，此举可以有效阻止大型互联网科技企业巨头可能的不公平竞争行为，最大限度地保护欧盟自己的数字企业，为欧盟自己的数字企业提供更加有利的生存和发展环境。

三、致力于欧盟“单一市场税制”建设

作为数字经济市场所在地，欧盟从2013年起就开始了一系列推动建立数字经济课税制度的努力，以期维护市场国对于数字经济所得的课税权，并在欧盟范围内建立一套符合

单一市场需求的税制,① 欧盟致力于打造整体的税制竞争力。2021 年 5 月 18 日，欧盟委员会发布致欧洲议会和欧盟理事会的《21 世纪企业税收通讯文件》②（Business Taxation for the 21st Century），该文件为 21 世纪的欧盟建设单一市场税制描绘了雄心勃勃的愿景，即为欧盟单一市场建立强有力、高效率和更公平的欧盟税制体系，为执行以“双支柱”方案为关键核心内容的国际税收新规则制定路线图和时间表，并且超越“双支柱”方案的局限，支持欧洲经济复苏、绿色发展和数字化转型，建设有益于欧洲经济实现更加公平且可持续发展、更高质量就业和更高水平投资的税制环境。建设欧盟单一市场税制、消除各成员国间复杂且无意义的内部税收竞争，是欧盟一直以来的战略性目标。欧盟委员会希望利用新冠疫情后经济复苏和国际税收体系改革这两件“百年一遇”的大事为契机，推动建设欧盟单一市场税制的进程，并为此提出系统性的税制改革措施③。

欧盟委员会在《21 世纪企业税收通讯文件》中阐述了欧盟建设单一市场税制的近期愿景和远期愿景。从近期看，欧盟委员会意在兼顾新冠疫情后欧盟各成员国经济复苏和财政税收收入的需要，在《21 世纪企业税收通讯文件》提出若干项支持和帮助尽快摆脱新冠疫情负面影响的税收政策，同时也注意打击跨境避税行为，增加和扩大财政税收收入，支持欧盟各国在经济复苏中应对各方面支出的需要。《21 世纪企业税收通讯文件》在近期愿景中提出的税收政策主要包括：第一，允许成员国国内企业的经营亏损“向前结转”，这项税收政策尤其有利于欧盟各成员国的中小企业，允许企业将经营亏损向以前年度结转，至少允许向上一财年（2019 财年）结转。这项税收政策的近期效应十分明显，企业在新冠疫情期间发生的经营亏损可以向前结转，与疫情前年度的经营盈利相互抵销（Offset），这样企业就可以直接获得现金退税，帮助企业纾困。第二，设立“减轻债资偏差准备金”，这项税收政策旨在鼓励欧盟各成员国企业更多进行股权融资，而并非习惯性地一味求助于债务融资。欧盟委员会认为，过度的债务融资将大大降低企业的市场竞争力，并且将加速增大欧盟成员国企业资不抵债的压力，建立“减轻债资偏差准备金”（Debt Equity Bias Reduction Allowance），目的是帮助受疫情冲击的企业更好地实现再资本化（Re - equitization），有效减轻债务与资本严重偏离的问题，支持企业纾困和经济复苏。第三项和第四项税收政策是针对跨境避税行为的，第三项税收政策聚焦增强税收透明度，要求在欧盟单一市场经营业务的跨国企业集团按照支柱二方案的要求公开披露“实际有效税率”（Effective Tax Rate）；第四项税收政策聚焦打击滥用空壳公司的避税行为，将针对滥用壳公司的避税行为制定新的监测和报告标准，评估是否拥有实质性存在和实际经济活动，否决滥用空壳公司的税收优惠。

从远期看，欧盟委员会考虑解决欧盟单一市场缺少统一的所得税规则的问题。对于欧盟单一市场内的各成员国而言，缺少统一的所得税规则，欧盟各成员国“各自为政”的所得税规则，不可避免地造成对市场投资决策、资源有效配置的扭曲，无必要也无意义地加

---

① 邱冬梅.“双支柱”多边共识背后的碎片化［J］. 国际税收，2022，107（05）：42 - 51.

② EU. COMMUNICATION FROM THE COMMISSION TO THE EUROPEAN PARLIAMENT AND THE Council，Business Taxation for the 21st Century. 2021 - 05 - 18. https://ec. europa. eu/taxation_customs/sites/default/files/communication_on_business_taxation_for_the_21st_century. pdf.

③ 励扬，任艳琴. 单一市场税制：21 世纪欧盟的雄心与愿景［J］. 国际税收，2022，107（05）：21 - 27.

重欧盟成员国企业的纳税遵从负担，同时也大大拖累欧盟单一市场的经济竞争力。为此，欧盟委员会在《21 世纪企业税收通讯文件》提出一项长期计划，将在 2023 年提出一项名为“企业在欧洲的所得税框架”（Business in Europe：Framework for Income Taxation，BEFIT），以期制定统一的、共同的所得税规则，以更加公平地在欧盟各成员国之间分配征税权。BEFIT 将把跨国企业集团在欧盟成员国的利润合并为一个单一的税基，然后按照公式分配的方法，将税基分配给成员国，以成员国各自适用的所得税税率进行征税。以公式分配的方法在各成员国间分配税基（利润），跨国企业集团纳税人在欧盟单一市场内将不再需要应用复杂的转让定价规则（独立交易原则）在成员国间分配税基（利润）。并且，BEFIT 将超越欧盟委员会 2011 年提出的“共同统一公司税税基”（Common Consolidated Corporate Tax Base，CCCTB），尽管 BEFIT 会保留 CCCTB 的某些概念和原则，但是 BEFIT 旨在为欧盟单一市场设计更加简洁的税基和征税权分配方案，以实质性减轻纳税人和税务主管当局的负担，消除税收障碍，为欧盟单一市场创造一个更加友好和更有效率的商业环境。

四、致力于全球最低税落地实施

2022 年 12 月 15 日，欧盟理事会以“书面程序”（Written Procedure）正式通过在欧盟成员国引入支柱二全球最低税指令（以下简称《欧盟指令》）和欧盟理事会声明[①]，至此，支柱二全球最低税在欧盟落地实施的立法程序完成，接下来欧盟各成员国必须在 2023 年 12 月 31 日前将《欧盟指令》[②] 引入各成员国的国内税法并生效实施。《欧盟指令》的通过标志着欧盟在支柱二全球最低税的执行方面已经进入实质性实施阶段，是全球各国、各区域组织行动最迅速、最积极的，体现出欧盟致力于全球最低税在欧盟各成员国落地实施、打造欧盟整体税制竞争力的目标和意图。

欧盟委员会早在 2021 年 12 月 22 日就发布实施全球最低税的指令草案[③]，旨在确保 OECD 于 2021 年 12 月 20 日发布的《支柱二 GloBE 立法模板》能够在欧盟所有 27 个成员国均得到有效实施。欧盟成员国中有塞浦路斯、西班牙和爱尔兰最近已在其 2022 年财政

① 笔者按：2022 年 12 月 15 日欧盟理事会（the Council of the EU）以书面程序正式通过一揽子立法决议，具体包括四项立法决议：2023 年对乌克兰的宏观财政援助、支柱二全球最低税、匈牙利的经济复苏和经济韧性计划、法治条件机制（欧盟理事会保护欧盟预算不受某些违反法治原则行为的决定）。https://www. consilium. europa. eu/en/press/press－releases/2022/12/16/outcome－of－written－procedure－on－aid－to－ukraine－minimum－tax－hungary－s－recovery－plan－and－the－conditionality－mechanism/？utm_source＝dsms－auto&utm_medium＝email&utm_campaign＝Outcome＋of＋written＋procedure＋on＋aid＋to＋Ukraine%2c＋minimum＋tax%2c＋Hungary%u2019s＋recovery＋plan＋and＋the＋conditionality＋mechanism。

② EU. COUNCIL DIRECTIVE on ensuring a global minimum level of taxation for multinational enterprise groups and large－scale domestic groups in the Union. 2022－11－25. https：//data. consilium. europa. eu/doc/document/ST－8778－2022－INIT/en/pdf.

③ EU. Proposal for a COUNCIL DIRECTIVE on ensuring a global minimum level of taxation for multinational groups in the Union. 2021－12－22. https：//ec. europa. eu/taxation_customs/system/files/2021－12/COM_2021_823_1_EN_ACT_part1_v11. pdf.

预算中提出引入最低税规则①，瑞士甚至计划修改宪法以做好实施准备②。但欧盟理事会能就全球最低税正式通过《欧盟指令》也并非易事，其中最突出的障碍是波兰和匈牙利。2022年6月17日，欧盟经济和财政理事会（ECOFIN）的部长级会议批准了高达354亿欧元的波兰经济复苏计划，波兰没有再反对全球最低税指令草案③，但是，匈牙利在这次会议的最后一刻却出人意料地表示反对全球最低税指令草案④。匈牙利认为欧洲正在经历的“俄乌战争”导致世界范围内能源和大宗商品价格快速上涨，并由此引发利率和通货膨胀上升，给全球供应链带来极大威胁和挑战，在这样的情形下欧盟所有成员国引入全球最低税将对欧洲经济造成严重危害。在匈牙利议会中出现了更多直言不讳的批评声音，对目前阶段引入全球最低税表示担忧。另外，匈牙利近年来的经济发展有赖于匈牙利低到9%的公司所得税名义税率和不断推出的减税优惠，匈牙利担心全球最低税会大幅削弱匈牙利的税制竞争力优势，为遵守全球最低税要求而恢复和增加征税将拖累匈牙利的经济发展，甚至威胁到就业。

为消除匈牙利的疑虑和担心，欧盟经济和财政理事会（ECOFIN）做了大量的工作，并对全球最低税指令草案进行反复修改，最大限度地综合欧盟成员国的意见建议。由于欧盟经济的“双引擎”，德国与法国对全球最低税的坚持和推动，使得欧盟没有因为匈牙利的立场而放弃全球最低税，而是在不断修改指令草案文本和协调各成员国的立场。德国、法国以及欧盟相关机构的努力在取得成效，尽管在2022年12月6日的欧盟经济和财政理事会（ECOFIN）部长级会议上匈牙利再次坚持对全球最低税的反对立场⑤，但是匈牙利的立场已经发生松动，取得一致需要弥合的分歧已经非常明确、有限，并且立场已经相当接近。各方的努力终于在2022年年底前取得成果，匈牙利最终选择同其他成员国站在一起，2022年12月15日欧盟理事会以“书面程序”正式通过《欧盟指令》。

依据《欧盟指令》，欧盟各成员国必须在2023年年内将全球最低税引入本国国内税法并生效实施，所得纳入规则（IIR）须在2023年12月31日之前生效实施，而低税支付规则（UTPR）的生效实施日期被推迟一年，至2024年12月31日。对于大多数跨国企业集团而言，2024年将是其适用所得纳入规则（IIR）的第一个年度。《欧盟指令》扩大支柱二全球最低税的适用范围，GloBE规则不仅适用于跨国企业集团（指在一个以上税收辖区

---

① KPMG. European Commission proposes Directive to implement Pillar Two in the EU International tax system - Minimum tax - Allocation of taxing rights - Taxation of the digitalized economy - OECD BEPS Inclusive Framework - European Union legislation. 2021 - 12 - 26. https://assets.kpmg/content/dam/kpmg/xx/pdf/2021/12/etf - 463 - european - commission - proposes - directive - to - implement - pillar - two - in - the - eu. pdf.

② Deloitte. Domestic implementation of Pillar Two requires new constitutional basis. 2022 - 01 - 21. https://www.taxathand.com/article/20737/Switzerland/2022/Domestic - implementation - of - Pillar - Two - requires - new - constitutional - basis.

③ https://www.consilium.europa.eu/en/press/press - releases/2022/06/17/recovery - fund - ministers - welcome - assessment - of - poland - s - national - plan/.

④ Hungarian Parliament Rejects EU Directive on Global Minimum Tax. https://hungarytoday.hu/hungarian - parliament - rejects - eu - directive - on - global - minimum - tax/.

⑤ 笔者按：欧盟经济和财政理事会（ECOFIN）原本希望支柱二全球最低税指令草案纳入2022年12月6日的会议议程中，由于匈牙利仍旧对草案的某些条款不满意，在2022年12月6日的ECOFIN部长级会议上，EU轮值主席国捷克决定将该指令草案从会议议程中删除。https://www.law360.com/tax - authority/articles/1555622/eu - pillar - 2 - deal - likely - in - proposals - by - year - end - minister - says。

设有实体或常设机构的跨国企业集团），还适用于欧盟成员国本土的企业集团（所有成员实体都位于同一欧盟成员国内）。如果位于欧盟某一成员国的跨国企业集团的最终控股母公司是低税成员实体，那么，该最终控股母公司必须与位于该成员国的其他低税成员实体一并进行“本土”所得纳入规则（IIR）的计算，包括补足税的计算。这里的“本土”所得纳入规则是《欧盟指令》的额外要求，是一项执行全球最低税“更彻底”的要求，OECD 的《支柱二 GloBE 立法模板》并没有这样的要求。

《欧盟指令》规定，如果总部位于某一欧盟成员国的跨国企业集团数量不超过 12 家，那么该成员国将被允许选择自 2023 年 12 月 31 日起的连续六个财年内不在本国实施 IIR 和 UTPR；当然，如果该成员国自愿选择实施，也是可以的。欧盟不仅关心自己对全球最低税的实施，也关心其他国家是否有效实施，《欧盟指令》设立一项清单规则，专门用于评估非欧盟国家引入全球最低税后的国内税法是否可以被视为与《欧盟指令》中的法律条款等同，即评估非欧盟国家的国内税法是否具备与《欧盟指令》等同的“合格”所得纳入规则（IIR），依据《欧盟指令》，欧盟委员会可以通过授权法案来管理“合格”所得纳入规则（IIR）的非欧盟国家清单。

第二节　美国税制改革的“自利性”

一、《芯片法案》的“先进制造投资税收抵免”

2022 年 8 月 9 日，美国总统拜登签署《2022 年芯片与科学法案》（The CHIPS and Science Act of 2022，以下简称《芯片法案》），标志着一项罕见的针对单一产业的高额补贴法案生效。此前，《芯片法案》在美国国会参、众两院分别以 64∶33 票、243∶187 票获得通过。《2022 年芯片与科学法案》由三部分组成，包括 A 部分《2022 年芯片法案》（Chips Act of 2022），B 部分《研发、竞争与创新法案》（Research and Development，Competition，and Innovation Act）以及 C 部分《2022 年最高法院安全资金法案》（Supreme Court Security Funding Act of 2022）。《芯片法案》涉及 2800 亿美元预算拨款，旨在用大量财政补贴和税收减免的方式，提高美国国内的芯片制造产能以及技术研发能力，吸引半导体工厂落户或留在美国，用拜登在签署仪式的话就是：“《芯片法案》是一世代才有一次的投资美国机会。”美国想以此建立美国半导体产业在全球范围内的“不对称”优势地位和领导能力，减少美国对外国半导体来源的依赖，加强美国国家安全。同时，该法案含有明显的“对抗性”税收条款，即一项名为“先进制造投资税收抵免”政策（Advanced Manufacturing Investment Credit），需要提高警惕，认真研究应对措施。

《芯片法案》将在《美国税收法典》第 48 条 C 款下增加“D 款”，即“先进制造投资税收抵免”政策。该项政策将为符合要求的半导体产业的制造投资提供高达 25% 的税收抵免，纳税人相关投资额的 25% 将以税收抵免的方式返还给纳税人，纳税人也可以选择将税收抵免直接冲抵当期应纳税额，实施时间为 2023 年 1 月 1 日至 2026 年 12 月 31 日。符合要求的投资为生产半导体产品或半导体机器设备而发生的有形资产投资，具体包括对厂房设施、机器设备以及对半导体制造过程中所需要的专门工具和模具的投资。据美国国会预算办公室估算，涉及“先进制造投资税收抵免”政策的支出约为240亿美元①。

《芯片法案》中的“先进制造投资税收抵免”政策内容与2021年11月美国众议院通过的“重建美好法案”② 的相关条款非常相似，但也有区别。一个重要区别是“先进制造投资税收抵免”政策的投资额不包括人工工资等方面投入，另一个重要的区别是有针对中国的税收条款。《芯片法案》明确规定已享受“先进制造投资税收抵免”政策的纳税人如果在10年内参与任何导致中国芯片制造扩张的交易，纳税人必须退回已享受的税收抵免款项。

美国的税制改革有着强烈的“自利性”，这是“美国优先”执政理念的重要体现，也是美国使用“长臂管辖”等激进措施维护自身利益的重要方式，这一点需要清醒地认清、高度地警惕。与《芯片法案》中的其他扶持政策措施相配合，“先进制造投资税收抵免”政策可能带来的关键影响有三个方面。

第一，“先进制造投资税收抵免”政策高达有形资产投资额25%的税收抵免具有较强的吸引力，既有利于美国芯片制造商，也有利于吸引海外厂商到美国投资半导体、芯片产业。目前，《芯片法案》已产生实际影响。美国美光科技公司宣布，计划从现在至2030年末前投资400亿美元，并创造多达4万个就业机会，这是美国内存芯片制造业有史以来最大的一笔投资。美光科技（Micron Technology）将利用《芯片法案》提供的拨款和补助，在2025—2030年启动生产，预计将把美国国内的内存芯片产能占全球市场的份额从当前的不到2%提高到10%。高通（Qualcomm）也已同意向格芯（GLOBALFOUNDRIES）纽约工厂采购42亿美元芯片，并在2028年前承诺采购总额达到74亿美元。

第二，美国视《芯片法案》为对美国国家安全的投资③，要在未来创新竞争中“完胜中国”，将税收抵免用作非常重要的竞争工具。为确保促进美国的技术领先地位和供应链安全，《2022年芯片法案》第103（b）（5）条要求受资助企业（根据《2022年芯片法案》第103（b）（5）条的定义，不限于受资助企业自身，还包括其关联公司在内的所有成员）必须签署相关协议，禁止其自接受资助之日起10年内在中国或其他“受关注外国（foreign country of concern）”（根据《2022年芯片法案》第103（a）（4）条，“受关注外国”包括朝鲜、中国、俄罗斯、伊朗以及其他被认定从事有损于美国国家安全或外交政策的行为的任何国家）对先进半导体的研发制造进行实质性扩张，确保半导体制造商将其下一轮投资集中在美国及其盟国。美国商务部部长、国防部部长以及国家情报局局长将协商确定相关技术门槛以及对国家安全至关重要的半导体类型。

---

① Congressional Budget Office（美国国会预算办公室）. Estimated Budgetary Effects of H. R. 4346, as Amended by the Senate and as Posted by the Senate Committee on Commerce, Science, and Transportation on July 20, 2022. 2022-07-21. https://www.cbo.gov/system/files?file=2022-07/hr4346_chip.pdf.

② 笔者按：2021年11月19日美国众议院以220:213票通过“重建美好法案”（Build Back Better Act），但是该法案一直没有在参议院通过，属搁置状态。

③ CHIPS Act is a ‘national security investment,’ says Sen. Todd Young. 2022-07-26. https://www.cnbc.com/video/2022/07/26/chips-act-is-a-national-security-investment-says-sen-todd-young.html?&qsearchterm=chips%20act.

第三，“先进制造投资税收抵免”政策对享受税收抵免的投资额不设上限，大力度支持美国半导体、芯片产业实现更高水平的聚集和产业升级，实现更高程度的“芯片美国制造”，打造更有韧性的美国供应链竞争优势①。为扭转美国研发支出占比下降并落后于其他先进经济体的趋势，《研发、竞争与创新法案》授权为期5年的历史性公共研发投资，以增强研究创新及有效转化能力，该法案授权在研发和创新领域的总投资额达到创纪录的1699亿美元。

二、将税收立法作为制裁工具

自2022年2月乌克兰与俄罗斯的军事冲突爆发以来，美国启动了一系列的、涉及广泛的制裁。2022年4月7日，美国参议院财政委员会主席罗恩·威登（Ron Wyden）和参议员罗布·波特曼（Rob Portman）共同发起一项针对俄罗斯的税收法案（以下简称《两党税收法案》），禁止向俄罗斯或白俄罗斯政府纳税的人或实体享受外国税收抵免和其他税收优惠。涉及国际税收规则的美国税收立法也被美国用作制裁俄罗斯的工具，可以想见，美国对俄罗斯的制裁是全天候的、全方位的，并且将对其他国家起到“示范作用”，如果其他国家跟进，将在国际税收规则领域对俄罗斯产生极为不利的影响，国际资本进入俄罗斯的税收成本将大为增加。

需要指出的是，这项税收法案是两党共同发起的，罗恩·威登是民主党参议员，而罗布·波特曼是共和党参议员，说明两党在制裁俄罗斯的议题上是高度一致的。对于在国际税收规则领域向俄罗斯发起制裁，两位参议员表示，两党在有关政策技术细节上已经取得共识，以确保美国纳税人不会向俄罗斯缴纳任何税收。如果在当前形势下仍有企业选择继续在俄罗斯开展经营业务并向俄罗斯政府纳税，将不会得到美国提供的外国税收抵免，也不会得到美国的税收优惠。罗恩·威登是美国很有号召力的资深参议员，同时也是一位国际税收专家，2022年4月8日美国总统拜登签署的暂停与俄罗斯和白俄罗斯正常贸易关系的法案，罗恩·威登参议员也是重要发起人，法案在参议院以100:0的表决结果通过。因此，可以看出，美国希望由两党参议员共同发起的税收制裁法案会在国际税收规则领域对俄罗斯和白俄罗斯进行重大打击。

《两党税收法案》提出对1986年版的美国税收法典的相应条款进行补充或完善，主要涉及Section901（j）（2）、952（a）（5）、Section892、Section871（h）等条款。该法案将拒绝任何缴纳给俄罗斯或白俄罗斯的税收享受税收抵免或抵扣，以及拒绝提供其他形式的税收优惠，制裁措施加大在俄罗斯或白俄罗斯投资企业的税收负担，在技术细节处入手，制裁措施全面而精准。具体内容包括如下几个方面：

第一，拒绝缴纳给俄罗斯或白俄罗斯的所得税享受外国税收抵免（Foreign Tax Credits）。美国税收法典的第901（j）款规定了一个不得享受外国税收抵免的国家清单，目前这个清单包括朝鲜、伊朗、叙利亚和苏丹，在《两党税收法案》成为法律30天后，俄罗斯和白俄罗斯将进入这个清单。一旦进入这个清单，任何缴纳给俄罗斯或白俄罗斯的所

① STATEMENT OF ADMINISTRATION POLICY. Senate Substitute Amendment to H. R. 4346 – CHIPS Act of 2022. 2022 – 07 – 25. https：//whitehouse. gov/wp – content/uploads/2022/07/SAP – H. R. – 4346 – Senate – Amendment – CHIPS. pdf.

得税将被拒绝享受外国税收抵免的优惠。这项制裁条款使得美国企业在俄罗斯或白俄罗斯投资设立的子公司，如果向俄罗斯或白俄罗斯缴纳所得税，所缴纳的所得税将被拒绝获得美国税法法典提供的外国税收抵免，意味着美国企业在俄罗斯或白俄罗斯的投资将面临税收成本的大幅增加。

第二，受控外国公司所得将适用F分部下的全额税率。依据美国税收法典第952（a）（5）款，一旦俄罗斯或白俄罗斯进入第901（j）款规定的国家清单，美国企业设立在俄罗斯或白俄罗斯的受控外国公司（CFC），从俄罗斯或白俄罗斯取得所得将自动被视为F分部所得（Subpart F Income），适用美国联邦公司所得税全额税率（21%），不得享受任何优惠待遇。此外，如果受控外国公司在俄罗斯或白俄罗斯没有取得利润所得，而是遭受亏损，亏损也不得与“全球无形低税所得规则”（GILTI）下的所得进行相互冲抵。

第三，为业务退出提供安全港待遇。《两党税收法案》为那些已经从俄罗斯或白俄罗斯业务退出或快速关闭运营的企业提供安全港待遇，对于这样的美国企业，美国税收法典第952（a）（5）款将自动关闭，因退出或关闭而导致的亏损将被视为“全球无形低税所得规则”（GILTI）下亏损，可以与“全球无形低税所得规则”（GILTI）下的所得相互冲抵。《两党税收法案》对从俄罗斯或白俄罗斯的业务退出或快速关闭提出了量化指标要求，以2021年为基准，在俄罗斯或白俄罗斯的营业总收入要在2022年下降至少85%，2023年及以后要下降至少95%。《两党税收法案》授权美国财政部制定具体办法，将出于人道主义原因并且取得美国外国资产控制办公室（Office of Foreign Asset Control）许可证的营业收入，从上述营业总收入的计算口径中排除。

第四，全方位取消税收优惠。《两党税收法案》针对俄罗斯和白俄罗斯全方位取消税收优惠，无论是通过签订双边税收协定提供的税收优惠，还是美国税收法典固有的税收优惠。被取消的税收优惠具体包括：与俄罗斯或白俄罗斯签订的双边税收协定提供的税收优惠，美国税收法典第892条规定的给予外国政府的预提所得税免税待遇，美国税收法典第871（h）款和第881（c）款规定的组合利息预提所得税免税待遇，美国税收法典第864（b）款规定的贸易安全港，美国税收法典第883条规定的海运所得免税待遇，美国税收法典第897（l）款规定的外国不动产投资预提所得税免税待遇。另外，需要引起注意的是，《两党税收法案》明确界定了被取消税收优惠待遇的“人”的范围，包括三大类：第一类，因乌俄冲突已经被美国制裁的人；第二类，俄罗斯政府和白俄罗斯政府；第三类，被美国财政部认定需要被取消税收优惠的任何人。美国财政部可以识别与以上三类人有任何控制、被控制、其他关联关系的人；如果由俄罗斯或白俄罗斯控制的任一实体被识别，该实体将自动被取消税收优惠，并且该实体还需要将具体情况如实向美国财政部和所有纳税扣缴机构报告。

第五，暂停税收情报交换。基于与俄罗斯或白俄罗斯签署的双边税收协定或政府间协议而进行的税收情报交换将暂停。

税收中性原则是西方学者倡导并推崇的重要经济原则，最早由英国古典经济学家亚当·斯密提出，该原则以完全的自由市场经济为背景，要求国家征税以不干预市场经济运行、平等对待一切纳税人为目标，确信市场机制在资源配置中的充分和效率。然而，此次《两党税收法案》以涉及国际税收规则的税收立法作对俄罗斯的制裁工具，带来的启示是，需要更加深刻地看清税收的政治属性，这是税收的“底色”，在政治属性的指挥下，税收可以用作国家间的博弈工具。《两党税收法案》是一个典型的例证，国际税收规则可以被“工具化”，用来实现一个国家的政治意志。表面上，《两党税收法案》是对美国国内法的修订，修改的都是美国税收法典的相关条款，但是在政策效果层面，美国依仗其全球唯一超级大国的绝对优势，《两党税收法案》将产生国际化的影响，而且会产生“示范效应”，如果其他西方国家跟进，将在国际税收领域形成对俄罗斯和白俄罗斯的“包围圈”，阻碍资本、技术、管理等各方面市场要素进入甚至发生关联，国际税收规则领域的制裁，将促使俄罗斯和白俄罗斯的经济进一步被孤立，与西方经济“绝缘”。

三、与支柱二全球最低税的规则冲突

美国拜登政府执政以来极力推动全球最低税谈判，财政部部长珍妮特·耶伦是支柱二全球最低税的坚定支持者，并希望美国成为首个实施全球最低税的国家①。“先进制造投资税收抵免”政策将符合要求的半导体产业有形资产投资的25%作为税收抵免，并且投资额不设上限，将有可能导致纳税人有效税率低于全球最低税税率15%，触碰底线。

从OECD已经发布的文件和相关国际会议获知，支柱二全球最低税有效税率计算公式中的“有效税额”，将豁免对研发投资的税收抵免（R&D Credit）。据此推测，美国立法者应该已经考虑到“先进制造投资税收抵免”政策与支柱二全球最低税之间的规则冲突，考虑到“先进制造投资税收抵免”政策有可能触发全球最低税而导致纳税人的部分美国税收将由其他国家或地区征收。拜登政府可能会在全球最低税接下来的谈判中，除了充分利用初始国际化豁免机制外，还会建议将“先进制造投资税收抵免”政策排除在有效税率的计算范围之外。美国可能将比照研发投资税收抵免，将“先进制造投资税收抵免”政策视同研发投资而享受豁免待遇；或者提出支柱二方案的修改建议，扩大“有效税额”的豁免范围，将“先进制造投资税收抵免”政策包括进去。这样，美国纳税人就可以既享受增加半导体有形资产投资带来的税收抵免，又可以避免触发全球最低税；对美国政府而言，既增加关键产业的投资，又可以有效保护本国税基不受损失。

美国利用税收政策与中国进行技术对抗和竞争应引起高度重视，该法案的主要谈判代表、共和党参议员罗杰·威克直言，没有比美国与中国之间争夺“技术霸权”更重要的竞争了②。对于《芯片法案》，中国商务部批评称，部分条款限制有关企业在华正常经贸与投资活动，将会对全球半导体供应链造成扭曲，对国际贸易造成扰乱。中国外交部也表示，中国对此“坚决反对”，称不应为中美正常的科技人文交流合作设置障碍，也不应剥夺和损害中方正当的发展权益。中国驻华盛顿大使馆此前表示，中国“坚决反对”该法案，称其让人想起了“冷战思维”。对于美国利用支柱二全球最低税、在《芯片法案》中设计“先进制造投资税收抵免”政策的“如意算盘”要引起高度重视，全球最低税是美国的一项重要经济竞争战略，不只是一项简单的税收政策。我们需要在参与数字经济全球

---

① 耶伦希望美国率先实施全球最低税，期待更多国家紧随其后．2022－06－24. https：//mp. weixin. qq. com/s/rGHmpaBmY7eErijdjTI6cw.

② 美“芯片和科学法案”损人不利己．2022－08－02. http：//world. people. com. cn/n1/2022/0802/c1002－32492344. html.

税收治理的工作中，高度重视和警惕美国税收政策的趋势，特别是像“先进制造投资税收抵免”政策的“自利性”。

第三节　发展趋势：“多边共治”与“强制约束力”

一、基于双边实质合作的国际税收治理

19 世纪末 20 世纪初，全球跨境贸易得到极大发展。但是在第一次世界大战后，单边主义和保护主义抬头，国际重复征税问题严重，困扰跨境贸易、借贷与投资。为了促进国际经济合作和世界经济复苏，1920 年国际联盟成立，在当时具有重要影响力的国际商会（International Chamber of Commerce）的推动下，国际联盟着手研究解决国际重复征税问题，并成立由四位来自不同国家的经济学家组成的专门委员会。这四位经济学家分别是：来自美国的塞利格曼、来自英国的斯坦普、来自荷兰的布鲁因斯和来自意大利的伊诺第。四位专家被赋予的任务是，研究并提出解决国际重复征税的方案，促进国际资本的自由流动。其中，英、美两位经济学家代表资本输出国，意大利经济学家则代表资本输入国。来自美国的塞利格曼主张居民税收管辖权，由来源国消除重复征税；来自意大利的伊诺第主张来源地税收管辖权，由居民国消除重复征税。双方的争论建立在富裕国家和贫穷国家的假定框架之上；富裕国家是资本输出国，也是债权国，需要确保其投资不被东道国征税，因而主张由居民国征税；贫穷国家是资本输入国，也是债务国，认为跨国投资者的经济活动发生在本国，主张由此产生的所得由来源国优先征税。经过激烈争论，委员会达成妥协，于 1923 年 4 月 5 日向国际联盟（League of Nations）提交了统一的《关于消除双重征税的报告》，即历史上著名的“国际联盟经济学家报告”，也被称为 1923 年的“伟大妥协”①。

《关于消除双重征税的报告》基于“经济忠诚”（Benefit Principle）的“受益原则”和“支付能力原则”（Ability to Pay Principle）确定划分征税权的原则：在限制来源国征税权的基础上授予来源国优先征税权，在肯定居民国无限征税权的基础上赋予居民国承担消除国际重复征税的责任②，也就是说，基于对所得的分类在国家间划分征税权，来源国对积极所得拥有优先但有限的管辖权，居民国对消极所得拥有最终且无限的管辖权。即资本输出国对纳税人的资本性收益（如股息、利息、特许权使用费、资本利得等）及其他类似所得拥有无限征税权；资本输入国则对纳税人发生在该国的实质经营活动所得（营业利润）拥有优先但有限的征税权，即跨国企业只有在来源国构成常设机构，且产生归属于常设机构的利润的情况下，来源国才能征税。这一“二维法”的国家间征税权划分框架成为国际税收体系的基础规则，一直延续应用至今。

---

① 廖体忠．国际税收政策的世纪选择与未来出路［J］．国际税收，2021（02）：3－11.

② 张志勇．近期国际税收规则的演化——回顾、分析与展望［J］．国际税收，2020，79（01）：3－9.

以这种“二维法”的国家间征税权划分原则，国际联盟（League of Nations）于1927年制定了《国际税收协定范本草案》，并于1928年对外发布协定范本，从而影响国际税收达百年之久，对后来的国际税收政策、各国国内税收立法以及后续的税收协定，包括《联合国税收协定范本》《OECD税收协定范本》，以及基于此签订的近4000个双边税收协定，产生了深远的影响，并逐步形成了在双边税收协定基础上的国际税收秩序和治理框架。需要说明的是，这个运行近百年的治理体系和框架以双边税收协定谈判为主，为各国国际税收政策的选择留下了自主空间，属于浅度全球化范畴①。《OECD税收协定范本》和《联合国税收协定范本》诞生以来，双边税收协定在税收的国际协调与合作过程中发挥了重要作用②，在世界范围内逐渐建立起以双边税收协定为主要基础的国际税收规则，国际税收的主要治理方式是双边实质合作③。基于双边实质合作的国际税收治理为独立国家的税收主权留下“自主空间”，独立国家可以较充分地行使税收主权，以《OECD税收协定范本》或《联合国税收协定范本》为基础，国家之间进行谈判、签订双边税收协定。在这样的双边谈判中，独立国家的税收主权基本得到保证，可以基于本国经济发展的具体条件和需求，本国与对方国家之间的共同愿望、合作前景、友好程度等情况，对《OECD税收协定范本》或《联合国税收协定范本》中的具体条款进行修改、增删，签订满足两国之间特殊需要的双边税收协定，可以说，在基于双边实质合作的国际税收治理之下，国家与国家之间的双边税收协定是个性化的、多样化的，税收协定与税收协定之间保持着足够的独立性，这是独立国家税收主权的体现。

在这个前提下，如果跨国企业集团引发国家间的税收争议，解决的主要途径是在国家间双边税收协定中预设的“相互协商程序”（Mutual Agreement Procedure，MAP）。《OECD税收协定范本》或《联合国税收协定范本》的第25条均为MAP条款，其基本的工作机制是，如果双边税收协定缔约国一方的税收居民认为其跨境所得已经或可能遭遇缔约国另一方税务主管当局违反双边税收协定规定的征税，可以选择不诉诸缔约国另一方国内法规定的税务行政复议或税务行政诉讼救济机制，而直接向其居住国税务主管当局申诉争议案情，请求后者考虑启动MAP机制，与缔约另一方税务主管当局进行谈判，以解决缔约国一方税收居民认为并提起的违反税收协定规定的征税问题。相互协商程序（MAP）的最重要机制缺陷是，这样的基于双边税收协定的、协商性质的税收争议解决机制缺乏强制约束力，缔约国双方可以根据税收协定、本着友好协商的精神达成一致，解决税收争议，但是这并不是缔约国双方必须执行的义务。换言之，在相互协商程序（MAP）下，缔约国双方均无义务确保一定解决跨国企业集团纳税人提起的税收争议，存在相互协商程序（MAP）无法最终解决跨国企业集团纳税人提起的税收争议的可能，跨国企业集团纳税人可能因此无法消除因税收争议事项引起的重复征税④。

---

①③ 廖体忠．国际税收政策的世纪选择与未来出路［J］．国际税收，2021（02）：3－11.

② 崔晓静．全球税收治理中的软法治理［J］．中外法学，2015，27（05）：1271－1290.

④ 廖益新，冯小川．强制性仲裁并非解决国际税收争议问题的灵丹妙药［J］．税务研究，2020（02）：59－65. 关于相互协商程序（MAP）存在的各种缺陷问题，可进一步参看：Michael Lang，Mario Zuger. Settlement of Disputes in Tax Treaty Law［M］. Hague：Kluwer Law International，2002：24.

二、基于多边强制约束力的全球税收治理

2013年之前，国际税收治理以防范双重征税为主题，双边税收协定是主要的税收协调工具，以直接税单一治理为主，2013年G20委托、由OECD推动BEPS15项行动计划，开启“百年国际税收规则的重塑进程”，可以视为国际税收治理的分水岭①。在经济全球化发展的基础上，经济数字化发展给国际税收规则带来重要挑战，国家间征税权划分的“二维法”原则，以及在该原则前提下基于双边税收协定的国际税收秩序和治理框架，所存在的重要缺陷和弊端日益显现，税基侵蚀和利润转移（BEPS）问题引发全球关注。为应对这样的挑战，在G20委托和授权下，OECD领导并推动BEPS行动计划从BEPS 1.0到BEPS 2.0，国际税收体系改革聚焦“建立全球公平和现代化的国际税收体系”②，由此引发国际税收治理的重大方向性转变，“基于双边实质合作的国际税收治理”，转向“多边强制约束力的全球税收治理”。

经济数字化税收挑战是导致“基于双边实质合作的国际税收治理”转向“多边强制约束力的全球税收治理”的决定因素和根本原因。全球税收治理并非简单的治理概念问题，也不是全球治理在某一领域的具体问题，其强调税收和税制是全球问题，需要全球安排和国际法意识过程③。为应对经济数字化税收挑战，在G20/OECD包容性框架下提出的“双支柱”方案属于深度全球化范畴，追求的是多边深度共治或深度全球化④。“双支柱”方案中，支柱一方案对传统国际税收规则而言是革命性的改革，影响各国公司所得税的税基（国家税收利益），挤压各国税收立法权（税收主权），并需要签订《多边公约》（MLC）进行实施，以“单一税制”为全球税收治理的方向；支柱二方案需要各国按照《支柱二GloBE立法模板》向国内税法引入相关概念和规则，建立多边审议机制和利用多边工具（MLI）进行实施，以“单一税率”为全球税收治理的方向。同质和共性问题的深度全球化可以并且必须进行深度多边共治，而异质和非共性问题不适用深度全球化和深度多边共治⑤，BEPS 2.0以“双支柱”方案为核心内容的国际税收体系改革，支柱一的“单一税制”和支柱二的“单一税率”所要解决的正是经济数字化税收挑战中的同质和共性的问题，是在深度全球化的进程中实现多边强制约束力的全球税收治理。无论支柱一还是支柱二，“多边共治”是BEPS 2.0阶段国际税收体系改革的终极目标，实现“多边共治”的必然路径是必须追求的“强制约束力”，“多边强制约束力”则必然要求独立国家广泛让渡相当程度的税收主权，百年国际税改需要各国再一次的“伟大妥协”，这是“双支柱”方案的政治底色。

要形成“多边共治”下的“强制约束力”，就一定会挤压基于双边实质合作国际税收治理为独立国家税收主权留下的“自主空间”，需要独立国家在参与多边共治的“获益”

---

① 罗秦．国际税收治理从双边到多边的演进：新格局、新挑战及新趋势［J］．国际税收，2021（01）：20-26.

② 二十国集团领导人杭州峰会公报［R/OL］．（2016-09-05）［2022-12-07］．http：//cpc.people.com.cn/n1/2016/0906/c64387-28693259.html.

③ 任际．国际税法新发展：全球税收治理与国际法律意识［J］．辽宁大学学报（哲学社会科学版），2016（3）：18-22.

④⑤ 廖体忠．国际税收政策的世纪选择与未来出路［J］．国际税收，2021（02）：3-11.

与让渡国家税收主权的“损失”之间，考量利弊得失，需要独立国家在平衡国家税收利益基础上作出政治妥协，这不是一个简单问题。参与多边共治，独立国家将让渡部分税收主权，其国内立法空间受到挤压，制定经济政策受到一定程度限制，这是不利的方面；而有利的方面是，独立国家将作为“多边共治”的一员，广泛参与和融入全球税收治理，享受强制约束力下的效率和收益，亲自参与执行具有“强制约束力”的各项机制和流程，以分享和执行“强制约束力”来补偿自身让渡的税收主权。换言之，独立国家需要以经济全球化、经济数字化的眼光和格局，重新考量和平衡多边强制约束力的全球税收治理与自身的国家税收主权，在国际与国内两个维度求得最有利的战略性决策。百年国际税改的多边化趋势汹涌而来、已成定势，在这样的趋势下，以顺势而为博取最大程度的利益和最小程度的损失，应属明智之举。独立国家如何在百年国际税改的“双支柱”方案中、如何在多边强制约束力的全球税收治理中，占据有利位置、获得最大收益、允许最小损失，以战略格局平衡利益得失，既需要技术理性，也需要政治妥协①。

第四节　竞争更加激烈：从规则制定到秩序执行

一、经合组织占据主导优势

百年国际税改，促使基于双边实质合作的国际税收治理转向基于多边强制约束力的全球税收治理，然而，围绕国家税收主权、国家税收利益的竞争不仅没有减弱，而且呈更加激烈的态势。更加激烈的竞争态势体现在全球税收治理各个领域、各个方面，既包括国际税收规则制定权竞争，也包括制定好的规则在实施过程中的执行权竞争，因此，数字经济的全球税收治理之下，具有强制约束力规则的多边深度合作，其实更是各国之间愈加激烈的全方位竞争。

国际税收规则制定权竞争其实一直存在，素有“富国俱乐部”之誉的 OECD 处于竞争的领先和优势地位。在哥伦比亚于 2020 年 4 月、哥斯达黎加于 2021 年 5 月加入 OECD 之后，OECD 的成员国已达 38 个，成员国遍布全球，从北美、南美到欧洲和亚太，并且 OECD 还和世界上重要经济体展开合作，如中国、巴西、印度、印度尼西亚和南非。OECD 在国际税收规则制定方面有着强大的技术优势，这一点非常明显地体现在《OECD 税收协定范本》《OECD 转让定价指南》② 等国际税收领域的基础性规则方面，这些基础性规则成为规范和指引国际税收秩序的“软法”。尽管这样的“范本”“指南”，表面上并不具备严格意义上的法律约束力，但却是具有一定法律效力的国际文件③，其主要作用是

① 廖体忠．国际税收政策的世纪选择与未来出路［J］．国际税收，2021（02）：3－11.

② 笔者按：《OECD 转让定价指南》指 OECD 发布的《OECD 跨国企业与税务机关转让定价指南》（OECD Transfer Pricing Guidelines for Multinational Enterprises and Tax Administrations），目前已经更新到 2022 年版本。

③ 王铁崖．《国际法》．北京：法律出版社，1995：456.

为全球税收治理提供非强制性的原则依据和方案指导，指引各国参考或遵从这些软法文本开展全球税收治理方面的协调合作①。目前全球各国之间的双边税收协定基本上是以《OECD 税收协定版本》或《联合国税收协定范本》为基础谈判签订的，《联合国税收协定范本》是在参考借鉴《OECD 税收协定范本》的基础上修订而成的，跨国企业集团出现的关联交易事项基本上是以《OECD 转让定价指南》为标准进行定价调整的，说明 OECD 制定的“软法”实际上具备了“国际惯例”性质的国际法地位。

2013 年 2 月 12 日，OECD 应 G20 的要求发布《应对税基侵蚀和利润转移》（Addressing Base Erosion and Profit Shifting）② 报告，以全球应对税基侵蚀和利润转移为起点，百年国际税改的大幕逐渐开启，而 OECD 凭借其已有的规则制定基础和强大的规则制定技术优势再次赢得国际税收规则制定权的主导地位，并且这一地位得到 G20 的承认和政治背书。OECD 有着强大的制定国际税收规则的技术优势，这一点是事实，应该予以高度重视和客观承认。OECD 的总部位于法国巴黎，OECD 设立“税收政策与管理中心”（Centre for Tax Policy and Administration，CTPA），汇集了世界上优秀的税收专家，在 OECD 财政事务委员会（Committee on Fiscal Affairs）的主导下开展工作，包括 G20/OECD 包容性框架下的工作、财政事务委员会（CFA）专门论坛的工作、各专门工作组③的工作，以及税收透明度和信息交换全球论坛的工作。“税收政策与管理中心”的工作涵盖所有涉及国际和国内税收的相关问题，既包括直接税也包括间接税，并建立在与 OECD 各成员国的牢固关系，以及与大量合作伙伴（非 OECD 成员国、G20 成员、其他发展中国家）平等参与的基础上，并且包括范围广泛的企业界、非营利组织和民间智库的合作与贡献④。这种全球性视野、包容性原则、前瞻性工作确保 OECD 拥有全球一流的、领先的制定国际税收规则的技术优势，而这种技术优势帮助 OECD 拥有规则制定的主导权，为解决经济全球化、经济数字化带来的税收挑战提供解决方案。

由于担任 OECD 税收政策与管理中心（CTPA）主任长达 12 年的帕斯卡·圣塔曼（Pascal Saint - Amans）于 2022 年年末宣布离职，和现任 OECD 税收政策与管理中心（CTPA）主任格蕾丝·佩雷斯·纳瓦罗（Grace Perez - Navarro）将于 2023 年 3 月 31 日退休，OECD 于 2023 年 1 月 13 日任命曼诺·柯文（Manal Corwin）为下一任的 OECD 税收政策与管理中心（CTPA）主任，任期自 2023 年 4 月 3 日开始⑤。Manal 将领导 OECD 税收政策与管理中心（CTPA）所有领域的工作，包括应对经济数字化税收挑战的“双支柱”方案、税基侵蚀和利润转移项目、税收透明度议程以及该中心参与 OECD 新的碳减排包容性论坛的各项工作。Manal 曾担任毕马威（KPMG）美国办公室的税务主管合伙人和董事会首席董事，拥有美国哈佛大学文学士学位（优等生）和波士顿大学法学院法学博士学位（优

① 崔晓静. 全球税收治理中的软法治理［J］. 中外法学，2015，27（05）：1271 - 1290.

② OECD，Addressing Base Erosion and Profit Shifting［EB/OL］.（2013 - 02 - 12）［2021 - 06 - 30］. https：//www. oecd. org/tax/addressing - base - erosion - and - profit - shifting - 9789264192744 - en. htm.

③ 笔者按：如 OECD 数字经济税收工作小组（TFDE），TFDE 是 G20/OECD 税基侵蚀和利润转移（BEPS）包容性框架下的一个工作小组。

④ https：//www. oecd. org/tax/centre - for - tax - policy - and - administration - brochure. pdf.

⑤ https：//www. oecd. org/newsroom/oecd - appoints - manal - corwin - as - new - director - of - its - centre - for - tax - policy - and - administration. htm.

等生)。在她职业生涯的早期阶段，她是一名专门从事国际税法的律师，并担任当时美国上诉法院（第一巡回法院）首席法官 Levin Campbell 的司法助理。

OECD 拥有制定国际税收规则的技术优势，但缺乏推动技术规则的全球性政治权威，为此 OECD 和 G20 成为合作伙伴（partner），形成了以 OECD 和 G20 为主导的国际税收决策机制①，具体为：由 G20 委托、由 OECD 制定、由 G20/OECD 包容性框架谈判取得一致、由 G20 给予政治背书。二十国集团（Group of 20，G20），是由八国集团财长会议于 1999 年倡议成立，由中国、韩国、印度、美国、英国、加拿大、德国、意大利、法国、俄罗斯、日本、欧洲联盟、印度尼西亚、墨西哥、南非共和国、沙特阿拉伯、土耳其、澳大利亚、阿根廷、巴西 20 个国家和国际组织组成。G20 成员涵盖面广，代表性强，成员构成兼顾了发达国家和发展中国家以及不同地区的利益平衡，人口占全球的 2/3，国土面积占全球的 55%，国内生产总值（GDP）超过全球的 86%，贸易额超过全球的 75%。自 2013 年 G20 委托 OECD 就应对税基侵蚀和利润转移开展工作以来，基于 OECD 在制定国际税收规则的长期经验和广泛专业知识，OECD 与 G20 展开全面且深入的合作，对国际税收体系进行重大改革，提升全球税收透明度。OECD 与 G20 在国际税改方面的合作，包括四个方面的工作：一是解决全球性的避税问题，包括经济数字化带来的税收挑战；二是加强税收透明度和税收信息交换；三是推动促进强劲、可持续和包容性经济增长的税收政策；四是支持国际税收作为促进全球经济发展的工具。G20 在处理国际税收问题方面需要 OECD 的技术支持，承认 OECD 在制定国际税收规则上的技术优势，委托 OECD 就应对税基侵蚀和利润转移以及其他方面的国际税改开展工作，G20 以 G20 财长和央行行长会议、领导人峰会的方式对 OECD 的工作和工作成果给予政治背书②。

二、联合国是重要竞争力量

在 OECD 之外，在全球范围内联合国（United Nations）是制定国际税收规则的另外一支重要力量，这个全球性的组织为广大发展中国家平等参与全球税收治理提供了重要的平台。在联合国经济与社会理事会（the UN Economic and Social Council）之下设有一个附属机构，“联合国国际税收合作专家委员会”（The Committee of Experts on International Cooperation in Tax Matters)，负责联合国在全球税收合作和税收政策、税收规则制定方面的工作③。“联合国国际税收合作专家委员会”由来自 25 个国家的 25 位税务专家组成，由联合国秘书长亲自任命，任期 4 年。最新一届的“联合国国际税收合作专家委员会”于 2021 年 7 月 21 日获得联合国秘书长安东尼奥·古特雷斯（António Guterres）的任命，任期自 2021 年 7 月至 2025 年 7 月④。“联合国国际税收合作专家委员会”的主要工作职责包括五

① 崔晓静. 全球税收治理中的软法治理［J］. 中外法学，2015，27（05）：1271 – 1290.

② 廖体忠. BEPS 行动计划的影响及我国的应对［J］. 国际税收，2014（07）：13 – 15.

③ UN. Department of Economic and Social Affairs. https：//www. un. org/development/desa/financing/what – we – do/ECOSOC/tax – committee/about.

④ UN. UN Tax Committee – 25 members appointed.（中国国家税务总局国际税收司副司长熊艳为“联合国国际税收合作专家委员会”委员）. 2021 – 07 – 21. https：//www. un. org/sg/en/content/sg/personnel – appointments/2021 – 07 – 21/un – tax – committee – 25 – members – appointed.

个方面：一是在持续地对《联合国税收协定范本》和《联合国发达国家与发展中国家间双边税收协定谈判手册》（the Manual for the Negotiation of Bilateral Tax Treaties between Developed and Developing Countries）进行检视和修订；二是提供联合国平台下的对话框架，以加强和促进各国税务主管当局之间的国际税务合作；三是审议可以影响国际合作的税务问题，并就相关税收问题进行评估、确认，并制定相关政策建议；四是就能力建设和向发展中国家和经济转型国家提供技术援助提出建议；五是在处理上述所有问题时，需要特别注意发展中国家和经济转型国家的客观需求。

联合国在国际税收规则制定权的竞争中建树颇多，《联合国税收协定范本》和《联合国发达国家与发展中国家间双边税收协定谈判手册》被广大发展中国家认可和采用，与《OECD 税收协定范本》分庭抗礼。在应对经济数字化税收挑战的工作中，“联合国国际税收合作专家委员会”提出“联合国 12B”条款的建议，为解决数字经济征税权划分原则提供了新思路、新途径。2022 年 11 月 23 日，第 77 届联合国大会第二委员会（经济和金融）批准一项决议，该决议名为《在联合国促进包容和有效的国际税务合作》（Promotion of inclusive and effective international tax cooperation at the United Nations）[①]，该决议确认加强国际税务合作以使其具有充分包容性和更加有效的紧迫性与重要性，该决议决定在纽约联合国总部开始进行政府间讨论，探讨如何通过评价更多的备选方案，包括是否有可能制定国际税务合作框架或文书，在充分考虑到现有国际和多边安排的情况下制定和商定，从而加强国际税务合作的包容性和有效性。该决议由尼日利亚代表以联合国非洲国家集团名义提出[②]，是在 G20/OECD 包容性框架领衔国际税收规则改革的背景下提出的，意在以联合国为平台加强国际税务合作、推动国际税收秩序变革，建立联合国国际税务合作框架，是联合国争取国际税收规则制定权的重要努力。在审议期间，美国对该决议第二款提出了修正案，理由是该决议需要对此事项进行政府间讨论，但最终以 55 票赞成、97 票反对、13 票弃权的表决结果否决了美国修正决议的请求。

三、美国追求自身利益优先

美国凭借其全球唯一超级大国的实力，在国际税收规则制定权的竞争中一贯追求自身利益优先的做法，而且以美国国内税法通过“长臂管辖”等通道影响国际税收规则的发展趋势。美国作为 OECD 的重要成员国，对《OECD 税收协定范本》中的税收饶让规则却始终拒绝、视而不见。早在 1954 年美国联邦政府与巴基斯坦签署双边税收协定，协定中美国联邦政府同意嵌入税收饶让条款，但是该条款最终被美国国会否决，此后，美国对外签订的税收协定都没有再包含税收饶让条款[③]。美国从保护自身税收利益的角度，认为税收饶让会减少美国的财政税收收入，将企业在其他国家享受的税收优惠视同在美国已经纳税

① 联合国第 77 届会议．第二委员会．宏观经济政策问题．在联合国促进包容和有效的国际税务合作(A/C. 2/77/L. 11/REV. 1)2022 - 11 - 16. https://daccess - ods. un. org/access. nsf/Get? OpenAgent&DS = A/C. 2/77/L. 11/REV. 1&Lang = C.

② UN. Human rights experts support call for UN tax treaty. 2022 - 11 - 29. https: //www. ohchr. org/en/press - releases/2022/11/human - rights - experts - support - call - un - tax - treaty.

③ 王立利．浅谈美国税收协定中的饶让抵免政策［J］．国际税收，2020（08）：64 - 67.

进行税收抵免，形成美国企业在其他国家投资的税收负担低于在美国投资，将激励美国企业向其他国家投资而非美国，相当于美国政府以损失自己财政税收收入来鼓励美国企业投资境外，美国自身利益受损，自然坚决反对。1984年4月我国与美国签署的双边税收协定没有包含税收饶让条款，但通过两国政府间的换文明确，两国双边税收协定“第二十二条暂不规定税收饶让抵免。但是，如果美国今后修改有关税收饶让抵免规定的法律，或者美国同任何其他国家对税收饶让抵免的规定达成协议，本协定即应修改列入税收饶让抵免的规定”①。

由于《OECD税收协定版本》《联合国税收协定范本》都规定了相互协商程序（MAP），基于这两个协定范本签订的双边税收协定对于税收争议普遍缺乏具有约束力的争议解决机制，基于自身利益的考虑，美国作出突破，在与相关国家的税收协定中首先引入具有强制约束力的税收争议解决机制，即“强制性仲裁条款”。2006年6月，美国在与德国签订的双边税收协定的议定书中第一次正式引入强制性仲裁程序条款②，在世界范围内开启美国模式的双边税收协定下的税收争议解决机制。此后，2006年11月美国与比利时③、2007年9月美国与加拿大④、2009年1月美国与法国⑤、2009年9月美国与瑞士⑥、2013年1月美国与日本⑦、2013年1月美国与西班牙⑧等国家，陆续签订税收协定或议定书，引入强制性仲裁解决机制，以强制性仲裁解决税收争议的美国税收协定模式双边协定网络逐步形成并扩大。依据强制性仲裁条款，两国间的税收争议案件将由三名成员组成的仲裁委员会作出终裁决定予以解决，涉及案件的国家税务主管当局需要在60至90天的时间内（以双边税收协定的强制性仲裁条款的具体规定为准）向三人仲裁委员会提交一份建

---

① 中华人民共和国政府和美利坚合众国政府关于对所得避免双重征税和防止偷漏税的协定的换文.1984.04.30. http://www.chinatax.gov.cn/n810341/n810770/c1153055/5026996/files/11530559.pdf.

② Protocol Amending the Convention between the United States of America and the Federal Republic of Germany for the Avoidance of Double Taxation and the Prevention of Fiscal Evasion with Respect to Taxes on Income and Capital and to Certain Other Taxes. 1989-08-29. https://www.irs.gov/pub/irs-trty/germanprot06.pdf.

③ The Convention between the Government of the United States of America and the Government of the Kingdom of Belgium for the Avoidance of Double Taxation and the Prevention of Fiscal Evasion with Respect to Taxes on Income. 2006-11-27. https://www.irs.gov/pub/irs-trty/belgiumprot06.pdf.

④ Protocol Amending the Convention between the United States of America and Canada with Respect to Taxes on Income and on Capital Done at Washington on 26 September 1980 as Amended by the ProtocolS Done on 14 June 1983, 28 March 1984, 17 March 1995 and 29 July 1997. 2007-09-21. https://home.treasury.gov/system/files/131/Treaty-Canada-Pr2-9-21-2007.pdf.

⑤ Protocol Amending the Convention between the Government of the United States of America and the Government of the French Republic for the Avoidance of Double Taxation and the Prevention of Fiscal Evasion with Respect to Taxes on Income and Capital, Signed at Paris on August 31, 1994, as Amended by the Protocol Signed on December 8, 2004. 2009-01-13. https://home.treasury.gov/system/files/131/Treaty-France-Pr2-1-13-2009.pdf.

⑥ Protocol Amending Tax Convention with Swiss Confederation. 2011-01-26. https://www.congress.gov/112/cdoc/tdoc1/CDOC-112tdoc1.pdf.

⑦ Protocol Amending the Convention between the Government of the United States of America and the Government of Japan for the Avoidance of Double Taxation and the Prevention of Fiscal Evasion with Respect to Taxes on Income. 2013-01-24. https://home.treasury.gov/system/files/131/Treaty-Japan-Pr2-1-24-2013.pdf.

⑧ Protocol Amending the Convention between the United States of America and the Kingdom of Spain for the Avoidance of Double Taxation and the Prevention of Fiscal Evasion with Respect to Taxes on Income, and its Protocol signed at Madrid, on February 22, 1990. 2013-01-14. https://home.treasury.gov/system/files/131/Treaty-Spain-Protocol-1-14-2013.pdf.

议解决方案（不超过5页）和一份支持性立场文件（不超过30页）及附件，供三人仲裁委员会审议。三人仲裁委员会必须就税收争议案件从两个涉事国家提交的解决方案中选择一项，并在6个月至9个月内（以双边税收协定的强制性仲裁条款的具体规定为准）作出仲裁决定，并将决定书面通知双方税务主管当局。

美国税收协定模式与《OECD税收协定版本》和《联合国税收协定范本》下的相互协商程序（MAP）有着非常明显的不同，强制性仲裁条款是对税收协定当事国国家税收主权的法律约定，引入强制性仲裁条款，必然意味着当事国让渡一部分国家税收主权，承认仲裁程序和仲裁决定的法律地位高于当事国国家税收主权。美国税收协定模式下的强制性仲裁条款规定，一旦仲裁委员会作出决定，涉事的纳税人有决定接受该决定和拒绝接受该决定的“最后机会”，如果纳税人拒绝接受，仲裁委员会的决定对双边国家的税务主管当局均没有约束力，但是如果纳税人选择接受决定，那么双边国家的税务主管当局就必须执行仲裁委员会的决定，这是两个双边国家签订税收协定的国家义务。美国倾向在双边税收协定中引入强制性仲裁条款源于其维护美国国家税收主权的需要①，美国认为强制性仲裁符合美国的竞争优势地位，可以摆脱相互协商程序（MAP）的诸多弊端，既维护美国国家税收利益，也有利于美国企业纳税人的利益诉求。在美国的示范效应和积极推动下，作为“富国俱乐部”的OECD寻求在《OECD税收协定版本》中引入强制性仲裁条款，2008年4月在《OECD税收协定范本》2008年更新版的讨论文本中，在范本第25条增加第五段以引入强制性仲裁条款，经过讨论该条款于2008年6月获得OECD财政事务委员会的批准，2008年7月获得OECD理事会通过，强制性仲裁程条款作为《OECD税收协定版本》“相互协商程序”（MAP）的重要补充②。

在国际税收规则制定权的竞争中，美国追求自身利益优先的做法还着重地体现在其国内税制改革之中，美国通过修订其国内税法，客观上形成对国际税收体系和国际税收秩序的重大影响，其实质也是对国际税收规则制定权的竞争。2022年8月7日和8月12日，美国参议院和众议院分别通过《2022年削减通胀法案》（Inflation Reduction Act of 2022）（以下简称《削减通胀法案》），这项本应聚焦如何有效解决美国严重通胀问题的法案，却嵌入诸多项目的税收条款，实际上起到对美国国内税法改革和修订的立法效果，而且其中的很多条款具有非常明确的外溢作用，包括对当前G20/OECD包容性框架下的“双支柱”方案的重要影响。《削减通胀法案》提出向利润超过10亿美元的美国大公司加征“可替代公司最低税”③，税率为15%，据测算征税对象为约200家美国大公司。《削减通胀法案》提出这些大公司在目前21%的美国联邦标准所得税税率下的实际税率（ETR）不足15%，为堵塞美国大公司进行避税的漏洞，《削减通胀法案》建议的“可替代公司最低税”以

① 陈亚芹．论美国税收协定模式下强制性仲裁的法律特征及其现实基础——兼与OECD新范本规定的比较［J］．仲裁研究，2010（02）：53－63．

② OECD. Model Tax Convention on Income and on Capital：Condensed Version. 2008－08－31. https：//www. oecd－ilibrary. org/taxation/model－tax－convention－on－income－and－on－capital－condensed－version－2008_mtc_cond－2008－en.

③ SUMMARY：CLOSING TAX LOOPHOLES IN THE INFLATION REDUCTION ACT OF 2022. 2022－08－11. https：//www. democrats. senate. gov/imo/media/doc/summary_closing_tax_loopholes_in_the_inflation_reduction_act_of_2022. pdf.

"经调整财务报表所得"（Adjusted Financial Statement Income）为征税基础，这意味着依据会计准则计算确认的会计利润将成为缴纳"可替代公司最低税"的税基，而不再依赖于一直沿用的、以税法规则计算确认的应纳税所得额（Taxable Income）作为缴税的税基。所谓"经调整"，只是有限项目的有限调整，而不是之前的将"会计利润"调整为税法规则下的"应纳税所得额"。"可替代公司最低税"自2023年1月1日起实施，当美国大公司的"经调整财务报表所得"超过10亿美元，就需要向联邦政府缴纳税率为15%的"可替代公司最低税"，允许抵减以前年度的经营亏损和进行税收境外税收抵免。

四、秩序执行中的技术性竞争

为应对经济数字化税收挑战而进行的百年国际税改，在G20/OECD包容性框架下提出的"双支柱"方案，为确保纳税人在执行中的税收确定性，"双支柱"方案对秩序执行的设计更加程序化和细节化，以体现和落实规则的强制约束力。数字经济全球税收治理的多边强制约束力体现在规则的程序与细节之中，而规则的程序与细节正是规则的技术性要求。从目前阶段观察，"双支柱"方案在秩序执行中的技术性竞争将会更加激烈，所谓"细节决定成败""以管窥豹""细节之处见真章"，技术性竞争将成为数字经济全球税收治理的核心关节和主要内容，在技术性竞争的过程之中体现"多边共治"，在技术性竞争的结果之中体现"强制约束力"。

仅以支柱一方案为例，为确保税收确定性，支柱一方案规定跨国企业集团纳税人对利润进行再分配的金额A（新征税权）的计算结果，需要首先进行自我评估（Self Assessment），并可以在此基础上向税务主管当局请求确定性认定，一般由跨国企业集团的最终控股母公司向其所在国的税务主管当局提出①。税收确定性所涵盖的重点内容包括纳税人对收入来源地的确定，因为收入来源地确认直接影响金额A的计算和分配结果。跨国企业集团最终控股母公司所在国税务主管当局应邀请其他相关国家的税务主管当局组成审核委员会（Review Panel）作出决定，甚至可能组成裁定委员会（Determination Panel）作出裁定，无论决定还是裁定都具有强制约束力。如果出现税收争议，支柱一方案设立了具有强制约束力的税收争议解决机制②，在相互协商程序（MAP）不能有效解决问题的情况下，跨国企业集团纳税人可以请求成立"争议解决委员会"（Dispute Resolution Panel），对税收争议给出解决方案、作出决定。按照目前的方案，自跨国企业集团纳税人提出成立"争议解决委员会"的请求，至税收争议解决（相关国家税务主管当局接受"争议解决委员会"的决定），整个过程只有390天左右，由此看，这样的税收争议解决机制既很好地提高效率，又确保规则的税收确定性。

必须予以高度重视和警惕的是支柱一方案在秩序执行中的技术性竞争，这一点已经明

① OECD. Reports on the Blueprints of Pillar One and Pillar Two. 2020 - 10 - 12. http://www.oecd.org/tax/beps/beps-actions/action1/#d.en.521630.

② OECD. Tax challenges of digitalisation: OECD invites public input on the Progress Report on the Administration and Tax Certainty Aspects of Amount A of Pillar One. 2022 - 10 - 06. https://www.oecd.org/tax/beps/oecd-invites-public-input-on-the-progress-report-on-the-administration-and-tax-certainty-aspects-of-amount-a-of-pillar-one.htm.

显地体现在“双支柱”方案具体规则的制定之中，而且还会更加明显地体现在“双支柱”方案具体规则的实施之中。如上所述，相关国家税务主管当局对跨国企业集团纳税人有关申报的审核、相关国家的税务主管当局组成审核委员会（Review Panel）或裁定委员会（Determination Panel）、“争议解决委员会”（Dispute Resolution Panel），都需要技术性竞争，这里不仅仅指需要大批熟练掌握规则的专业人士能够代表相关国家参与到秩序执行的工作之中，更为重要的是需要在秩序执行工作中运用规则进行技术性竞争，以技术性竞争维护国家税收主权和税收利益。比如审核委员会（Review Panel）的成员需要从相关国家税务主管当局按照“拟定标准”（Criteria to Be Agreed）进行筛选，审核委员会成员可能会对跨国企业集团纳税人的相关事项是否符合规则产生意见分歧。如果不能达成一致，则秩序执行工作进入终审程序，由裁定委员会（Determination Panel）进行讨论和作出决定，而任何决定对相关国家和跨国企业集团纳税人都具有强制约束力①。委员会成员的选任与构成，委员会的工作运行机制、决策机制，每一个项目、每一处细节、每一组流程，都是秩序执行中的技术竞争，代表的是国家税收主权，维护的是国家税收利益，在深度的多边共治中体现全球税收治理的强制约束力。

---

① 廖体忠．国际税收政策的世纪选择与未来出路［J］．国际税收，2021（02）：3－11．

第七章　更好维护我国税收利益的应对策略

第一节　客观认识我国数字经济发展现状

一、我国数字经济发展阶段与国际比较

中国信息通讯研究院（以下简称中国信通院）发布的《全球数字经济白皮书（2022年）》[①] 的数据显示，尽管受到新冠疫情的影响，数字经济仍为全球经济复苏提供重要支撑，2021年，全球41个经济体数字经济增加值规模达到38.1万亿美元，同比名义增长15.6%，占GDP的比重为45.0%。中国信通院的这份报告指出，发达国家数字经济仍旧保持明显领先优势，2021年，从规模观察，发达国家数字经济规模达到27.6万亿美元，占47个经济体总量的72.5%；从占比观察，发达国家数字经济占GDP的比重为55.7%，远超发展中国家29.8%的占比水平；从增速观察，由于规模相对较小，发展中国家经济数字的增速相对于发达国家是快一些的，发展中国家数字经济同比名义增长22.3%，高于同期发达国家数字经济增速9.1个百分点。中国信通院的这份报告还显示，美国、中国、欧洲，形成全球数字经济发展的三级格局。美国数字经济继续保持全球第一的地位，2021年数字经济规模达到15.3万亿美元；中国位居第二，2021年数字经济规模达到7.1万亿美元；德国居于第三位，2021年数字经济规模达到2.9万亿美元；日本、英国、法国的数字经济规模在2021年也都超过1万亿美元；从占比观察，2021年，德国、英国、美国数字经济占GDP的比重均超过65%。与发达经济体数字经济占GDP比重相比，中国的数字经济占GDP比重仍有较大提升空间。在积极的政策助力下，随着科技在各领域应用更为广泛，预计中国数字经济占GDP的比重有望在2027年达到60%左右，预测规模为15.7万亿美元。从产业渗透率角度看，中国数字经济渗透率当前呈现出第三、第二、第一产业逆向发展的趋势[②]。

---

① 中国信通院．全球数字经济白皮书（2022年）．2022-12-25. http：//www.caict.ac.cn/kxyj/qwfb/bps/202212/P020221207397428021671.pdf.

② 江小涓，靳景．中国数字经济发展的回顾与展望［J］．中共中央党校（国家行政学院）学报，2022，26（01）：69-77.

2021年6月30日，国家统计局发布《数字经济及其核心产业统计分类（2021）》，该文件将数字经济定义为：以数据资源作为关键生产要素、以现代信息网络作为重要载体、以信息通信技术的有效使用作为效率提升和经济结构优化的重要推动力的一系列经济活动。当以数据为代表的全要素生产率呈现出边际产出递增，新的技术创新不断迭代升级，其他要素资源将不断向数字经济产业聚拢，促使数据密集型产业的总体规模报酬递增（江小涓，2022）。中国数字企业采用独特的产业生态战略，依托海量数字化消费者的独特应用场景，创造性地探索解决方案，直击消费者痛点，使用社会化的方式完成产品、服务的生产和提供，抓住跨越式发展机会，实现快速增长。中国数字经济的最大特征是市场主要在国内，2018年中国数字服务出口1314.5亿美元，占当年全球数字服务市场的4.48%，与美国相比存在较大差距①。

联合国贸易和发展会议（United Nations Conference on Trade and Development，UNCTAD）发布的《数字经济报告（2021年）》②，以“数据跨境流动和发展：数据为谁而流动?”为副标题，深入探讨了数据跨境流动的发展和政策，指出国家和国际层面上的数据跨境流动政策走向不仅影响贸易、创新和经济进步，还将影响与数字化成果分配、人权、治理和国家安全有关的一系列问题。联合国贸易和发展会议的报告呼吁采取新的全球数据治理框架，以避免关于数据跨境流动监管的国际辩论陷入僵局、促进数字数据视需要尽可能自由地跨境流动。联合国贸易和发展会议的报告指出，美国和中国参与数字经济的程度和从中受益的能力最强，美国的苹果、微软、亚马逊、Alphabet（谷歌）、脸书（Facebook），中国的腾讯和阿里巴巴，正在越来越多地参与到全球数据价值链的各个环节：通过面向用户的平台服务收集数据，通过海底电缆和卫星进行数据传输，数据储存（数据中心），以及数据分析、处理和使用。这些数字企业已经成为全球性的数据企业，拥有强大的金融、市场和技术力量，并控制用户的大量数据。联合国贸易和发展会议在其2019年的《数字经济报告》中曾指出，全球数字经济一直由作为发达国家的美国和仍处于发展中国家的中国共同领导，数字经济的经济地理没有显示出传统的南北鸿沟；中美两国占全球70个最大数字平台市值的90%，占全球区块链技术相关专利的75%、全球物联网支出的50%，以及全球公共云计算市场的75%以上；全球七大“超级平台”依次为微软、苹果、亚马逊、谷歌、脸书、腾讯和阿里巴巴③。在新冠疫情暴发和流行期间，这些数字企业的规模、利润、市场价值和主导地位不仅没有受到负面影响，反而得到了加强。

美国数字经济具有明显优势，美国是全球最早布局数字经济的国家，在20世纪90年代就启动了“信息高速公路”战略，之后在《新兴的数字经济1999》等报告的指引下，美国数字经济快速发展，逐步奠定了其全球数字经济领头羊的地位，成为数字经济的大国和强国。美国数字经济的最大特征是外向型，2018年美国数字服务出口4667.2亿美元，

---

① 中国信通院．全球数字经济白皮书（2022年）．2022－12－25. http：//www.caict.ac.cn/kxyj/qwfb/bps/202212/P020221207397428021671.pdf.

② UN. United Nations Conference on Trade and Development. Digital Economy Report 2021. 2021－09－29. https：//unctad.org/webflyer/digital－economy－report－2021.

③ United Nations. The Digital Economy Report 2019－Value Creation and Capture：Implications for Developing Countries. 2019－09－04. https：//unctad.org/en/pages/PublicationWebflyer.aspx? publicationid＝2466.

占当年全球数字服务市场的15.92%，位列各国第一①。近年来美国进一步聚焦前沿科学技术和高端制造业，加快数字经济的发展步伐。美国重视以科技创新引领和驱动的数字经济快速发展，奉行技术领先策略，制定一系列战略计划，瞄准大数据和人工智能，构建数字数据驱动的国家战略体系，基于大数据分析、信息提取及决策支持能力激发联邦机构和国家整体的新潜能，促进机器智能，以巩固美国的绝对领先地位。美国努力保持智能制造继续占据高价值制造业的领导地位，依托新一代信息技术、新材料、新能源等创新技术，打造智能制造的产业竞争力，保持美国的经济实力、国家安全和竞争优势。为实现以数字经济支撑高质量就业和可持续增长，美国不断升级数字经济产业政策，将创新政策提升到国家创新能力的高度，构建国家创新系统和创新网络，全力促进数字经济发展。

美国意图通过数字经济的发展，持续在全球范围内保持其数字技术与数字平台的领先优势，从而在全球数字经济新生态中掌握主动权②。在数字经济的发展进程中，美国一直保持“消费互联网”和“产业互联网”两条腿走路，并且美国数字企业的业务范围是高度国际化的。例如，美国市值最大的15家数字企业中，Salesforce、Shopify、Square和Zoom四家数字企业的主营业务是“产业互联网”，而Microsoft、Amazon、PayPal、Adobe和Intuit五家数字企业的主营业务既是“消费互联网”又是“产业互联网”，而“产业互联网”的优势更能体现在行业的细分领域，在各垂直行业（如医疗、零售、物流、餐饮等）和业务领域（如HR、IT、财务、CRM、协同管理等），美国都出现若干专业的数字企业，而且在各自细分行业、细分业务领域中都能做到全球顶尖水平。美国数字企业从来都高度重视拓展国际化业务，2021年，Apple、Facebook和Alphabet（谷歌）三家美国数字企业的海外业务收入占总收入的比例超过50%，Microsoft接近50%，Amazon也接近30%。

二、中美经贸协议的数字贸易条款

2020年1月15日，中国和美国在华盛顿签署《中华人民共和国政府和美利坚合众国政府经济贸易协议（第一阶段）》③（以下简称《中美经贸协议》）。《中美经贸协议》的第六章“扩大贸易”提到，在2020年和2021年中国将扩大对美国服务贸易进口的规模，即以2017年为基数，中国在2020年增加对美国服务贸易的进口规模不少于128亿美元，2021年增加额不少于251亿美元，两年增加额总计不少于379亿美元。《中美经贸协议》中提及的服务包括：知识产权使用费、商务旅行和旅游、金融服务和保险、其他服务、云和相关服务等五大类。需要特别提起警醒的是，《中美经贸协议》明确指出知识产权使用费、商务旅行和旅游以及其他服务将通过“跨境”（Cross - border）的方式提供；金融服

① 中国信通院．数字贸易发展与影响白皮书（2019年）．2019 - 12 - 22. http：//www. caict. ac. cn/kxyj/qwfb/bps/201912/P020191226585408287738. pdf.

② 傅立海，张振鹏．数字经济的典型发展模式、全球动向及中国探索［J］．东南学术，2022（06）：220 - 226.

③ 中华人民共和国商务部．《中华人民共和国政府和美利坚合众国政府经济贸易协议》．2020 - 01 - 16. http：//images. mofcom. gov. cn/www/202001/20200116104122611. pdf.

务和保险、云服务将通过“跨境”和“商业存在”（Commercial Presence）两种方式提供[①]，尽管《中美经贸协议》未提及服务贸易两种输出模式（“跨境”和“商业存在”）的比例。不通过“商务存在”，而采用“跨境”的方式提供服务贸易，意味着美国将主要通过以信息通讯技术（ICT）为工具的数字化手段实现服务贸易向中国的输出。美国和中国是全球数字经济的领导者，但是两国数字经济的特点各有不同，美国数字经济既注重其国内市场，更重视海外市场的开发，其主要海外市场分布于北美和欧洲；中国数字经济的市场目前还主要在国内。《中美经贸协议》的签署，意味着中国数字企业将面临美国数字企业的激烈竞争，美国数字企业希望中国成为美国数字经济的重要海外市场。

中美签订的《中美经贸协议》规定，以2017年为基数，在未来两年内（2020年和2021年）美国对中国的服务出口分别增加至少128亿美元和251亿美元。如采用《中美经贸协议》述及的美国商务部经济分析局（BEA）的统计口径，《中美经贸协议》第6.2条第一款第四项确定的2017年美国对中国的服务出口金额为555.8亿美元[②]，那么，2020年和2021年美国对中国的服务出口至少要分别达到683.8亿美元和806.8亿美元。

2019年我国国内生产总值中第三产业（服务业）增加值为534233亿元[③]，《中美经贸协议》中规定的服务贸易进口额相对于这个规模而言，比例是很小的，但是必须让我们警惕和警醒的，不仅在于数量，更在于美国向中国服务出口的结构和内容。如表7-1所示，2017年美国向中国的服务出口总额中“商务旅行和旅游”为328.28亿美元，占向中国出口总额的59.06%；而数字经济涵盖的“知识产权使用费”“数据托管处理和相关服务”“电信、计算机和信息服务”几项合计仅为85.14亿美元，仅占向中国出口总额的15.32%，而这正是美国在经贸协议谈判中一再坚持要求向中国增加出口的服务内容。如果2021年美国向中国的服务贸易出口额达到协议中的806.8亿美元，以美国2017年全球服务贸易出口额测算，中国市场占其全球市场的份额将达到10.14%，中国会成为美国数字企业重要的服务贸易海外市场。一直以来，美国向中国出口“商务旅行和旅游”服务没有障碍，尽管在《中美经贸协议》中没有明确2020年和2021两年服务贸易出口的结构比例，显见美国有意图增大对中国的数字经济服务贸易出口，占领中国的数字经济市场。

表7-1　2017年美国服务贸易出口一览表　（单位：百万美元）

项目	全球	中国		欧洲		英国		法国	
	金额	金额	占比%	金额	占比%	金额	占比%	金额	占比%
知识产权使用费	126523	7590	6.00	65084	51.44	10000	7.90	3070	2.43

① 笔者按：跨境方式和商业存在方式是世贸组织服务贸易总协定（GATS）中明确的服务贸易四种交付方式中的模式1和模式3。

② 笔者按：《中美经贸协议》英文版附录6.1（Annex 6.1）的附注（Attachment）明确列示，以美国商务部经济分析局（U.S. Bureau of Economic Analysis）的统计口径作为以2017年为基年美国向中国出口服务的类别和范围，有鉴于此，以2017年美国商务部经济分析局统计报告相应数据计算得出《中美经贸协议》规定的2017年美国向中国的服务出口为555.8亿美元，数据来源：https：//apps.bea.gov/scb/2019/10-october/pdf/1019-international-services-tables.pdf［EB/OL］.（2019-10）［2020-06-30］。

③ 国家统计局.2019年四季度和全年国内生产总值（GDP）核算结果.2020-06-30.http：//www.stats.gov.cn/tjsj/zxfb/202001/t20200117_1723591.html.

续表

项目		全球	中国		欧洲		英国		法国	
		金额	金额	占比%	金额	占比%	金额	占比%	金额	占比%
商务旅行和旅游		210655	32828	15.58	47343	22.47	12427	5.90	4923	2.34
金融服务和保险		127218	4208	3.31	43230	33.98	28120	22.10	1759	1.38
其他服务		272907	10030	3.68	124365	45.57	23036	8.44	8701	3.19
云和相关服务	小计	58509	924	1.58	26122	44.65	8372	14.31	2221	3.80
	数据托管、处理和相关服务	16508	24	0.15	9764	59.15	3309	20.04	1188	7.20
	电信、计算机和信息服务	42001	900	2.14	16358	38.95	5063	12.05	1033	2.46
总计		795812	55580	6.98	306144	38.47	81955	10.30	20674	2.60

注：本表数据来自《中美经贸协议》英文版和美国经济分析局（U.S. BEA）；知识产权使用费包括：工业过程、计算机软件、商标、加盟费、视听及相关产品、其他知识产权；其他服务包括：维护和修理、运输、研究与开发、专业和管理咨询、技术、与贸易相关的及其他商业服务。

以表7-1中显示的“云和相关服务”作进一步分析，2017年美国向中国的出口额仅占美国“云和相关服务”全球市场份额的1.58%（其中的数据托管、处理和相关服务仅占0.15%），而当年英国市场占到14.31%，法国市场占到3.8%，美国认为中国具有市场巨大空间和潜力。另外，美国数字经济具有强大的国际竞争力，美国跨国企业在云计算服务领域占据绝对领先优势，全球五大云计算服务供应商依次为亚马逊、微软、谷歌、IBM和阿里巴巴，其中亚马逊（Amazon Web Services）占据全球云计算服务市场份额的1/3以上，是全球云计算服务的绝对领导者，云计算服务为亚马逊带来的收益已经超过其线上销售平台（Amazon Marketplace）①，因此，云计算服务已经成为数字平台最有价值的竞争性资产。从业务地理分布上来看，美国云计算服务供应商布局全球市场，除了美国本土外，北美和欧洲是其主要海外市场。我国云计算服务供应商阿里巴巴和腾讯等公司主要服务于亚太地区，尤其是中国本土市场，美国增加向中国的数字经济服务贸易出口，中国将成为美国另一个重要的数字经济服务贸易出口的海外市场，《中美经贸协议》加大中国数字经济市场的竞争。

中美签订经贸协议，不仅意味着我国更大规模地扩大从美国的进口，而且意味着我国数字经济市场在广度、深度上的进一步扩大开放，这与我国坚持经济全球化、维护多边主义和自由贸易的立场是一致的。但是随着以美国服务贸易向中国的增量出口，以及其他国家的仿效与跟进，在加大我国数字经济市场竞争的同时，也亟须思考维护我国税收主权和税收利益的现实需要。因为在数字经济商业模式下，跨国企业集团无须在中国形成商业存在，即可实现在中国的业务销售、获取利润。《中美经贸协议》明确美国向中国增加服务贸易出口将通过跨境方式（Cross - border）或商业存在（Commercial Presence）两种方式提供。不通过商业存在方式而采用跨境方式向中国市场的用户提供服务（例如云和相关服务），正是数字经济的关键重要特征（跨境无实体经营），这意味着美国跨国企业集团向

① Synergy Research Group. Fourth quarter growth in cloud services tops off a banner year for cloud providers. Reno, NV. 2019-02-05. https://www.srgresearch.com/articles/fourth-quarter-growth-cloud-services-tops-banneryear-cloud-providers.

中国远程提供数字服务贸易、从中国取得销售收入并获取利润，因为没有在中国设立公司甚至没有构成常设机构（即没有商业存在），中国无法对其征税。这正是英、法、德、意等国作为美国数字经济市场国正在面临的挑战和难题，也是这些国家乐于采取单边税收措施、征收数字服务税的根本原因，同样是我国亟待重视的重要事项，是维护我国税收主权和国家税收利益的现实需要。中美经贸协议的相关条款显示出应对、解决这一重要事项的迫切性。

第二节 以“世界眼光”高度看待单一税制

一、积极稳妥为实施单一税制做准备

习近平总书记在党的二十大报告中强调：“我们要拓展世界眼光，深刻洞察人类发展进步潮流，积极回应各国人民普遍关切，为解决人类面临的共同问题作出贡献，以海纳百川的宽阔胸襟借鉴吸收人类一切优秀文明成果，推动建设更加美好的世界。”2022 年 11 月 16 日，在二十国集团（G20）领导人第十七次峰会上，中方提出了《二十国集团数字创新合作行动计划》，旨在推动数字技术创新应用，实现创新成果普惠共享，欢迎各方积极参与[①]。习近平总书记指出，“当前，数字经济规模扩大，全球数字化转型加速，成为影响世界经济格局的重要因素”“中方愿继续同二十国集团成员合作，携手构建普惠平衡、协调包容、合作共赢、共同繁荣的全球数字经济格局”。坚持胸怀天下，顺大势、行大义、谋大同，不断拓展构建人类命运共同体的思想内涵和实践路径，矢志不渝将这一伟大事业推向前进，这是新时代中国应有的境界[②]。自 2013 年 G20 携手 OECD 发起的 BEPS 项目至今已有约 10 个年头，“双支柱”方案自提出之日就在备受质疑的目光中蹒跚前行，2021 年 10 月 G20/BEPS 包容性框架 136 个成员国就“双支柱”方案达成最终政治共识，支柱一单一税制“真容”揭开面纱。我国已对“双支柱”方案达成最终政治共识表明立场，认为此举对建立公平合理的国际经济秩序具有重要历史意义，中方将继续秉持多边主义精神和开放合作态度，推动建立更加公平、稳定、可持续的国际税收体系，推进世界经济稳步复苏[③]。

支柱一方案对传统国际税收规则的改革具有革命性意义，设计利润再分配规则、以金额 A（新征税权）向市场国分配利润，实质上是在建立全球税收治理的单一税制，在税收治理上将跨国企业集团视为单一主体，在跨国企业集团有经营业务的各国之间实现征税权

---

① 习近平继续出席二十国集团领导人第十七次峰会. 2022 - 11 - 16. http：//www. qstheory. cn/yaowen/2022 - 11/16/c_1129133544. htm.

② 推动建设更加美好的世界（人民观点）. ——全面把握习近平新时代中国特色社会主义思想的世界观和方法论⑦. 2022 - 11 - 23. http：//opinion. people. com. cn/n1/2022/1123/c1003 - 32572127. html.

③ 刘昆出席二十国集团财长和央行行长会议. 2021 - 10 - 21. http：//www. gov. cn/xinwen/2021 - 10/21/content_5644030. htm.

划分，并实现税务管理（如纳税申报等流程性工作）的全球性统一。支柱一方案在设计金额 A 时，不再坚持传统国际税收规则以独立交易原则进行利润分配，转而采用公式分配的方法进行利润分配。尽管公式分配方法对于国际税收规则而言并不是“新鲜事物”，早在 1923 年由四位经济学家向国际联盟提交的《关于消除双重征税的报告》就曾提出过，美国在其国内各州所得税税基分配中应用基于来源地的公式分配方法[①]，欧盟一直追求探索的共同统一税基方案（Common Consolidated Corporate Tax Base，CCCTB）的基础也是公式分配方法。美国密歇根大学鲁文·阿维 - 约纳（Reuven S. Avi - Yonah）教授将转让定价剩余利润分割法（Residual Profit Split Method，RPSM）结合公式分配方法的研究思想，为牛津大学迈克·德沃罗（Michael Devereux）教授及其团队提供借鉴，迈克·德沃罗（Michael Devereux）教授及其团队提出数字经济利润分配的解决方案，是支柱一方案以金额 A 向市场国实现利润再分配的基础性思路。歇根大学鲁文·阿维 - 约纳（Reuven S. Avi - Yonah）教授和牛津大学迈克·德沃罗（Michael Devereux）教授及其团队的研究成果为支柱一方案的形成提供了重要而强大的理论与技术支持[②]。

支柱一方案采用公式分配方法，从以解决 BEPS 问题为先，到以创建新征税权（金额 A）为重、为优；从坚持用价值创造理论来解决问题，到强调通过政治的推动、共同的约定、简化的方法来解决问题；从集中解决高度数字化企业的税收问题，到扩大至面向消费者的企业乃至强调解决超大型跨国企业集团的利润再分配问题；从强调双边、多边磋商，到致力于建立具有强制约束力的税收争议预防和解决机制[③]，支柱一方案已经为建立“单一税制”做出了基础性的工作。支柱一单一税制不仅体现在规则的实体性，还体现在规则的程序性。支柱一方案要求以“合格会计准则”计算跨国企业集团纳税人的集团合并利润，以统一标准的公式化方法确定集团剩余利润和金额 A，以统一标准的公式化方案在相关国家间分配金额 A，以及支柱一金额 A 适用范围、联结度与收入来源地确认、采掘业与受监管金融服务业的排除、分部业务的特别处理、营销和分销利润安全港等程序性规则，处处体现出全球统一标准要求。此外，支柱一金额 A（新征税权）需要通过一项专门的《多边公约》（MLC），依赖执行《多边公约》（MLC）各国得以落实和实施金额 A。《多边公约》（MLC）是 G20/BEPS 包容性框架成员国对“双支柱”方案政治承诺的条约落实，《多边公约》（MLC）文本不仅需要 G20/BEPS 包容性框架成员国政府的签署，也需要 G20/BEPS 包容性框架成员国立法机构的法律背书，以国家间条约的法律稳定性为支柱一金额 A（新征税权）的落实锚定最坚实的基础，更是在全球范围内建立支柱一单一税制的国家法律保证。

要以习近平总书记强调的“世界眼光”看待单一税制，支柱一方案所体现的单一税制将成为数字经济全球税收治理的底色与方向。要积极、稳妥准备实施支柱一单一税制，这是我们作为全球数字经济大国应有的姿态和义务，也是我们应予考虑的应对策略。“双支

---

① 佩吉·B. 马斯格雷夫，白彦锋，王法忠. 美国州公司所得税税基的分配原则［J］. 经济社会体制比较，2007（02）：33 - 40.

② 廖体忠. 国际税收政策的世纪选择与未来出路［J］. 国际税收，2021，92（02）：3 - 11.

③ 姜跃生，姜奕然. 过程、要害及对策：对 OECD 统一方法支柱一方案的分析与透视（上）［J］. 国际税收，2020，90（12）：26 - 31.

柱”方案中支柱一，是被设计用来应对数字经济税收挑战的，尽管支柱一方案在适用范围等具体规则和技术细节方面被多次进行关键性调整，甚至目前的支柱一方案不再明确规定其适用范围聚焦数字经济①，但支柱一方案的设计仍旧围绕解决数字经济对传统国际税收规则的税收挑战，并且单一税制是一项系统性工程，其对全球经济的影响是重大和深远的。更加积极，是因为我们需要科学理性地认清和判断百年国际税改的发展形势和客观事实，这一点是我们确保应对策略恰当有效的前提和基础。需要客观地承认，西方国家仍旧主导这一次的百年国际税改，尽管在数字经济征税权划分原则的争夺中，美国、英国、法国等西方国家从未间断争夺与博弈，尽管美国仍在为自己的国内税改“一意孤行”，尽管数字服务税仍旧可能成为让支柱一戛然而止、胎死腹中的巨大风险，尽管目前仍旧无法预料《多边公约》（MLC）能否被足够多的国家批准通过，但是必须从已有的百年国际税改进程中清醒地看清以 OECD 为典型代表的西方国家有着足够深刻的思想基础和专业共识。西方国家自己内部的矛盾和利益冲突不可谓不大，但是这并不是西方国家能够相互妥协让步并最终协调一致的根本性障碍，美国最终能够说服欧盟搁置数字服务税及数字课税进程、能够说服爱尔兰支持 15% 的全球最低税，足以说明西方国家以“小集团”根本利益为优先考量而形成“小集团”共识的能力。我们也可以从美国撬动七国集团“插手”百年国际税改的现象中再次得到印证。承认客观现实，承认支柱一单一税制是此次百年国际税改最新理念和最新成果的集中体现，承认其思想理念的先进性和专业技术的生命力，同样是我们自信的重要表现，启示我们积极为实施支柱一单一税制做好准备。另外，我们还要更加稳妥，因为尽管单一税制已经成为数字经济全球税收治理的重要发展方向，但各项具体规则的落地仍旧需要时日，要充分利用时间窗口在各个方面做好准备工作。各项准备工作包括理论创新、立法修订、经济测算、企业规划与转型、人才教育与培训等各个方面，这些方面的工作不可能一蹴而就，但必须予以扎实推进，达到“准备稳妥”。

二、适应新规则、统筹新旧规则共存

应清晰认识到，支柱一单一税制实施并不意味着传统国际税收规则的转让定价规则完全“离场消失”，以转让定价规则进行利润分配仍将继续存在，并且仍将发挥重要作用，新旧规则将共存。这对于落入支柱一金额 A 适用范围的跨国企业集团纳税人意味着更加复杂的遵从难度和更加高昂的遵从成本，因为这一类跨国企业集团纳税人需要以两种体系进行利润分配，支柱一金额 A 和转让定价规则。支柱一方案在设计金额 A 时，还设计了“营销分销利润安全港机制”②（MDPSH），如果落入支柱一金额 A 适用范围的跨国企业集团在市场国有营销和分销经营业务活动，并已经依据传统国际税收规则的转让定价规则（独立交易原则）在市场国分配剩余利润并实现缴税，支柱一将以 MDPSH 调整、限制继续以金额 A 再向市场国分配剩余利润。支柱一金额 A 放弃独立交易原则，但是支柱一金额 A 仍旧尊重独立交易原则及在该原则下的利润分配结果，以避免支柱一金额 A 和独立

① 笔者按：如第二章所述，目前支柱一方案的适用范围聚焦超大型跨国企业集团，而不再是之前方案中的“自动化数字服务（ADS）”等数字经济业务。

② 笔者按：为叙述方便，本书将“营销与分销利润安全港调整”称为“MDPSH 调整”。

交易原则对同一业务活动（营销分销）造成重复征税。由于MDPSH调整的存在，将有可能造成某些市场国因为已经获得独立交易原则下的利润分配，将导致较少获得甚至完全不会获得支柱一金额A下的剩余利润分配。因此，无论从纳税人角度，还是从税务主管当局角度，都有必要做到在适应新规则的同时，统筹新旧规则的共存，尽管这是一项艰巨性的挑战，但是必须迎难而上。

还应清晰地认识到，传统国际税收规则下的转让定价规则，无论是独立实体原则、独立会计原则、独立交易原则，表面上是从微观视角对个别跨国企业集团内部关联交易进行利润分配、确定利润归属，而实质上完成的是宏观视角跨国企业集团在国家间的利润分配、确定利润归属，完成的是宏观视角国家间征税权的划分。这意味着，国家间征税权的划分成为了跨国企业集团内部会计核算的一项技术工作，其优势之一是将潜在的十分棘手的不同税收辖区之间的税收划分问题，转变成需由财务（以及后来的转让定价）专家解决的技术问题，转让定价的方法和逻辑为国家间征税权划分的政治博弈提供了谈判框架①。这既说明，微观视角下专业技术极为关键的重要性，也说明宏观视角下规则的技术理性是支撑国家层面维护税收主权和税收利益的谈判基础。支柱一方案的达成，是在技术理性基础上的政治妥协，说得更清楚一些，是在转让定价规则的技术理性技术上，G20/BEPS包容性框架成员国作出政治上的让步，不再纠结于某些技术上的难题，转而倾向于采用以公式法分配利润的政治选择。

支柱一以公式法分配利润、向市场国进行利润再分配（金额A），将在未来深刻影响跨国企业集团经营行为的改变，将影响跨国企业集团在全球投资架构和价值链的搭建。在支柱一方案实施后，如果一家落入金额A适用范围内的跨国企业集团纳税人按照MDPSH调整计算出来的营销分销利润金额低于按照传统国际税收规则转让定价规则在市场辖区留存的剩余利润金额，并将在未来多年内持续这种状态，那么纳税人很可能会选择改变其集团转让定价策略，并使其在各市场辖区的预定利润目标与MDPSH调整的计算结果相匹配（即根据金额A的公式化分配，相应减少按照转让定价规则向市场辖区进行的利润分配）。面对这样的可能，各国是否会接受将MDPSH调整作为衡量利润分配的标准？基于MDPSH调整的指标能否用于指导更多跨国企业集团纳税人（包括支柱一金额A适用范围之外的跨国企业集团纳税人）的利润分配？即支柱一金额A适用范围之外的纳税人是否可以“自愿”将其对市场辖区的利润分配设定为与支柱一金额A分配相匹配的利润水平，以避免与相关税务主管当局之间的争议②。简而言之，在支柱一金额A的单一税制实施后，存在各国考量会接受利润分配机制在更大范围、更大程度上向公式分配法转变的可能，在适应新规则、统筹新旧规则共存的进程中，跨国企业集团纳税人和各国税务主管当局的行为都将发生深刻的改变。

三、考虑数字服务税作为应对政策选项

对于征收数字服务税，欧盟和英国的意见高度一致，并且行动最早，由于发现自己国

①② 康拉德·特雷，池澄，王俪儿．BEPS 2.0时代来临：“双支柱”方案对五大关键领域的深远影响［J］．国际税收，2022，104（02）：13－23.

家的市场被其他国家的数字企业占据，但是传统国际税收规则使得这些数字企业在本国的税负过低，因此欧盟国家和英国决定捍卫自己国家税收利益，目标是将对数字经济更大的征税权分配给数字平台用户创造价值的市场所在国。同时，欧盟和英国也认识到，为市场所在国争取更大征税权将是一项影响世界经济发展的战略性目标，达到这一目标并非可以“一蹴而就”，在此之前欧盟和英国更愿意将征收数字服务税作为本国对数字企业征税不足的过渡性措施，这样既可以满足本国财政税收收入的需求，又可以将其作为单边税收措施向其他国家施加压力。征收数字服务税的建议不仅得到欧盟国家的认可，也陆续得到印度、巴西、日本等其他国家的呼应，采用数字服务税或类似形式的单边税收措施的国家在不断增多（具体请参见第二章相关内容）。美国是坚决反对数字服务税和类似形式单边税收措施的最典型的国家，这是由美国是全球数字经济最强国的优势地位决定的，美国数字企业在全球数字经济市场一枝独秀，占据其他国家数字经济市场，获取收入和利润，却没有在市场所在国缴税或缴税很少。造成这样情形，传统国际税收规则有关征税权划分原则不适应数字经济商业模式是主要原因，但是美国却并不愿因此放弃自己的国家税收利益，因此出现美国与征收数字服务税国家之间的激烈博弈。至于支柱一，在美国的强烈坚持下，方案明确写明所有已经或准备征收数字服务税或类似形式单边税收措施的国家必须放弃数字服务税或类似形式单边税收措施，是支柱一方案得以实施的前提，也就是说，美国在利润分配划分原则方面的让步，美国必须以其他所有国家必须完全放弃数字服务税或类似形式单边税收措施为补偿。从这一点观察，数字服务税并没有“走开”，也没有“走远”，数字服务税仍然是百年国际税改各国之间进行利益博弈的重要工具，欧盟、英国以及其他国家都没有放弃数字服务税，这一点我们需要清晰地认识到。

数字服务税并不是“为征收而征收”的简单博弈工具或单边征税工具，其出现和存在有其法理基础的合理性。加拿大不列颠哥伦比亚大学的崔威教授提出将数字服务税视为一种针对“地域性特殊租”（Location - Specific Rent）的税，并为其提供合理性分析，为实施数字服务税提供了强有力的理由[①]。崔威教授认为，比照对自然资源开采征收特许权使用费、租金税或公司所得税，可以将数字服务税视为一种对处于特定位置的数字平台公司利用数据资源获取的经济租征缴的税[②]。崔威教授还认为数字服务税相对于“显著经济存在”（Significant Digital Presence）更具优势，数字服务税直接解决了利润在何处分配和在何处征税的问题[③]。崔威教授认为，平台型“地域性特殊租”的概念依赖于两个核心观点：第一，双边商业模式中的间接网络效应可能会在价值创造和付款来源之间造成系统性错位，平台租金可以合理地归属于受平台补贴的一方（平台可以为另一边的用户提供垄断方位权限）。第二，对于平台技术产生的租金，当技术的使用是非竞争性的时候，无论是来自直接或间接的网络效应、个性化定制还是数据，都应归属于用户所在税收辖区[④]。沿着这样的思路，这种“地域性特殊租”就能够以市场所在地判定征税权归属，“地域性特

---

① 崔威，刘奇超，沈涛．数字服务税：一种概念上的辩护［J］．经济研究参考，2020，2963（19）：30 -55.

② Wei Cui，“The Digital Services Tax：A Conceptual Defense，” Tax Law Review（forthcoming）；and Wei Cui，“The Superiority of the Digital Services Tax over ‘Significant Digital Presence’ Proposals，” National Tax Journal.

③ 崔威，刘奇超，沈涛．论数字服务税相比于“显著数字存在”提案的优势［J］．经济研究参考，2021，2989（21）：113 -128.

④ 崔威，刘奇超，沈涛．数字服务税：一种概念上的辩护［J］．经济研究参考，2020，2963（19）：30 -55.

殊租”租金所在的税收辖区就可以合理主张征税权。崔威教授还指出，数字服务税的“地域性特殊租”特征从根本上承认了国家间的技术不对称性，即使数字平台主要是在美国发明的，通过在世界其他地方部署此技术所赚取的租金也可以被一致合理地视为是在其他地方产生的①（而不是在美国产生的），这为市场所在地国家主张征收数字服务税提供了强有力的理论依据。因此，不能简单地认为数字服务税只是有关国家用来博取税收利益、作为谈判杠杆的临时性工具，数字服务税可以起到这样的作用，但是在这样的作用之外，数字服务税还有其存在的自身合理性，只不过数字服务税的存在，确实有碍于美国的国家税收利益，因此在支柱一方案的谈判中美国一再坚持全面废除数字服务税，对此应有清醒的认识。

数字服务税有其存在的客观需要和理论基础，从目前支柱一方案谈判的进展可以清晰看出，数字服务税不会自动消失，欧盟只不过暂停“数字课税”的立法进程，加拿大仍在推进数字服务税的相关工作（碍于美国的反对意见有所放缓），更多国家仍在观望支柱一方案的最新进展，包括《多边公约》（MLC）文本的谈判以及后续的签约与法律批准。美国在支柱一方案的谈判中坚决废除数字服务税，这一点被写进支柱一方案，只不过是支柱一方案谈判过程中的利益妥协，这并不意味着数字服务税不再具有存在的合理性。我国数字经济市场面对更为激烈的竞争、面对数字经济征税权国际竞争加剧的态势、处于全球税收治理的历史进程之中，应该综合考虑我国的税收主权和国家税收利益需要，考虑将数字服务税作为我国应对政策选项，而不是“一概拒绝”“置之不理”，不应对其他国家的经验和有益做法“视而不见”，不应放弃自己利益诉求的可选工具和潜在空间。考虑数字服务税作为应对政策选项，是数字经济全球税收治理背景下我国更为积极的应对策略，包括尽早开始展开数字服务税的理论和应用研究，尽早开始具体制定我国数字服务税的法律条款、尽早开始启动我国数字服务税的立法进程。考虑数字服务税，可以与相关国家协调谈判立场，在G20/BEPS包容性框架下的谈判中，在某些攸关我国税收主权和国家税收利益事项上争取谈判主动，在有关数字服务税事项的谈判工作中可以采取与相关国家的“共进退”谈判策略，增加我们自己的谈判筹码。考虑数字服务税，作为我国国内税制的政策工具，是从维护税收主权和税收利益的高度在百年国际税改进程中争取中国话语权和政策能力，与我国的数字经济大国地位和发展需要相匹配。考虑数字服务税，可以借鉴英法等国数字服务税方案的优点，以跨国企业集团从在中国数字经济市场取得的营业额（销售额）为征税对象，对适用范围内的业务进行征税，税率可考虑在2%和3%之间②，为我国增加财政税收入，维护我国税收利益，满足我国疫情后经济复苏和增长的需要。

---

① 崔威，刘奇超，肖畅．行将实施的数字服务税［J］．财政科学，2020，56（08）：139－151.

② 笔者按：英国DST税率为2%，法国DST税率为3%，我国可考虑选择中间值。

第三节　以“平衡渐进”策略应对单一税率

一、综合施策对冲全球最低税负面影响

支柱二方案的核心是全球最低税，全球最低税的政策目标是在全球范围内消除税率逐底竞争，更加彻底地打击全球范围内的税基侵蚀和利润转移问题。应该说，全球最低税具有这样的功能作用，这确实可以对全球经济发展和各国财政税收收入产生正向意义。但是，这仅仅是全球最低税将要发挥功能作用的一部分，比消除税率逐底竞争更为重要的是，全球最低税为各税收辖区设定的“单一税率”对各税收辖区税收优惠竞争力的“锁定”。因此，美国希望通过达成全球一致的最低税率，致使其他国家难以通过低税率竞争获得比美国更大的竞争优势，以全球最低税的单一税率对其他国家税制进行“竞争力锁定”，维护美国的绝对竞争优势地位[①]。全球最低税单一税率的“竞争力锁定”，将对许多国家的税制竞争力产生重要影响，大大限制某些国家依赖降低税率为主要内容的税收优惠，提供较低税率（低于15%）优惠政策的税收辖区将触发 GloBE 规则而需要补缴税款进而失去投资吸引力，这将严重影响这些国家吸引外部投资、促进当地经济发展的能力[②]。

全球最低税的单一税率，其有效税率的计算以单独税收辖区为单位，此举将大大限制相关国家参与全球竞争的税制竞争力。美国拜登政府对全球最低税的谈判进展表现出与往届政府截然不同的重视程度，2021 年 7 月 1 日 OECD 发布《关于应对经济数字化税收挑战的“双支柱”方案声明》[③]，发布当日 G20/OECD 包容性框架 130 个辖区成员就该声明达成共识并同意签署加入，美国拜登总统随即对此发表声明指出：“全球最低税将创造公平的竞争环境，将使美国更具竞争力，将使美国能够将筹集的额外税收收入用于进行代际投资，这对于在当今全球经济中保持美国的竞争优势是必要的。”[④] 而美国财政部部长耶伦更将全球最低税视为美国经济外交（Economic Diplomacy）的重大胜利，指出全球最低税可以使美国“进入一场可以获胜的竞争，我们现在有机会建立一个全球和国内税收体系，

---

① 张茉楠．全球统一最低税率的实质是“竞争力锁定”［J］．金融与经济，2021，526（05）：1.

② 康拉德·特雷，池澄，王俪儿．BEPS 2.0 时代来临：“双支柱”方案对五大关键领域的深远影响［J］．国际税收，2022，104（02）：13－23.

③ OECD/G20 Base Erosion and Profit Shifting Project Statement on a Two－Pillar Solution to Address the Tax Challenges Arising From the Digitalisation of the Economy. 2021－07－01. https：//www. oecd. org/tax/beps/statement－on－a－two－pillar－solution－to－address－the－tax－challenges－arising－from－the－digitalisation－of－the－economy－july－2021. pdf.

④ Statement by President Joe Biden on Today's Agreement of 130 Countries to Support a Global Minimum Tax for the World's Largest Corporations. 2022－07－01. https：//www. whitehouse. gov/briefing－room/statements－releases/2021/07/01/statement－by－president－joe－biden－on－todays－agreement－of－130－countries－to－support－a－global－minimum－tax－for－the－worlds－largest－corporations/.

（借助这样的税收体系）可以让美国工人和美国企业在世界经济中竞争并获胜”①。在2021年10月8日G20/BEPS包容性框架的第13次全体成员大会通过2021年7月1日OECD发布的声明，并在声明中增加附件《详细实施计划》②，美国总统拜登再次发表声明，称其具有“史无前例”的重要意义。拜登总统在声明中指出③，税率逐底竞争伤害了美国工人，历史上第一次建立起来的、强有力的全球最低税将最终为美国工人和纳税人创造更为有利的竞争环境。美国财政部部长耶伦也再次发表声明，再次指出全球最低税是美国经济外交具有时代性的重要成就，“美国将进入一场确保美国可以赢的竞争，凭借美国工人的技能和美国创新的能力，而不用再去进行低税率的竞争”④。

在充分考虑全球最低税的规则竞争性基础上，以综合施策来对冲全球最低税的负面影响。第一，重新审视和慎重调整我国的税收优惠政策。我国目前的企业所得税税收优惠包括，为高新技术企业、技术先进型服务业、平潭综合实验区符合条件的企业、西部地区鼓励类企业、中国（上海）自贸区临港新片区重点企业、海南自由贸易港鼓励类产业企业等提供15%的优惠税率，为国家鼓励的重点集成电路设计企业和软件企业提供10%的优惠税率，如果再考虑研发加计扣除，对在海南自由贸易港设立的旅游业、现代服务业、高新技术产业企业新增境外直接投资取得的所得免征企业所得税等其他税收优惠和地方奖励，外国直接投资在以上行业或地区的有效税率将可能低于全球最低税的税率水平（15%）。因此，我们需要重新审视我国现有和计划的税收优惠，从战略高度进行税制竞争力的长远规划，在为我国经济社会发展提供有利税制竞争力保障的同时，考虑数字经济全球税收治理的国际环境要求，考虑全球最低税单一税率的触发条件和工作机制，尽量避免形成税收辖区层面和企业层面无谓的税收成本。

第二，综合施策需要更为严谨科学地考虑我国的税收优惠，从建设更高质量的国家税收营商环境的高度，对现有税收优惠政策进行系统性整合和有效性突破，支持我国进一步扩大改革开放和经济社会发展。例如，对于全球最低税单一税率以单独税收辖区计算确定辖区有效税率，支柱二方案允许在单独税收辖区内将跨国企业集团所有成员实体的税负汇总并平均计算该税收辖区有效税率，前提是该跨国企业集团在该税收辖区投资多个成员实体并同时适用高税率和低税率。如果这样计算确定的辖区有效税率高于单一税率15%，那么该跨国企业集团在该税收辖区就可以继续享受相关税收优惠，而不必缴纳最低补足税。这启示我们要从更高层次、更广视角来统筹设计我国的税收优惠政策，吸引国际资本在我

---

① Statement from Secretary of the Treasury Janet L. Yellen on Today's Agreement of 130 Countries to Support a Global Minimum Tax for the World's Largest Corporations. 2022 - 07 - 01. https://home.treasury.gov/news/press - releases/jy0255.

② OECD/G20 Inclusive Framework on BEPS. Statement on a Two - Pillar Solution to Address the Tax Challenges Arising from the Digitalisation of the Economy - 8 October 2021. 2021 - 10 - 08. https://www.oecd.org/tax/beps/statement - on - a - two - pillar - solution - to - address - the - tax - challenges - arising - from - the - digitalisation - of - the - economy - october - 2021.htm.

③ Statement by President Joseph R. Biden, Jr. on the Unprecedented OECD Agreement for a Global Minimum Tax. 2021 - 10 - 08 https://www.whitehouse.gov/briefing - room/statements - releases/2021/10/08/statement - by - president - joseph - r - biden - jr - on - the - unprecedented - oecd - agreement - for - a - global - minimum - tax/.

④ Statement from Secretary of the Treasury Janet L. Yellen on the OECD Inclusive Framework Announcement." Rather than competing on our ability to offer low corporate rates, America will now compete on the skills of our workers and our capacity to innovate, which is a race we can win." 2021 - 10 - 08. https://home.treasury.gov/news/press - releases/jy0394.

国进行全方位、多角度、多层次的多元化投资，这样，既是我国进一步扩大改革开放、进一步吸引外部投资的政策方向，也可以从技术层面支持外部投资在我国享受税收优惠的同时，满足全球最低税单一税率的遵从要求。这要求我国在扩大开放的广度和深度再下功夫，吸引外部投资在各个产业、行业、领域、区域、层次进行投资，在保证国家安全的前提下进一步取消投资限制，进一步提升投资营商环境的国际化、法治化、现代化水平，尽最大限度对标国际通行做法，吸引跨国企业集团的区域性总部、功能性总部，以更加实质性友好的税收优惠支撑和提升我国的税收竞争力，以技术性操作最大限度地对冲全球最低税单一税率的负面影响。

第三，考虑选择引入全球最低税的所得纳入规则（IIR），与我国经济发展相匹配，恰当保护我国税基。改革开放40多年以来，我国已从单一的资本输入国发展成为兼顾资本输入和资本输出的国家。2020年我国对外直接投资1537.1亿美元，相对于2019年同比增长12.3%，流量规模首次位居全球第一；2020年年末中国对外直接投资存量达2.58万亿美元，仅次于美国和荷兰，居世界第三位[①]。2021年我国对外投资仍旧呈现良好态势，对外投资大国地位稳固。2021年，中国对外直接投资流量1788.2亿美元，比上年增长16.3%，连续十年位列全球前三。2021年年末，中国对外直接投资存量2.79万亿美元，连续五年排名全球前三，2021年中国双向投资规模基本相当。同时，2021年我国的对外投资结构不断优化。2021年，中国对外直接投资涵盖国民经济的18个行业大类，其中，八成投资流向租赁和商务服务、批发零售、制造、金融、交通运输领域，流量均超过百亿美元。2021年年末，租赁和商务服务、批发和零售、金融、制造等行业投资存量均超千亿美元[②]。2022年我国实际使用外资以人民币计首次突破1.2万亿元，按可比口径同比增长6.3%。2022年引进外资规模再创历史新高，制造业引资大幅提升，高技术产业成为重要增长点，主要来源地投资普遍增长，东中西部引资全面增长[③]。

鉴于我国对外投资大国的地位和趋势，引入全球最低税的所得纳入规则（IIR），以充分利用其规则优势，对冲全球最低税单一税率的负面影响。全球最低税所得纳入规则（IIR）的由上而下原则，可以帮助我国的最终控股母公司[④]实现实施全球最低税的税收利益，享有全球最低税赋予对外投资大国的规则优势，形成源自其他税收辖区（地税辖区）的补足税向我国缴纳的效果。尽管全球最低税有利于在金融资本、人才资源、科学技术、研发创新等方面占据优势地位的发达国家或资本输出国，我们也应审时度势地充分利用所得纳入规则（IIR）。此外，选择引入所得纳入规则（IIR），还有利于我国打击利用无形资产和转让定价等方法向境外低税地转移利润的避税行为，有利于我国更好实现征税权和维护国家税收利益。选择引入所得纳入规则（IIR）还要处理好适用范围的问题，对于IIR

---

① 商务部、国家统计局和国家外汇管理局联合发布《2020年度中国对外直接投资统计公报》.2021-09-29. http://www.gov.cn/xinwen/2021-09/29/content_5639984.htm.

② 商务部、国家统计局和国家外汇管理局联合发布《2021年度中国对外直接投资统计公报》.2021-11-07. http://www.mofcom.gov.cn/article/syxwfb/202211/20221103365310.shtml.

③ 2023年促消费稳外贸稳外资怎么干？——商务部有关负责人回应商务运行热点.2023-02-03. http://www.gov.cn/xinwen/2023-02/03/content_5739809.htm.

④ 笔者按："我国的最终控股母公司"是指我国的跨国企业集团的最终控股母公司，该最终控股母公司注册成立在我国境内。

适用范围的 7.5 亿欧元阈值门槛，可以借鉴英国的做法，暂不降低，这样可以将支柱二全球最低税的适用范围限定在有限数量大型跨国企业集团，而不去增加其他纳税人的税负成本和纳税遵从负担①。

此外，综合施策对冲全球最低税的负面影响，还应该从企业端做好规划和遵从准备工作，在避免不必要的损失的情况下，尽最大限度为我国企业争取税收利益，从宏观而言就是为维护我国税收利益。首先，我国相关企业要进一步提高对这一次国际税收体系改革重要性的认识，包括进一步提高对支柱二全球最低税的规则竞争性的认识，这一次国际税收体系改革距离我们很近，其影响是深远的，重大的。仅就支柱二全球最低税而言，全球最低税为所有辖区本来由国内税法确定的有效税率设定了 15% 的最低线，这一极具规则竞争性的标尺迫使所有辖区不得不重新考虑和调整税收优惠政策，使得本属于国家税收主权而自由设定的本国（辖区）税收优惠政策，受到全球最低税的竞争性限制。全球范围内，如果发展中国家不能够完全自主地根据本国实际情况和需要，以让渡部分税收利益来增强本国税制竞争力、更好吸引外部投资和资源配置，那么就意味着发展中国家将在很大程度上无法再以此作为政策工具与发达国家进行全球竞争。全球最低税规则设立的不低于 15% 的辖区有效税率，对于在金融资本、科学技术、法治规则、基础设施、人才教育、工人效率等重要方面占据优势地位的税收辖区而言，意味着设置了一道“税率屏障”，既保护了本国（或地区）的税制竞争力不因税率提高而受到负面影响，又增加税收收入，放大在其他方面的竞争优势；而对于在这些重要方面处于相对劣势的税收辖区而言，意味着设置了一道“税率围栏”，不能再依赖提供过度低税率优惠的“税率逐底”来支撑其税制竞争力，倒逼这样的税收辖区转向以科技创新、人才教育、法治规则、基础设施等方面的竞争。我国企业将面临更为激烈的全球市场竞争，对此需要十分警惕。其次，我国相关企业要充分利用好这样的规则空间，例如，GloBE 规则设置公式化经济实质排除，允许在计算 GloBE 净所得时排除等同于 5% 的有形资产账面价值和人员工资的所得，同时允许在 10 年过渡期内排除比例分别按照 8% 和 10% 逐年递减，《10 月 8 日声明》和《支柱二 GloBE 立法模板》规定了确切的比例；又如，GloBE 规则还对跨国企业集团全球年营业收入低于 1000 万欧元且利润低于 100 万欧元的辖区提供微利排除；再如，GloBE 规则为处于国际业务拓展初期的集团提供初始国际化豁免机制，经营活动不超过 6 个辖区且海外辖区有形资产总额不超过 5000 万欧元的集团的补足税可减至零。最后，我国相关企业应重新审视和考虑全球投资组织架构和价值链布局，分析“双支柱”方案各项规则对企业的战略性影响和现实性影响，包括对合规方面的影响。“双支柱”方案不仅会带来纳税义务的改变，更会带来全球产业链、价值链布局的改变，会带来全球市场竞争环境的改变，我国相关企业要适应、熟悉这样的改变，更要充分利用这样的改变，进行必要的调整。另外，还要特别重视新规则对合规方面提出的新要求，在信息数据的收集处理、内部系统的功能设置、会计财务流程的调整等诸多方面为“双支柱”方案的实施做好纳税遵从的准备工作。

---

① 姚丽，张靓雅，赵振方．支柱二全球最低税的实施策略观察——以英国为例［J］．国际税收，2022，109（07）：23－30.

二、积极考虑引入“合格国内最低补足税”

2021 年 10 月 30 日国家主席习近平出席 G20 领导人第十六次峰会，领导人一致同意对 G20/OECD 包容性框架下应对数字经济税收挑战的全球共识协议进行政治背书。总体观察，对于全球最低税给各国设定的 15% 有效税率最低线，欧盟迅速作出反应，于 2021 年 12 月 22 日发布实施全球最低税的指令建议，于 2022 年 12 月 15 日，欧盟理事会以“书面程序”（Written Procedure）正式通过在欧盟成员国引入支柱二全球最低税指令（《欧盟指令》）和欧盟理事会声明①，至此，支柱二全球最低税在欧盟落地实施的立法程序完成。依据《欧盟指令》欧盟各成员国必须在 2023 年 12 月 31 日前将《欧盟指令》② 引入各成员国的国内税法并生效实施。《欧盟指令》明确提出引入“合格国内最低补足税”（Qualified Domestic Minimum Top - up Tax，QDMTT）③，目的是保护欧盟各成员国本国税基，使成员国能够从征收“合格国内最低补足税”受益。《欧盟指令》建议扩大全球最低税在欧盟的适用范围，甚至将仅经营国内业务的企业集团也涵盖在内。成员国需要将选择引入“合格国内最低补足税”的决定通知欧盟委员会，以确保欧盟其他成员国、其他税收辖区的税务主管当局，以及跨国企业集团能够充分获得信息，特别是确保欧盟成员国低税实体获得税收确定性。如果某一欧盟成员国选择引入“合格国内最低补足税”，该成员国的跨国企业集团的低税实体必须将“合格国内最低补足税”向该国税务主管当局缴纳，《欧盟指令》对“合格国内最低补足税”的规定确保成员国将源自本国的补足税向本国缴纳，税基没有侵蚀。《欧盟指令》规定，各成员国国内税法对全球最低税计算规则、对“合格国内最低补足税”的计算规则必须与《欧盟指令》保持一致，以避免出现任何争议或不确定性。

除欧盟以外，明确表示将实施支柱二全球最低税的国家还有加拿大、韩国、马来西亚、毛里求斯、新西兰、瑞士、英国以及美国等国家或地区，这些国家中除美国以外都明确表示将引入“合格国内最低补足税”。例如英国，2022 年 1 月 11 日英国就为实施支柱二全球最低税专门发布公众征询意见稿④，建议征收“合格国内最低补足税”，对于最终控股母公司设在英国以外（如美国）的跨国企业集团，如果该集团成员实体在英国的有效

---

① 笔者按：2022 年 12 月 15 日欧盟理事会（the Council of the EU）以书面程序正式通过一揽子立法决议，具体包括四项立法决议：2023 年对乌克兰的宏观财政援助、支柱二全球最低税、匈牙利的经济复苏和经济韧性计划、法治条件机制（欧盟理事会保护欧盟预算不受某些违反法治原则行为的决定）. 详见：https://www. consilium. europa. eu/en/press/press - releases/2022/12/16/outcome - of - written - procedure - on - aid - to - ukraine - minimum - tax - hungary - s - recovery - plan - and - the - conditionality - mechanism/? utm_source = dsms - auto&utm_medium = email&utm_campaign = Outcome + of + written + procedure + on + aid + to + Ukraine% 2c + minimum + tax% 2c + Hungary% u2019s + recovery + plan + and + the + conditionality + mechanism。

② EU. COUNCIL DIRECTIVE on ensuring a global minimum level of taxation for multinational enterprise groups and large - scale domestic groups in the Union. 2022 - 11 - 25. https: //data. consilium. europa. eu/doc/document/ST - 8778 - 2022 - INIT/en/pdf.

③ 笔者按：为叙述简洁，本书将其称为“境内最低补足税”。

④ HM Treasury, Open consultation on OECD Pillar 2 - Consultation on Implementation. 2022 - 01 - 11. https: //www. gov. uk/government/consultations/oecd - pillar - 2 - consultation - on - implementation.

税率低于15%，按照全球最低税规则应由该集团最终控股母公司所在国征收补足税[①]，英国将这样的情形视为“税基丢失”，英国的“合格国内最低补足税”需要将这部分补足税留在英国。美国同意在全球最低税规则中加入“合格国内最低补足税”条款，同时美国不仅保留自己的“全球无形低税所得规则”（GILTI），还会实施自己的“可替代公司最低税”（Corporate Alternative Minimum Tax，CAMT）。“可替代公司最低税”是2022年8月通过的美国《通胀削减法案》[②] 的一项非常重要的内容，向利润超过10亿美元的美国超级公司征税，经测算约有200家美国超级公司符合适用范围。“可替代公司最低税”以“经调整财务报表所得”（Adjusted Financial Statement Income）为征税基础，需要将依据会计准则计算确认的会计利润作为税基，而不再依赖于一直沿用的、以税法规则计算确认的应纳税所得额（Taxable Income）作为税基，标准税率为15%，允许抵减以前年度的经营亏损和进行税收抵免。“可替代公司最低税”将自2023年1月1日起实施，美国国会预算办公室（Congressional Budget Office）估计未来10年“可替代公司最低税”将为美国增加约2580亿美元的税收收入[③]。美国的“可替代公司最低税”与支柱二全球最低税的“合格国内最低补足税”具有重要的相似之处，那就是确保跨国企业集团（超级公司）缴纳最低15%的所得税，并且赋予跨国企业集团最终控股母公司所在国相应的征税权。但是，美国的“可替代公司最低税”与支柱二全球最低税的“合格国内最低补足税”也具有非常明显的不同之处，主要包括适用范围、无形资产、工资成本、亏损抵减、税收抵免等方面。

可以在充分客观认识全球最低税规则竞争性的基础上，恰当利用支柱二方案的合规空间，参考借鉴其他国家的做法，积极考虑引入“合格国内最低补足税”并制定相关规则，维护我国的税收主权和国家税收利益。《支柱二GloBE立法模板》允许在计算低税辖区补足税时，减除该辖区的“合格国内最低补足税”，以减除之后得到的补足税金额再按照所得纳入规则（IIR）和低税支付规则（UTPR）确定缴税实体和征税辖区，实质上赋予低税辖区优先征收源自本辖区的补足税的征税权，这是规则赋予的征税权，我们要利用好这样的机会和空间。我们应该将补足税留在国内，不能“拱手让人”。建议我国“合格国内最低补足税”的设计原则为，如果我国成为某跨国企业集团的低税辖区，将确保该企业集团源自我国的补足税由我国征收，使得我国作为低税辖区的有效税率达到（或接近）全球最低税15%的水平。考虑我国的“合格国内最低补足税”，既要基于G20/OECD及包容性框架下的全球共识协议，也要参考英国等国的做法，符合我国企业的实际需要，维护我国的税收利益。在我国税法中引入“合格国内最低补足税”，既可以做到维护我国税收利益，更需要为增强我国的整体竞争力作出贡献，可以用征收的“合格国内最低补足税”来进一步改善和提升吸引外资的营商环境，在人才教育、技能培训、科技创新、基础设施等方面加大投入，将之前以税收优惠为主的粗放型营商环境，逐步变为以人才高地、创新集约、环境友好为主的集约型营商环境，这样既维护我国的税收利益，又可以长远地提升我国参

---

① 笔者按：通常情况下，跨国企业集团最终控股母公司（UPE）所在国应采用全球最低税的收入纳入规则（IIR）。

② H. R. 5376 – Inflation Reduction Act of 2022. 117th Congress（2021 – 2022）. 2021 – 09 – 27. https：//www. congress. gov/bill/117th – congress/house – bill/5376/text.

③ US Congressional Research Service. The Corporate Minimum Tax Proposal. 2022 – 08 – 10. https：//crsreports. congress. gov/product/pdf/IF/IF12179.

与全球竞争的实力。

三、充分利用税收抵免规则空间

支柱二方案的 GloBE 规则设计了“合格可退税收抵免规则”（Qualified Refundable Tax Credit，QRTC），这是一项必须予以充分利用的规则空间，以在遵从规则的前提下最大限度地维护我国的税收利益。通常，税收抵免（Tax Credit）可以通过“税收透明实体”（Tax Transparent Entity）传递流动。由于税收抵免通常会减少 GloBE 规则下的有效税额（Covered Taxes），因此税收抵免会影响“税收透明实体”投资者（股东）的有效税率计算。支柱二《支柱二 GloBE 立法模板》的第 3.2.4 条规定，“在计算成员实体的 GloBE 所得或亏损时，合格可退税收抵免（QRTC）应被视为收入”。支柱二《支柱二 GloBE 立法模板》提出，当“合格可退税收抵免”（QRTC）在某一年被用于减少该年度的应付税款时，它并不会减少该成员实体该年度的有效税额（Covered Taxes）。另一方面，支柱二《支柱二 GloBE 立法模板》的第 4.1.3（b）条规定，任何不属于合格可退税收抵免的“税收抵免”（Tax Credit）或“税收返还”（Tax Refund），如果没有依据会计准则被记录为当期所得税费用的减少（Reduction to the Current Tax Expense），则应被视为该成员实体有效税额的减少（Reduction to Covered Taxes）。如果被视为有效税额的减少，则直接影响该成员实体有效税率的计算，会减小该成员实体的有效税率，增加触发全球最低税的可能性。

鉴于支柱二方案有关“合格可退税收抵免”（QRTC）的规定，相关国家已在设计符合自己国家需要的具体规则。英国在其实施支柱二全球最低税专门发布公众征询意见稿中提出要保留并完善英国的研发活动税收抵免优惠规则，从技术层面使其符合 GloBE 规则的“合格可退税收抵免”（QRTC），既可以确保英国税法中的“研发支出抵免”（Research and Development Expenditure Credit）税收优惠作为一项有效税收政策工具支持英国的科技研发，又可以充分利用 GloBE 规则的规则空间，避免跨国企业集团中英国成员实体的有效税率触发全球最低税。美国在这方面做了更大的努力和更多的工作，应予以高度重视，获得启示并予以借鉴。2022 年 7 月 27 日和 28 日美国国会参、众两院分别通过的《2022 年芯片与科学法案》[①]（以下简称《芯片法案》），弥漫着过时的“对抗”色彩，但是该法案的“先进制造投资税收抵免”[②] 政策（Advanced Manufacturing Investment Credit，AMIC），却非常值得观察和研究，对于扶持我国半导体、芯片产业的研发和制造有重要启示，值得借鉴。另外，2022 年 8 月通过的美国《通胀削减法案》中包含若干项针对清洁能源电动汽车和相关上下游行业的税收优惠和税收抵免政策[③]，如先进生产制造业税收抵免（第 45X 条）、先进能源项目税收抵免（第 48C 条）、符合条件的商用新能源车税收抵免（第

---

① 笔者按：2022 年 7 月 27 日美国参议院以 64 票对 33 票通过《2022 年芯片与科学法案》（The CHIPS and Science Act of 2022）。7 月 28 日众议院以 243 对 187 票通过该法案；同日，拜登总统发表声明对该法案通过表示欢迎，并期待将其签署为法律。

② 笔者按：Advanced Manufacturing Investment Credit，本书译为：“先进制造投资税收抵免”，详细介绍请见本书第六章。

③ H. R. 5376 – Inflation Reduction Act of 2022. 117th Congress（2021 – 2022）. 2021 – 09 – 27. https://www.congress.gov/bill/117th – congress/house – bill/5376/text.

45W 条）、清洁能源车税收抵免（第 30D 条）、二手清洁能源车税收抵免（第 25E 条）、建造非燃油车动力补充基站税收抵免（第 30C 条）。这些优惠政策旨在引导和激励美国传统汽车制造业向新能源领域转型、鼓励清洁能源企业、引领个人和商用领域的电车消费，增加相关行业供应链环节的美国本土化，创造更多本土工作机会，鼓励更多企业积极投资低碳环保的新能源科技产业，以响应拜登政府为应对全球经济和气候变化所实施的加速美国经济及实现在 2030 年前实现减排 50%，以及最终脱碳的目标。美国财政部负责税收事务的助理财政部部长莉莉（Lily Batchelder）在 2023 年 2 月 2 日就 OECD 发布《支柱二 GloBE 规则达成共识的征管指南》① 发表声明，表示美国欢迎支柱二全球最低税取得的最新进展，同时表示 GloBE 规则为《削减通胀法案》的各项税收抵免提供了税收确定性，并且为美国的 GILTI 规则提供了清晰和可管理的税收待遇②。

我们可以借鉴其他国家的有效做法，充分利用支柱二方案的规则空间，引入 GloBE 规则下的“合格可退税收抵免”（QRTC），以逐步替代我国当前以低税率（如国家鼓励的重点集成电路设计企业和软件企业等享受 10% 的税率）和研发支出加计扣除③的税收优惠政策。研发投资税收抵免被支柱二方案 GloBE 规则排除在有效税额的计算范围之外，启示我们在修订我国企业所得税法及配套法规中积极考虑研发投资抵免这项税收政策工具，可以参考借鉴美国的“先进制造投资税收抵免”政策，还可以进一步考虑将研发投资税收抵免修订为与半导体相关的“先进制造投资税收抵免”，助力我国半导体、芯片产业的研发和制造，解决“卡脖子”问题，并争取在全球供应链的竞争中获得更好发展。

第四节　维护多边主义的全球税收治理

一、为建设合作共赢的国际税收体系提供支撑

党的二十大报告指出：“从现在起，中国共产党的中心任务就是团结带领全国各族人民全面建成社会主义现代化强国、实现第二个百年奋斗目标，以中国式现代化全面推进中华民族伟大复兴。”推进中国式现代化是当前我国最迫切的时代任务。中国式现代化是指坚持中国共产党领导，坚持中国特色社会主义，实现高质量发展，发展全过程人民民主，丰富人民精神世界，实现全体人民共同富裕，促进人与自然和谐共生，推动构建人类命运共同体，创造人类文明新形态。自党的十八大以来，以习近平同志为核心的党中央高度重视税收工作，习近平总书记对税收工作发表了一系列重要论述，多次作出重要指示批示，

① OECD. International tax reform：OECD releases technical guidance for implementation of the global minimum tax. 2023 - 02 - 02. https：//www. oecd. org/tax/beps/international - tax - reform - oecd - releases - technical - guidance - for - implementation - of - the - global - minimum - tax. htm.

② Treasury Welcomes Clear Guidance on Pillar Two Global Minimum Tax，Tax Credit Protections. 2023 - 02 - 02. https：//home. treasury. gov/news/press - releases/jy1243.

③ 笔者按：目前，研发支出加计扣除是我国支持研发活动的最重要、最主要的税收政策工具之一。

强调要发挥税收在国家治理中的基础性、支柱性、保障性作用，为推动税收改革发展提供了根本遵循[①]。在习近平新时代中国特色社会主义思想引领下，中国税收现代化不断向前推进。从 2013 年 12 月提出“完备规范的税法体系、成熟定型的税制体系、优质便捷的服务体系、科学严密的征管体系、稳固强大的信息体系、高效清廉的组织体系”的税收现代化“六大体系”的具体目标内容，到 2020 年提出“坚强有力的党的领导制度体系、科学完备的税收法治体系、优质便捷的税费服务体系、严密规范的税费征管体系、合作共赢的国际税收体系、高效清廉的队伍组织体系”的税收现代化新“六大体系”和推进税收现代化应当具备的“六大能力”，再到 2022 年探索形成“学思践悟强武装、政治建设强统领、纵合横通强党建、六位一体强严治、健全机构强保障”的“抓好党务”机制制度体系，“依法征税聚财力、改革兴税促发展、便民办税优服务、科技强税提质效、协同管税谋共治”的“干好税务”机制制度体系，“绩效管理抓班子、数字人事管干部、人才工程育俊杰、选贤任能树导向、严管善待活基层”的“带好队伍”机制制度体系，我国税收现代化的建设框架及内涵不断丰富、发展、完善。新征程上，以进一步推进我国税收现代化建设更好服务我国经济社会发展大局，更好服务中国式现代化建设。

建设合作共赢的国际税收体系是推进我国税收现代化新“六大体系”和推进税收现代化应当具备“六大能力”的重要组成部分。国际税收是全球治理体系和经济规则协调的重要领域，特别是近年来，数字经济对国际税收规则构成严峻挑战，经济数字化进程使得现有国际税收规则出现不适用难题，全球税收治理体系正在经历自 1923 年以来的百年变革和重塑进程。建设合作共赢的国际税收体系需要着力深化国际税收合作，积极助力合作共赢的开放体系建设。党的十八大以来，我国为全球税收治理作出了重要的贡献；进入新时代，面对全球税收治理的新趋势和我国经济社会发展建设的新要求，需要我们更好地参与全球税收治理、维护多边主义的全球税收治理，更加深入地、实质性地参与到国际税改进程和国际税收规则重塑的工作之中，发出中国声音、提出中国方案、贡献中国智慧，为建设合作共赢的国际税收体系提供支撑。维护多边主义的全球税收治理是建设合作共赢的国际税收体系的应有之义、重要内容，同时还是建设合作共赢的国际税收体系的客观要求。在 2014 年的布里斯班 G20 峰会上，习近平主席首次描绘了我国税收工作在全球税收领域的坐标和方向[②]，就加强国际税收合作提出三点重要主张：“加强全球税收合作，打击国际逃避税，帮助发展中国家和低收入国家提高税收征管能力”，国际税收合作成为促进世界经济包容发展的新引擎[③]。更好参与全球税收治理、维护多边主义的全球税收治理，就是要从习近平总书记提出的三点主张入手，在强化全球税收合作中体现中国的大国税务担当，在打击国际逃避税中维护自身税收利益，力所能及提供征管能力帮助，更大力度支持“走出去”与“引进来”，助力我国更大范围更宽领域更深层次的开放和发展。

---

① 王军．在新时代新征程上奋力推进税收现代化．2022－05－17. https：//guizhou. chinatax. gov. cn/xwzx/sjdt/202205/t20220517_74084250. html.

② 韩洁、刘红霞、胡旭．完善全球税收治理 构建国际税收新秩序——G20 为国际税收改革指明方向．2016－08－29. http：//www. gov. cn/xinwen/2016－08/29/content_5103227. htm.

③ 国家税务总局：深度参与国际税收改革 书写大国税务责任担当．2017－10－12. http：//www. gov. cn/xinwen/2017－10/12/content_5231005. htm.

二、在“一带一路”倡议下积极维护多边主义

自 2013 年 G20 携手 OECD 发起税基侵蚀和利润转移（BEPS）项目以来，逆全球化、搞“小圈子”、单边主义行为也时常出现在百年国际税改的进程中。比如，特朗普总统执政时期，美国对“双支柱”方案、特别是支柱一方案并不满意，时任美国财政部部长姆努钦（Steven T. Mnuchin）在 2019 年 12 月 3 日致 OECD 时任秘书长古里亚（Angel Gurría）的信中①明确表示美国坚决拒绝数字服务税，并且提出在支柱一方案下增设美国建议的安全港规则，以此作为美国支持支柱一方案的交换条件。在没有得到满意答复的情况下，时任美国贸易代表莱特希泽（Robert Lighthizer）曾一度支持时任财政部部长姆努钦要退出双支柱谈判②。在民主党的拜登总统执政之后，基于自身税制改革的需要，美国调整、改变了之前对“双支柱”方案的谈判策略，通过在七国集团（G7）的小圈子进行利益勾兑，达成小圈子利益协调的情况下，再放到 G20/OECD 包容性框架的多边平台，以 G7 的力量优势给 G20/OECD 包容性框架下的谈判带来压迫性影响。这样的做法非常需要警惕，这样的全球性规则制定程序并没有做到公开公正和最广泛参与，以 G7 小圈子平台接近于既成事实的方案（如 2021 年 6 月 5 日 G7 财长会议首先就 15% 的全球最低税达成协议③）再放到 G20/OECD 包容性框架多边平台“走程序”（如 2021 年 7 月 1 日 G20/OECD 包容性框架下 130 个成员国同意加入《关于应对经济数字化税收挑战的“双支柱”方案声明》④），实质上是剥夺了 G20/OECD 包容性框架多边平台制定规则的实质性权利，实质性权利转移至 G7 小圈子平台，这不是真正的多边主义。

一段时期以来，国际上单边主义抬头，冲击多边机制和国际规则，给全球治理和国际关系带来挑战，对全球稳定与发展造成威胁⑤，对于数字经济的全球税收治理而言，同样可以观察到这样的情形。习近平主席在 2021 年 9 月 21 日以视频方式出席第七十六届联合国大会一般性辩论时发表重要讲话，明确提出“我们必须完善全球治理，践行真正的多边主义”。多边主义，就是大家的事情，大家一起商量、一起推动，大家的规则，大家一起制定、一起遵守。不能把一个或几个国家制定的规则强加于人，也不能由个别国家从所谓

① Steven T. Mnuchin, US Secretary of The Treasury. Letter to Secretary General of OECD. 2019 – 12 – 03. https: //aboutbtax. com/NgX.

② U. S. Pulls Out of Global Digital Tax Talks, Lighthizer Says. 2020 – 06 – 17. https: //news. bloombergtax. com/daily – tax – report/u – s – pulls – out – of – global – digital – tax – talks – lighthizer – says.

③ G7. G7 Finance Ministers Agree Historic Global Tax Agreement. The G7 has today (5 June 2021) agreed to back an historic international agreement on global tax reform which delivers on the Chancellor's promise for big international companies to start paying their fair share. 2021 – 06 – 05. https: //www. gov. uk/government/news/g7 – finance – ministers – agree – historic – global – tax – agreement.

④ OECD/G20 Base Erosion and Profit Shifting Project Statement on a Two – Pillar Solution to Address the Tax Challenges Arising From the Digitalisation of the Economy. 2021 – 07 – 01. https: //www. oecd. org/tax/beps/statement – on – a – two – pillar – solution – to – address – the – tax – challenges – arising – from – the – digitalisation – of – the – economy – july – 2021. pdf.

⑤ 求是网．以习近平外交思想为指引深入推进中国特色多边主义．2019 – 10 – 25. http: //www. qstheory. cn/llwx/2019 – 10/25/c_1125151043. htm.

"实力地位"出发，给整个世界"带节奏"①。共建"一带一路"倡议是我国参与全球开放合作、改善全球经济治理体系、促进全球共同发展繁荣、推动构建人类命运共同体的中国方案，要在"一带一路"倡议下积极维护多边主义的全球税收治理，坚持共商共建共享，为我国、沿线其他国家及其他更多国家或地区的共同利益找到大家都愿意接受的方案。"一带一路"倡议是我国为顺应全球治理变革而作出的积极响应，"一带一路"税收征管合作机制是第一个由中国主导建立的国际税收征管合作平台，自 2019 年 4 月在中国乌镇召开第一届"一带一路"税收征管合作论坛以来，已经发展成为重要的多边税务合作平台和全球税收治理机制。"一带一路"税收征管合作机制在北京设立秘书处，建立"一带一路"税收征管能力促进联盟，在北京和扬州等地设立"一带一路"税务学院，创立"一带一路"税收征管合作机制官方网站和《"一带一路"税收》英文期刊，推动了合作机制从理念转化为行动、从愿景转变为现实。"一带一路"税收征管合作机制理事会成员目前已增至 36 个、观察员增至 30 个②。"一带一路"税收征管合作机制可以为促进"一带一路"共建国家（地区）贸易和投资便利化发挥重要的作用，通过税收协定的修订和实施，特别是征管环节的协调合作，助力各国（地区）的经济稳定和持续增长。中国税务部门坚持共商共建共享，体现大国税务担当，为"一带一路"税收征管合作机制的建设作出重要贡献，如加入推进《努尔苏丹行动计划（2022—2024）》的全部四个工作组，协助举办并全程参与税收争议解决、税收征管信息化专题会议等。

中国持续推动税收合作长效机制和拓展税收协定网络，主导建立"一带一路"税收征管合作机制成为开放包容、互利互惠、合作共赢的国际合作平台，中国已成为推动多方税收合作的重要力量。进一步发挥"一带一路"倡议的积极作用，通过"一带一路"倡议参与全球税收治理，是我国维护多边主义全球税收治理的重要抓手，是我国构建"一带一路"国际税收规则体系、推动构建增长友好型国际税收环境的新实践。建设好"一带一路"税收征管合作机制和"一带一路"税收征管能力促进联盟等机制和平台，可以更好地增强"一带一路"共建国家和我国维护多边主义全球税收治理的话语权。随着"一带一路"共建国家在投资、贸易等经济合作方面的快速提升，建设好"一带一路"税收征管合作机制、使其发挥更大的功能作用，将为共建国家和我国更好地维护多边主义的全球税收治理提供强有力的支撑。

三、兼顾多边主义与税收主权的利益平衡

当今世界正在经历百年未有之大变局。世界多极化、经济全球化、社会信息化、文化多样化深入发展，全球治理体系和国际秩序变革加速推进，新兴市场国家和发展中国家快速崛起，国际力量对比更趋均衡，世界各国人民的命运从未像今天这样紧紧相连③。中国

① 王子晖．习近平为何多次强调"真正的多边主义"．2021－09－23. http：//www. qstheory. cn/qshyjx/2021－09/23/c_1127891695. htm.

② 国务院新闻办公室．"一带一路"税收征管合作机制理事会成员已增至 36 个．2021－03－29. http：//www. scio. gov. cn/xwfbh/xwbfbh/wqfbh/44687/45158/zy45162/Document/1701176/1701176. htm.

③ 习近平在 2018 年中非合作论坛北京峰会开幕式上的主旨讲话．2018－09－03. https：//www. spp. gov. cn/spp/tt/201809/t20180903_390789. shtml.

与世界的社会发展都面临重大时代变化的挑战①，国家力量的变化、科技革命的出现及国际多边体系的重构等都成为百年未有之大变局的深刻体现，② 全球治理体系处于关键的重构进程之中。2008 年爆发的全球金融危机对世界经济产生重大而深远的影响，对全球经济的发展又一次敲响警钟，人们需要认真反思。但是，地区间、国家间的竞争不仅没有减弱，而且愈发日益激烈，围绕全球价值链、全球供应链的矛盾与风险更加突出，全球经济治理进入重构关键期③。全球经济治理更加依赖税收工具④，随着经济全球化、经济数字化的深入发展，全球税收治理已经成为全球经济治理的重要组成部分，以应对经济数字化税收挑战为关键核心的百年国际税改虽已经取得实质性的重要进展，但是仍有太多问题存在不确定性。就全球税收治理而言，各国在税收主权与国内利益需求等方面始终存在重大的分歧与矛盾，形成基础性的多边国际条约将面临极大的困难与障碍⑤。百年国际税改能否实现如期所愿的数字经济全球税收治理，能否实现可以比肩 1923 年“伟大妥协”的国际税收体系重构，能否开启经济全球化和经济数字化背景下国际税收多边共治的新征程，关乎世界所有国家或地区的经济发展和经济利益。多边主义与全球治理具有内在一致性，两者的共性表现为价值目标的多赢性、行为主体的多层性、问题领域的多样性和路径方式的多元性，⑥ 维护多边主义的全球税收治理，要兼顾多边主义和税收主权的利益平衡，要看清多边主义极其容易成为全球税收治理的光鲜外表，而真正的多边主义需要在争取国家税收主权的“战斗”中实现平等、互利、合作、协商的多边主义实质内涵。

2015 年习近平主席在第 70 届联大一般性辩论上发表重要讲话，2017 年又在瑞士达沃斯和日内瓦发表重要演讲，对在新形势下如何坚持和发展多边主义提出一系列重大主张，开启了我国多边主义理论和实践的新篇章⑦。生产要素的跨境流动使处于世界体系中的国家失去完全自治的可能，在税收治理方面，尽管大多数国家已经形成一套适应本国经济发展的完整的国内税制，但在参与国际税收治理体系后，受到国际条约对征税权的限制及一些国际规则和惯例的影响，各国不得不让渡部分税收权益⑧。坚持全球税收治理的多边主义，就是要形成有益于所有国家或地区的全球税收治理秩序，而不是形成某些国家获益、其他国家不得已过度让渡税收利益的不均衡局面。兼顾全球税收治理的多边主义和我国的税收主权，应该成为我国全面深入参与全球税收治理的基础性原则，在捍卫我国税收主权和维护我国税收利益的同时，维护全球税收治理的多边主义，发出中国声音、提出中国方案、贡献中国智慧。维护多边主义的全球税收治理，需要我们坚持合作共赢和义利兼顾，坚持底线思维和风险意识，坚持和国际社会一道争取共同权利、维护共同利益。

---

① 逄锦聚．在世界百年未有之大变局中坚持和发展中国特色社会主义经济发展道路［J］．经济研究，2020（8）：24－40.

② 张宇燕．理解百年未有之大变局［J］．国际经济评论，2019（5）：9－19.

③ 卢静．全球经济治理体系变革与中国角色［J］．当代世界，2019（4）：12－17.

④ 肖正军．全球经济治理将更加依赖税收工具［N］．中国税务报，2016－09－06（B03）.

⑤ 崔晓静．全球税收治理中的软法治理［J］．中外法学，2015，27（05）：1271－1290.

⑥ 吴志成，刘培东．促进多边主义与全球治理的中国视角［J］．世界经济与政治，2020，481（09）：23－44，156－157.

⑦ 求是网．以习近平外交思想为指引深入推进中国特色多边主义．2019－10－25. http：//www. qstheory. cn/llwx/2019－10/25/c_1125151043. htm.

⑧ 马海涛，姚东旻，孟晓雨等．国际税收治理的政治经济学分析［J］．南开经济研究，2022，228（06）：3－25.

2014 年 12 月 5 日习近平主席在谈及加快实施自由贸易区战略时指出，中国应积极参与国际经贸规则制定，争取全球经济治理制度性权利，不能只当旁观者、跟随者，而是要做参与者、引领者。2015 年 10 月，在党的十八届五中全会上习近平总书记再次提出“积极参与全球经济治理和公共产品供给，提高我国在全球经济治理中的制度性话语权”。兼顾多边主义与税收主权的利益平衡，需要充分利用好多边平台、多边机制、多边体系，体现中国的大国责任。世界各国应该维护以联合国为核心的国际体系、以国际法为基础的国际秩序、以联合国宪章宗旨和原则为基础的国际关系基本准则①，联合国是维护多边主义全球税收治理的重要多边平台，联合国经济与社会理事会（UNESC）及“联合国国际税收合作专家委员会”（The Committee of Experts on International Cooperation in Tax Matters）负责联合国全球税收政策与税收合作。对于当前以“双支柱”方案为核心内容的国际税改，南方中心（the South Center）的研究报告②认为发展中国家的受益有限，甚至无法从支柱二方案受益；二十四国集团（G24）提出“双支柱”方案应为发展中国家提供更充足的征税权③；而作为“富国俱乐部”的 OECD 也承认发展中国家在 BEPS 项目中整体受益有限④。联合国一直努力寻求在百年国际税改进程中发挥更重要作用，争夺话语权，如联合国在 2021 年版本的《联合国税收协定范本》中增加“第 12B”条款⑤，赋予来源国对自动化数字业务一定程度的征税权。2022 年 11 月 23 日第 77 届联合国大会通过决议，该决议授权联合国监督、评估以及确定全球税收规则，并支持建立一个全球税收机构⑥。习近平主席曾在多个国际场合阐明中国坚定奉行多边主义的重大主张⑦，联合国是维护和践行真正的多边主义核心机制和全球治理的主要平台⑧，我们要维护多边主义的全球税收治理，进一步深入参与在联合国、G20、OECD 等多边平台的关键性工作，推动全球税收治理在促进国内国际要素有序流动、资源高效配置和市场深度融合等方面的重要作用，重塑更加公平、更加稳定、更加可持续的国际税收体系。

党的二十大报告提出，“我国展现负责任大国担当，积极参与全球治理体系和建设，

---

① 习近平：坚决维护联合国权威和地位，共同践行真正的多边主义 . http：//china. cnr. cn/gdgg/20211025/t20211025_525642006. shtml.

② The South Center. Tax Cooperation Policy Brief 19，Oct 2021. ［EB/OL］.（2021 - 10 - 19）［2022 - 12 - 15］. https：//www. southcentre. int/tax - cooperation - policy - brief - 19 - october - 2021/.

③ G24. Inter - government Group of Twenty - four on International Monetary Affairs and Development. ［EB/OL］.（2022 - 10 - 11）［2022 - 12 - 15］. https：//www. g24. org/wp - content/uploads/2022/10/G - 24 - Communique - Final - _ - October - Meetings - 2022. pdf.

④ OECD/G20 Inclusive Framework on BEPS：Progress Report September 2021 - September 2022. ［EB/OL］.（2022 - 10 - 04）［2022 - 12 - 15］. https：//search. oecd. org/tax/beps/oecd - g20 - inclusive - framework - on - beps - progress - report - september - 2021 - september - 2022. htm.

⑤ UN. A New Article 12B and Commentary，E/C. 18/2021/CRP. 1，［EB/OL］.（2021 - 04 - 19）［2022 - 12 - 15］. https：//www. un. org/development/desa/financing/events/22nd - session - committee - experts - international - cooperation - tax - matters.

⑥ 联合国新闻 . 多位人权专家支持制订联合国税收条约 . 2022 - 11 - 29. https：//news. un. org/zh/story/2022/11/1112872.

⑦ 以习近平外交思想为指引深入推进中国特色多边主义 . 2019 - 10 - 25. http：//www. qstheory. cn/llwx/2019 - 10/25/c_1125151043. htm.

⑧ 王帆 . 完善全球治理，践行真正的多边主义——学习《习近平谈治国理政》第四卷［J］. 红旗文稿，2022（19）：9 - 12，1.

推进高水平对外开放，深度参与全球产业分工和合作，维护多元稳定的国际经济格局和经贸关系”。实践证明，我国作为世界第二大经济体，积极参与数字经济税收规则制定和推进“一带一路”税收征管合作，促进国家间的互利合作，实现各国合作共赢，积极参与国际税收规则制定，不断创新理念，推介中国方案，参与规则制定更加主动，① 已经通过务实的行动作出了重要贡献。中国国家税务总局局长王军于 2022 年 1 月 18 日同 OECD 税收政策与管理中心主任帕斯卡·圣塔曼举行会谈时表示，中国将继续秉持多边主义精神和开放合作态度积极参与相关工作，推动“双支柱”方案的落地实施。中国将秉持“大国税收”与“大国担当”相适应，兼顾多边主义全球税收治理与维护我国税收主权的利益平衡，跨越国家圈子陷阱，深度参与国际税收交流与合作，主动服务高水平对外开放，在推动全球税收治理变革中展现大国税务担当，以更好参与全球税收治理助力中国式现代化。

① 国家税务总局. 深度参与国际税收改革 书写大国税务责任担当 2017 - 10 - 12. http：//www. gov. cn/xinwen/2017 - 10/12/content_5231005. htm.

参考文献

[1] 习近平，2022. 高举中国特色社会主义伟大旗帜为全面建设社会主义现代化国家而团结奋斗——在中国共产党第二十次全国代表大会上的报告 [M]. 北京：人民出版社.

[2] 习近平，2022. 不断做强做优做大我国数字经济 [J]. 先锋，(03)：5-7.

[3] 白彦锋，鲁书伶，肖源志，2021. 税收底层逻辑的世纪变迁与启示——以数字经济下的“亚马逊税”为例 [J]. 山东财经大学学报，(06)：5-11.

[4] 白彦锋，湛雨潇，2018. 欧盟税改与国际税收发展新出路——针对互联网巨头跨国避税问题的分析 [J]. 公共财政研究，(02)：4-15.

[5] 曹明星，2021. OECD 数字税改方案述评：理论阐释、权益衡平与规则建构 [J]. 税务研究，(06)：77-84.

[6] 曹明星，2022. 数字经济下的数据要素治理与数字税收改革——基于“信用价值集聚生产”创新经济理论的初步探讨 [J]. 税务研究，(11)：36-42.

[7] 曹明星，杜建伟，2019. 求本溯源 存异求同：国际税收竞争与协调的最新发展与完善路径 [J]. 国际税收，(01)：31-34.

[8] 曹明星，蒋安琦，刘奇超，2018. 区块链技术在税收领域的应用：功能补拓、实践观照与问题前瞻 [J]. 国际税收，(05)：38-45.

[9] 陈双专，温彩霞，2019. 粤港澳大湾区人才流动的税收瓶颈与税收协调 [J]. 税务研究，(11)：66-70.

[10] 崔晓静，2012.《多边税收行政互助公约》修订及我国之应对 [J]. 法学，(07)：83-92.

[11] 崔晓静，2015. 全球税收治理中的软法治理 [J]. 中外法学，(05)：1271-1290.

[12] 崔晓静，2017. 后 BEPS 时代常设机构定义的新发展 [J]. 法学评论，(05)：43-57.

[13] 崔晓静，2021. 国际税收协定解释的困境及其纾解 [J]. 法学研究，(01)：191-208.

[14] 崔晓静，陈镜先，2021. 离岸信托避税规制的域外经验及其启示 [J]. 国际法研究，(04)：64-82.

[15] 崔晓静，陈镜先，2022. 全球最低税改革的规则创新与中国应对 [J]. 学术论坛，(04)：105-118.

[16] 崔晓静，何朔，2015. “美国微软公司避税案”评析及启示 [J]. 法学，(12)：92－102.

[17] 崔晓静，刘渊，2021. OECD 支柱二方案：挑战与应对 [J]. 国际税收，(09)：51－64.

[18] 崔晓静，刘渊，2021. 海南自由贸易港参股豁免税收制度的创新与完善 [J]. 税务研究，(12)：100－106.

[19] 崔晓静，孙奇敏，2017. 日本线下仓库构成常设机构案法律评析 [J]. 税务与经济，(06)：95－100.

[20] 崔晓静，孙奕，2022. 国际投资仲裁：国际税收争议解决的新路径？[J]. 华侨大学学报（哲学社会科学版），(04)：80－92.

[21] 崔晓静，赵洲，2016. 数字经济背景下税收常设机构原则的适用问题 [J]. 法学，(11)：15－27.

[22] 邓力平，2019. 国际税收治理与“‘一带一路’税收征管合作机制”[J]. 国际税收，(04)：12－18.

[23] 杜建伟，2016. 政府贡献：国际税收利益分配的新视角 [J]. 税务研究，(08)：85－86.

[24] 杜莉，2015. 挑战与改革：中国如何应对资本输出时代的国际税收问题“自由贸易区及后‘BEPS’时代的国际税收问题”学术研讨会综述 [J]. 世界经济文汇，(03)：118－120.

[25] 杜莉，2021. 世界主要国家税制改革述评——基于近五年 OECD 税收政策改革报告 [J]. 国际税收，(05)：11－21.

[26] 杜莉，2022. 支柱二全球反税基侵蚀立法模板解读与实施难点分析 [J]. 税务研究，(03)：65－72.

[27] 杜莉，李钧帆，2022. 用户参与、企业利润率与跨境数字服务所得征税权的划分 [J]. 国际税收，(03)：33－44.

[28] 杜莉，姚瑶，2020. 后 BEPS 时代知识产权所得税收优惠政策国际比较与借鉴 [J]. 国际税收，(06)：13－19.

[29] 杜莉，姚瑶，梁庆睿，2020. 推动高质量创新的科技税收制度调整：基于 BEPS 第 5 项行动计划的分析与思考 [J]. 财经智库，(03)：124－138＋144.

[30] 樊轶侠，王卿，2020. 经济数字化背景下国际税收规则发展——对 OECD“统一方法”的解读与研究 [J]. 税务研究，(06)：79－85.

[31] 樊轶侠，王卿，2020. 数字服务课税模式比较研究及其启示 [J]. 财政研究，(12)：92－102.

[32] 高金平，2020. OECD“双支柱”改革方案之国内应对 [J]. 国际税收，(12)：32－36.

[33] 高培勇，2018. 新时代中国财税体制改革的理论逻辑 [J]. 财政研究，(11)：11－16.

[34] 高阳，2020. 国际税收制度国际法部分的形成——国际税收协定范本与总体平衡方案的产生 [J]. 国际税收，(06)：45－54.

[35] 高阳，2020. 国际税收制度国内法部分的形成——以美国所得税跨境税收规则的构建为例 [J]. 国际税收，(05)：38 -47.

[36] 高阳，2020. 所得税的出现是国际税收制度的逻辑起点——以美国所得税的诞生为例 [J]. 国际税收，(04)：40 -49.

[37] 高阳，2020. 现代化进程中国际税收制度产生的基本逻辑 [J]. 国际税收，(03)：57 -66.

[38] 国家税务总局，2021. OECD 发布《应对经济数字化税收挑战——支柱二全球反税基侵蚀规则立法模板》[BE]. https：//www.chinatax.gov.cn/chinatax/n810219/n810724/c5171595/content.html.

[39] 国家税务总局国际司，2019. 大国税务：深度参与全球税收治理 [J]. 中国税务，(10)：73 -75.

[40] 韩传模，励贺林，2015. 对 BEPS 最新发展趋势的研析——基于价值创造与无形资产收益权归属视角 [J]. 税务研究，(01)：106 -112.

[41] 韩霖，2017. “后 BEPS 时代”中国国际税收方位及方向——专访荷兰国际财税文献局（IBFD）税收服务主管维克托·范·科默先生 [J]. 国际税收，(11)：40 -44.

[42] 韩霖，2018. 评估 BEPS 项目：由来、标准制定及实施状况 [J]. 国际税收，(03)：64 -69.

[43] 韩霖，2019. OECD 应对经济数字化税收挑战的工作计划：简介与观察 [J]. 国际税收，(08)：19 -24.

[44] 韩霖，邓汝宇，2021. 多重博弈下的百年国际税改——专访植信投资首席经济学家兼研究院院长连平 [J]. 国际税收，(12)：3 -6.

[45] 韩霖，高阳，2020. 税收合作助力国际社会抗击疫情与经济复苏发展——“一带一路”税收征管合作机制会议综述 [J]. 国际税收，(06)：3 -7.

[46] 韩霖，高阳，邓汝宇，2022. 数字经济国际税改“双支柱”方案的历史意义与现实应对——专访中国国际税收研究会会长张志勇及国家税务总局国际税务司司长蒙玉英 [J]. 国际税收，(02)：3 -8.

[47] 韩霖，高阳，田芸芸，2020. 纵览经济数字化背景下国际税收规则的重塑——专访 IBFD 国际税法专家 Victor van Kommer 教授 [J]. 国际税收，(04)：36 -39.

[48] 韩霖，高阳，叶琼微，2018. 国际税收协定：过去、现在与未来——专访荷兰莱顿大学国际税法教授凯斯·范·拉德 [J]. 国际税收，(10)：30 -34 +2.

[49] 韩霖，田芸芸，2021. G20 国际税改五年回顾：BEPS 成果的国内落地及最新发展——专访国家税务总局国际税务司司长蒙玉英 [J]. 国际税收，(04)：3 -8.

[50] 韩霖，叶琼微，2019. 加强税收合作 促进“一带一路”国家（地区）互利共赢发展——第一届“一带一路”税收征管合作论坛综述 [J]. 国际税收，(06)：21 -25.

[51] 韩霖，叶琼微，2022. OECD“双支柱”方案的方方面面：规则制定者视角的解析——专访 OECD 税收政策与管理中心主任帕斯卡·圣塔曼 [J]. 国际税收，(02)：9 -12.

[52] 郝东杰，陈双专，2020. 数字经济跨境课税之“双支柱”方案的创新、影响及应对 [J] 税务研究，(11)：100 -107.

[53] 何杨，2020. 经济数字化背景下的国际税收变革：理论框架与影响分析 [J]. 国际税收，(05)：48 - 53.

[54] 何杨，陈琍，2019. 经济数字化的税收挑战 [J]. 中国财政，(18)：17 - 19.

[55] 何杨，景诗曼，何明俊，2018. 企业所得税最新国际发展趋势研究 [J]. 国际税收，(11)：15 - 20.

[56] 何杨，鞠孟原，2020. "全球反税基侵蚀" 方案的最新发展和评析 [J]. 国际税收，(02)：33 - 37.

[57] 何杨，李晓荣，2021. BEPS 第 13 项行动计划全球落地情况与影响 [J]. 国际税收，(04)：25 - 31.

[58] 何杨，廖鋆曦，2023. 全球最低税改革及其对中国的影响 [J]. 改革，(10)：84 - 97.

[59] 何杨，廖鋆曦，杨宇轩，2022. 全球最低税博弈：支柱二 GloBE 规则最新方案述评 [J]. 国际税收，(07)：14 - 22.

[60] 何杨，孟晓雨，2018. 全球价值链与 FDI 税收敏感度：理论分析与实证检验 [J]. 中央财经大学学报，(10)：3 - 13.

[61] 何杨，孟晓雨，2019. 数字化商业模式与所得税解决方案探讨 [J]. 国际税收，(03)：14 - 19.

[62] 何杨，王路，2021. 数字经济与国际税收规则重塑—— "全球化、数字化与国际税收改革" 国际研讨会综述 [J]. 中央财经大学学报，(03)：2，129.

[63] 何杨，赵姗，廖鋆曦，2023. 经济数字化下国际税收规则的变革：趋势、机制与影响 [J]. 财政科学，(01)：17 - 25.

[64] 洪菡珑，2022. 全球税收治理架构的现状、问题与启示 [J]. 税务与经济，(02)：34 - 41.

[65] 侯思捷，刘怡，2020. 应对经济数字化挑战的国际税收规则演进：市场辖区和新联结度 [J]. 国际税收，(09)：29 - 33.

[66] 江小涓，靳景 . 2022，中国数字经济发展的回顾与展望 [J]. 中共中央党校(国家行政学院) 学报，(01)：69 - 77.

[67] 江小涓，2022. 数字贸易为全球经济复苏提供新动能 [J]. 服务外包，(11)：54 - 55.

[68] 江小涓，2022. 数字全球化成为引领全球经济复苏新动能 [J]. 中国发展观察，(09)：38 - 39.

[69] 江小涓，2022. 中国对外开放新阶段与全球发展新机遇 [J]. 高科技与产业化，(12)：20 - 23.

[70] 江小涓，靳景，2022. 数字技术提升经济效率：服务分工、产业协同和数实孪生 [J]. 管理世界，(12)：9 - 26.

[71] 姜跃生，2019. 中国税制改革中先进国际税制的构建 [J]. 税收经济研究，(06)：1 - 6.

[72] 姜跃生，2021. 透视全球最低税的六个角度 [J]. 国际税收，(08)：14 - 26.

[73] 姜跃生，姜奕然，2020. 过程、要害及对策：对 OECD 统一方法支柱一方案的

分析与透视（上）[J]. 国际税收，(12)：26－31.

[74] 姜跃生，姜奕然，2021. 过程、要害及对策：对 OECD 统一方法支柱一方案的分析与透视（中）[J]. 国际税收，(01)：37－42.

[75] 姜跃生，姜奕然，2021. 过程、要害及对策：对 OECD 统一方法支柱一方案的分析与透视（下）[J]. 国际税收，(02)：35－47.

[76] 康拉德·特雷，池澄，王俪儿，2022. BEPS 2.0 时代来临："双支柱"方案对五大关键领域的深远影响 [J]. 国际税收，(02)：13－23.

[77] 李超民，2020. BEPS 行动计划与美国治理跨国利润转移的政策改革 [J]. 上海商学院学报，(04)：104－116.

[78] 李超民，2021－10－18. 美国调整新财年预算对全球治理意味着什么 [N]. 第一财经日报，(A12).

[79] 李超民，胡怡建，2017. 特朗普税制改革取向及其影响 [J]. 税务研究，(01)：42－46.

[80] 李超民，刘新利，2018. 美国国际税制改革及其影响 [J]. 当代美国评论，(04)：44－60，121－122.

[81] 李超民，熊璞，2019. 美国国际税制转型的大国效应 [J]. 美国问题研究，(02)：206－220，229－230.

[82] 李纪珍，钟宏等，2021. 数据要素领导干部读本 [M]. 北京：国家行政管理出版社.

[83] 李金艳，包晋，胡尚华等，2020. 国际税务仲裁与"一带一路"：棒球游戏的局限性 [J]. 国际税收，(05)：3－12.

[84] 李金艳，陈新，2020. 国际税收关系中的法治 [J]. 国际税收，(01)：14－19.

[85] 李金艳，陈新，2022. 关于"双支柱"方案的全球税收共识：真相探究和法律现实 [J]. 国际税收，(03)：12－23.

[86] 李金艳，陈新，2022. 支柱二中的 UTPR 是否偏离了国际共识及税收协定？[J]. 国际税收，(08)：37－44.

[87] 李金艳，胡尚华，2021. OECD 支柱一蓝图创建全球性税制的法律挑战 [J]. 国际税收，(08)：27－38.

[88] 李娜，2017. 欧盟税法的新发展：利用 BEPS 项目推进税收一体化 [J]. 欧洲研究，(01)：80－94，7.

[89] 李娜，2019.《多边公约》的挑战：如何解释和适用协定的"防止双重不征税"目的 [J]. 国际税收，(09)：45－49.

[90] 李娜，2020.《多边公约》的挑战：如何改进跨境税收争议解决机制 [J]. 国际税收，(02)：52－57.

[91] 李娜，2023. 全球税收治理中的多边法律工具创新：基于《BEPS 多边公约》视角的分析 [J]. 国际税收，(02)：53－63.

[92] 李涛，欧阳日辉，2023－02－22. 数字经济的历史演进与发展趋势 [N]. 光明日报，(06 版).

[93] 李万甫，梁若莲，2018. 美国属地征税新政评析 [J]. 财政科学，(04)：5－

9，18.

［94］李香菊，付昭煜，王洋，2022. 基于资产属性视角的数据资产课税制度研究［J］. 税务研究，(11)：23－28.

［95］李香菊，谢永清，2022. 推动我国数字经济发展的税收政策研究［J］. 江西社会科学，(10)：54－63，206－207.

［96］励贺林，2014. 无形资产转让定价规则发展趋势及对我国应对 BEPS 的启示［J］. 税务研究，(08)：69－73.

［97］励贺林，2018. 对数字经济商业模式下收益归属国际税收规则的思考［J］. 税务研究，No. 402，(07)：76－83.

［98］励贺林，2018. 公平竞争还是税收竞争？——欧盟对苹果国家援助调查案例评析［J］. 税法解释与判例评注，(02)：265－279.

［99］励贺林，2019. 对欧盟国家援助调查的逻辑梳理和动向评析——以欧盟开启对耐克的国家援助调查为视角［J］. 财政监督，(08)：86－91.

［100］励贺林，2019. 苹果的避税策略与欧盟“非法国家援助”的调查逻辑［J］. 国际税收，(03)：34－41.

［101］励贺林，2020－08－24. 积极有为地参与数字经济全球税收治理［N］. 天津日报.

［102］励贺林，2023. 更好参与全球税收治理 助力中国式现代化［J］. 税务研究，(04)：36－41.

［103］励贺林，陈新月，2022. 离岸所得税改与地域征税原则——基于香港税制国际竞争力的分析［J］. 财会月刊，(20)：148－153.

［104］励贺林，付广军，2017. 防范专利盒税制成为跨国企业集团避税的工具［J］. 税务研究，(09)：101－106.

［105］励贺林，姜丹，2020. 新征税权对亚马逊公司在线商城商业模式的适用性探讨［J］. 国际税收，(08)：37－43.

［106］励贺林，骆亭安，2021. 收入来源规则：支柱一方案可行性的基石［J］. 税务研究，(10)：94－101.

［107］励贺林，骆亭宇，姚丽，2021. 联合国协定范本 12B 条款的突破与局限［J］. 国际税收，(08)：39－45.

［108］励贺林，邵钰舒，2017. 特朗普“美国优先”执政理念评析——以“买美国货、雇美国人”的行政令为例［J］. 中国发展观察，(15)：55－58.

［109］励贺林，文悦逸，于红，2022. 支柱一收入来源地规则制定进展及方向［J］. 国际税收，(04)：35－41.

［110］励贺林，姚丽，2019. 法国数字服务税与美国“301 调查”：经济数字化挑战下国家税收利益的博弈［J］. 财政科学，(07)：153－160.

［111］励贺林，姚丽，2021.“拜登税改”的动向和影响［J］. 中国财政，(19)：59－61.

［112］励贺林，于红，姚丽，2022. 支柱二全球最低税的规则竞争性认识［J］. 税务研究，(03)：73－78.

［113］励贺林，赵玉，姚丽，2021. 跨境逃税问题的国际应对及启示［J］. 财务与会

计，(18)：83－86.

[114] 梁若莲，2017. 特朗普税改方案对我国的影响与对策建议 [J]. 税收经济研究，(03)：30－40.

[115] 梁若莲，2021. 多边税收事先裁定的"试验田"——国际税收遵从保障项目简介与述评 [J]. 税务研究，(03)：84－90.

[116] 梁若莲，黄素华，2021. 防范税收协定滥用的全球进展：对 BEPS 第 6 项行动计划落实情况的评述 [J]. 国际税收，(04)：16－24.

[117] 廖体忠，2014. BEPS 行动计划的影响及我国的应对 [J]. 国际税收，(07)：13－15.

[118] 廖体忠，2015. 国际税收合作迎来明媚阳光——在新的经济背景下解读 BEPS 行动计划成果 [J]. 国际税收，(10)：6－11.

[119] 廖体忠，2016. 让经济增长的火炬照亮世界前程——G20 杭州峰会国际税收议题述评 [J]. 国际税收，(10)：6－12.

[120] 廖体忠，2016. 深度参与全球税收合作 持续打造国际税收升级版 [J]. 国际税收，(05)：67－70.

[121] 廖体忠，2017. 国际税收协调的又一里程碑 [J]. 国际税收，(06)：6－7.

[122] 廖体忠，2017. 积极落实 G20 税改成果 努力打造公平和现代化的国际税收体系 [J]. 国际税收，(08)：10－17，2.

[123] 廖体忠，2018. "一带一路"税收合作新格局 [J]. 国际税收，(07)：22－24.

[124] 廖体忠，2019. 公平和现代化的国际税收体系：回顾与探索 [J]. 国际税收，(11)：5－12.

[125] 廖体忠，2019. 深化国际税收合作 助力"一带一路"建设 [J]. 国际税收，(04)：33－35.

[126] 廖体忠，2021. 国际税收政策的世纪选择与未来出路 [J]. 国际税收，(02)：3－11.

[127] 廖体忠，2021. 全球化与国际税收改革 [J]. 国际税收，(08)：3－13.

[128] 廖体忠，韩霖，2017. OECD 报告显示：各国以促增长为核心的税制改革导致税收竞争加剧 [J]. 国际税收，(12)：12－14.

[129] 廖体忠，韩霖，2017. OECD 最新报告：税制改革趋势发生明显改变 [J]. 国际税收，(03)：12－14，2.

[130] 廖体忠，韩霖，2018. OECD 最新税改报告：多国重大税制改革凸显财税政策重要性 [J]. 国际税收，(11)：6－8.

[131] 廖益新，2014. 数字经济环境下跨境服务交易利润国际税收的原则与方案 [J]. 国际经济法学刊，(03)：134－149.

[132] 廖益新，2017. 多边法律工具与双边税收协定 [J]. 国际税收，(06)：19－24.

[133] 廖益新，2018. 数字经济环境下税基侵蚀与利润转移的应对方案——建立在信息技术基础上的预提税方案 [J]. 国际经济法学刊，(01)：92－103.

[134] 廖益新，冯小川，2020. 强制性仲裁并非解决国际税收争议问题的灵丹妙药

[J]. 税务研究, (02): 59 - 65.

[135] 廖益新, 冯小川, 2022. “一带一路”背景下国际税收争议解决机制的改革创新 [J]. 厦门大学学报 (哲学社会科学版), (05): 16 - 29.

[136] 廖益新, 宫廷, 2019. 英国数字服务税: 规则分析与制度反思 [J]. 税务研究, (05): 74 - 80.

[137] 廖益新, 芦泉宏, 2022. 国际税收遵从保障项目 (ICAP): 一种多边税收合作遵从的实践探索 [J]. 国际税收, (07): 3 - 13.

[138] 林淼, 肖宇, 李博文, 2022. 数字经济对国际税收治理体系的影响和中国应对策略 [J]. 财经智库, (06): 117 - 129, 140.

[139] 刘慧龙, 张玲玲, 谢婧, 2022. 税收征管数字化升级与企业关联交易治理 [J]. 管理世界, (06): 158 - 176.

[140] 刘建徽, 周志波, 2020. 经济数字化与全球税收治理: 背景、困境与对策 [J]. 社会科学文摘, (07): 53 - 55.

[141] 刘昆, 2022. 推进应对经济数字化税收挑战”双支柱”方案相关工作 [J]. 中国总会计师, (10): 13.

[142] 刘奇超, 2019. 经济数字化税收政策体系建构的新观察与新思路: 一个总体分析框架 [J]. 国际税收, (03): 25 - 33.

[143] 刘奇超, 2020. 论经济数字化国际税收改革中统一方法的规则设计: 一个观点综述 [J]. 国际税收, (02): 24 - 32.

[144] 刘奇超, 2020. 论全球反税基侵蚀方案的规则设计: 一个观点综述 [J]. 国际税收, (08): 24 - 36.

[145] 刘奇超, 曹明星, 王晶晶, 2019. 直面经济数字化国际税收改革真问题: 利润分配新规则的重构、解构与建构 [J]. 国际税收, (08): 10 - 18.

[146] 刘奇超, 曹明星, 王笑笑等, 2018. 数字化、商业模式与价值创造: OECD 观点的发展 [J]. 国际税收, (08): 20 - 29.

[147] 刘奇超, 科尔曼・茉莉, 张春燕等, 2018. 欧盟数字经济公平课税方案的总体思路、核心理念与政策要领: 一个全景式分析框架 [J]. 国际税收, (10): 35 - 43.

[148] 刘奇超, 罗翔丹, 2018. 经济数字化的税收规则研究系列文章 (一) 经济数字化的欧盟税收规则: 方案设计与政策评析 [J]. 国际税收, (01): 37 - 44.

[149] 刘奇超, 罗翔丹, 刘思柯等, 2018. 经济数字化的税收规则: 理论发展、立法实践与路径前瞻 [J]. 国际税收, (04): 35 - 42.

[150] 刘奇超, 沈涛, 2021 - 06 - 22. 数字经济下的税制变革与重构 [N]. 中国财经报.

[151] 刘奇超, 沈涛, 2021 - 10 - 12. 数字经济时代重塑的百年国际税制正迈向“世界大同”[N]. 中国财经报.

[152] 刘奇超, 许维萱, 沈涛, 2021. 美国拜登税改的理想图景 [J]. 中国财政, (22): 70 - 73.

[153] 刘威威, 高宏丽, 温彩霞等, 2017. 深度参与全球税收治理 书写大国税务新篇章 [J]. 中国税务, (12): 33 - 35.

[154] 刘怡, 侯思捷, 严云扬, 2018. 美国税改的国际税收解析 [J]. 财政研究,

(05)：99－106.

［155］陆秋丹，冯涛，2021. 遵循多边主义和全球共治原则 完善创新国际税收治理理念和规则研究［J］. 国际税收，(01)：27－31.

［156］罗秦，2021. 国际税收治理从双边到多边的演进：新格局、新挑战及新趋势［J］. 国际税收，(01)：20－26.

［157］罗秦，曾帅，2021. 走向国际化的中国税收："入世"二十周年的视角［J］. 税务研究，(11)：25－33.

［158］马海涛，姚东旻，孟晓雨等，2022. 国际税收治理的政治经济学分析［J］. 南开经济研究，(06)：3－25.

［159］迈克尔．朗，2017. 避免双重征税协定法导论（第2版）［M］，朱炎生，译. 北京：法律出版社.

［160］毛恩荣，周志波，许美利，2021. 数字经济背景下的全球税收治理：内卷化与去内卷化［J］. 税务研究，(10)：54－61.

［161］毛瑞鹏，2018. 全球税收治理转型中的制度竞争——以OECD为中心的分析［J］. 世界政治研究，(02)：122－142，207－208.

［162］宁琦，励贺林，2014. 苹果公司避税案例研究和中国应对BEPS的紧迫性分析及策略建议［J］. 中国注册会计师，(02)：107－113.

［163］帕斯卡·圣塔曼，梁若莲，2023. 加强税收征管能力建设［J］. 国际税收，(02)：47－52.

［164］逄锦聚，2020. 在世界百年未有之大变局中坚持和发展中国特色社会主义经济发展道路［J］. 经济研究，(8)：24－40.

［165］邱冬梅，2013. 晚近跨境税收情报交换规则的最新发展及对我国的回应之反思［J］. 武大国际法评论，(01)：202－221.

［166］邱冬梅，2019. 从谷歌集团税务风波看后BEPS时代国际税收政策与环境之变迁［J］. 国际经济法学刊，(02)：119－144.

［167］邱冬梅，2020. 数字经济所得课税国际规则制定的最新进展及中国应对［J］. 税务研究，(10)：63－72.

［168］邱冬梅，2022."双支柱"多边共识背后的碎片化［J］. 国际税收，(05)：42－51.

［169］邱冬梅，2019. 中国税收协定政策的演进与发展：以近十年间中国修订和签署的对外税收协议为样本（英文）［J］. China Legal Science，(03)：33－66.

［170］宋兴义，2020. 中国深度参与国际税收全球治理策略研究［J］. 国际税收，(01)：24－28.

［171］孙红梅，2021. 关于数字经济时代全球税收治理的几点认识——基于"双支柱"方案达成共识的视角［J］. 财政科学，(11)：26－34.

［172］孙红梅，梁若莲，2023. 全球税收发展十年回顾与展望［J］. 国际税收，(02)：28－35.

［173］滕祥志，2021. 国家治理视角下的优化税务执法方式——时代定位、理念变革与实现路径［J］. 国际税收，(10)：33－38.

［174］王丽华，2017. 全球税收治理及中国参与的法治进路［J］. 环球法律评论，

(06)：154 – 171.

[175] 王伟域，2022.“一带一路”倡议下我国参与全球税收治理的思考 [J]. 国际税收，(09)：65 – 69.

[176] 温哲，2022. 新国际税收规则下的国家税收主权弱化问题研究 [J]. 山西财政税务专科学校学报，(05)：3 – 9.

[177] 徐翔，厉克奥博，田晓轩，2021. 数据生产要素研究进展 [J]. 经济学动态，(4)：30 – 42.

[178] 亚当·斯密. 2019. 国富论 [M]. 谢宗林，等，译. 北京：中央编译出版社.

[179] 杨志勇，2022. 党的十八大以来国际税收秩序的重塑与中国贡献 [J]. 国际税收，(10)：22 – 27.

[180] 姚丽，2019. 从程序效率到实质赋能 持续优化我国税收营商环境——兼论《2019年世界纳税报告》[J]. 国际税收，(06)：68 – 72.

[181] 姚丽，2020. 愿景与现实：OECD 应对经济数字化税收挑战的“统一方法”[J]. 税务研究，(06)：70 – 78.

[182] 姚丽，2021. 数字经济价值实现与新征税权利润分配难题 [J]. 国际税收，(05)：42 – 48.

[183] 姚丽，靳东升，2021. OECD 第一支柱方案蓝图的两难困境：简化目标与技术理性 [J]. 税务研究，(06)：85 – 92

[184] 姚丽，励贺林，2018. 利用税法规则错配避税不构成“非法国家援助”？——评欧盟对麦当劳国家援助调查的裁定 [J]. 国际税收，(10)：44 – 49.

[185] 姚丽，宁琦，2018. 利润分割法是独立交易原则的最后选择？[J]. 税务研究，(02)：78 – 81.

[186] 姚丽，张靓雅，赵振方，2022. 支柱二全球最低税的实施策略观察——以英国为例 [J]. 国际税收，(07)：23 – 30.

[187] 余鹏峰，2021. 全球税收治理：一个概念的辨析 [J]. 河北法学，(06)：2 – 21.

[188] 约阿希姆·恩利施，刘奇超，沈涛，肖畅，2021. 国际有效最低税：对全球反税基侵蚀提案（支柱二）的分析 [J]. 海关与经贸研究，(04)：90 – 108.

[189] 张茉楠，2018. 加强全球税收治理 应对美国税改溢出效应 [J]. 金融与经济，(03)：1.

[190] 张泽平，2013. 融入多边合作平台 开创国际税收新格局——简评中国签署《多边税收征管互助公约》[J]. 国际税收，(10)：69 – 72.

[191] 张泽平，2015. BEPS 行动计划对我国国内税收立法的影响及应对——以打击有害税收实践行动方案为视角 [J]. 国际税收，(06)：28 – 31.

[192] 张泽平，2015. 数字经济背景下的国际税收管辖权划分原则 [J]. 学术月刊，(02)：84 – 92.

[193] 张泽平，2017. 全球治理背景下国际税收秩序的挑战与变革 [J]. 中国法学，(03)：184 – 201.

[194] 张泽平，戴婧，2021. 税收确定性视野下支柱一争议预防与解决机制评析 [J]. 国际税收，(10)：49 – 56.

[195] 张泽平，杨金亮，2013. 美国《海外账户税收遵从法案》及其背后的战略意图 [J]. 涉外税务，(04)：38 - 42.

[196] 张志勇，2020. 近期国际税收规则的演化——回顾、分析与展望 [J]. 国际税收，(01)：3 - 9.

[197] 张志勇，励贺林，2021. 数字经济、价值创造和财富分配——基于税收视角的分析 [J]. 国际税收，(09)：3 - 14.

[198] 张志勇，王晓悦，1999. 经济全球化与我国国际税收管理体系的创建 [J]. 税务研究，(10)：3 - 9.

[199] 张智勇，2014. 数字经济与国际税法的变革：路径与方案的思考 [J]. 国际经济法学刊，(03)：198 - 222.

[200] 张智勇，2017. 全球化背景下欧盟反避税机制的审视 [J]. 国际税收，(06)：47 - 51.

[201] 张智勇，2020. 数字服务税：正当的课税抑或服务贸易的壁垒？[J]. 国际税收，(04)：28 - 35.

[202] 张智勇，2022. 全球反税基侵蚀规则：多边共识下的税收单边主义 [J]. 国际税收，(10)：37 - 45.

[203] 周志波，曹琦欢，刘晔 . 2022，差序格局、国家圈子和数字经济全球税收治理——基于社会学的视角 [J]. 税务研究，(01)：59 - 66.

[204] 朱青，2021. OECD 第二支柱中的 IIR 规则与美国 GILTI 税制的差异 [J]. 税务研究，(01)：85 - 88.

[205] 朱青，2021. 美国“301 条款”与数字服务税 [J]. 国际税收，(01)：43 - 48.

[206] 朱青，白雪苑，2023. OECD“双支柱”国际税改方案的最新进展 [J]. 国际税收，(01)：26 - 30.

[207] 朱青，杨宁，2020. 关于 OECD 应对经济数字化国际税收改革方案的评论 [J]. 国际税收，(08)：3 - 7.

[208] 朱晓丹，2016.《2016 美国所得税协定范本》——侧重保护来源国税基 [J]. 国际税收，(08)：36 - 41.

[209] 朱晓丹，2018. CRS 对国内法影响的研究 [J]. 国际税收，(08)：6 - 10.

[210] 朱晓丹，2019. 对中美合作实施《境外账户税收合规法案》的反思 [J]. 国际经济法学刊，(01)：85 - 100.

[211] 朱晓丹，曹港珊，2021. 论《双支柱框架协议》立法目的之变动与影响 [J]. 国际税收，(09)：43 - 50.

[212] 朱炎生，2019. 经合组织数字经济税收规则最新提案国家间利益博弈分析 [J]. 国际税收，(03)：5 - 13.

[213] 朱炎生，2020. 实质性标准下科技型优惠税制的发展趋势与启示 [J]. 国际税收，(11)：48 - 54.

[214] 朱炎生，2020. 完善我国跨境税收争议解决机制的若干对策 [J]. 国际税收，(05)：20 - 25.

[215] 朱炎生，2021. 跨境税收争议解决机制的改进：BEPS 第 14 项行动计划实施进

展与未来选择［J］．国际税收，(04)：32 -38.

［216］朱炎生，2022．”双支柱”方案：现行国际税收体系的自然延伸［J］．税务研究，(03)：57 -64.

［217］BAUER，GEORG，et al，2019. Corporate income tax challenges arising from digitalised business models［J］．Tax notes international，1：136 -160.

［218］BYRNES，IV，WILLIAM H.，2019. Comments and recommendations OECD public consultation document secretariat proposal for a ‘unified approach’ under Pillar One［J］．SSRN Electronic Journal.

［219］CHARLES I. JONES，CHRISTOPHER TONETTI，2020. Nonrivalry and the economics of data［J］．American economic review，9：2819 -2858.

［220］DANIEL BUNN，2021. U. S. Cross - border Tax Reform and the Cautionary Tale of GILTI［EB］．https：//files. taxfoundation. org/20210217152045/U. S. - Cross - border - Tax - Reform - and - the - Cautionary - Tale - of - GILTI1. pdf.

［221］EINAUDI，SELIGMAN，SIR JOSIAH STAMP，1924. League of nations report on double taxation submitted to the financial committee by professors bruins［J］．Journal of the royal statistical society，1：99 -102.

［222］HM Treasury，2022. UK launches consultation on domestic implementation of global minimum tax for large multinational groups［EB］．https：//www. gov. uk/government/news/uk - launches - consultation - on - domestic - implementation - of - global - minimum - tax - for - large - multinational - groups.

［223］JORGENSON，D. W.，K. M. WU，2016. The ICT Revolution，world economic growth，and policy issues［J］．Tele - communications Policy，5：383 -397.

［224］KIMBERLY CLAUSING，2020. Profit shifting before and after the tax cuts and jobs act［J］．National tax journal，73：1233 -1266.

［225］MAARTEN FLORIS DE WILDE，2019. On the OECD's ‘Unified Approach’ as Frankenstein's Monster and a dented shape sorter［J］．Intertax：international tax review，1：9 -13.

［226］MICHAEL DEVEREUX，MARTIN SIMMLER，2021. Who will pay Amount A? Working paper，Oxford University Centre for Business Taxation［EB］．https：//oxfordtax. sbs. ox. ac. uk/files/wp21 -11 - devereux - simmlerpdf.

［227］MICHAEL DEVEREUX，LI LIU，2016. Stimulating investment through incorporation. Working papers，Oxford University Centre for Business Taxation［EB］．https：//oxfordtax. sbs. ox. ac. uk/files/wp16 -07. pdf.

［228］MICHAEL DEVEREUX，ROGER GORDON，2014. Business Taxation (Trans - Atlantic Public Economics Seminar)［M］．National Bureau of Economic Research，Inc，number devel2 -1.

［229］MICHAEL P. DEVEREUX，MARTIN SIMMLER，JOHN VELLA，HEYDON WARDELL - BURRUS，2021. What is the substance - based carve - out under Pillar 2? And how will it affect tax competition?［J］．EconPol Policy Brief 39.

[230] OECD (2019), Addressing the Tax Challenges of the Digitalisation of the Economy - Policy Note [R]. https: //www. oecd. org/tax/beps/policy - note - beps - inclusive - framework - addressing - tax - challenges - digitalisation. pdf.

[231] OECD, 2013. Action plan on base erosion and profit shifting [EB]. https: //www. oecd. org/tax/beps/action - plan - on - base - erosion - and - profit - shifting - 9789264202719 - en. htm.

[232] OECD, 2013. Addressing base erosion and profit shifting [EB]. https: //www. oecd. org/tax/beps/addressing - base - erosion - and - profit - shifting - 9789264192744 - en. htm.

[233] OECD, 2015. Addressing the tax challenges of the digital economy, action 1 - 2015 final report [EB]. https: //read. oecd. org/10. 1787/9789264241046 - en? format = pdf.

[234] OECD, 2017. OECD invites public input on the tax challenges of digitalization [EB]. https: //www. oecd. org/tax/beps/oecd - invites - public - input - on - the - tax - challenges - of - digitalisation. htm.

[235] OECD, 2017. Request for input on work regarding the tax challenges of the digitalised economy [EB]. https: //www. oecd. org/tax/tax - policy/tax - challenges - digital - economy - request - for - input. pdf.

[236] OECD, 2018. OECD Secretary - General Report to G20 Finance Ministers and Central Bank Governors [EB]. http: //www. oecd. org/tax/oecd - secretary - general - tax - report - g20 - finance - ministers - july - 2018. pdf.

[237] OECD, 2018. Tax challenges arising from digitalisation - interim report 2018 [EB]. https: //www. oecd. org/tax/tax - challenges - arising - from - digitalisation - interim - report - 9789264293083 - en. htm.

[238] OECD, 2018. Tax challenges arising from digitalization - interim report 2018: inclusive framework on BEPS, OECD/G20 Base Erosion and Profit Shifting Project, OECD Publishing, Paris [EB]. http: //dx. doi. org/10. 1787/9789264293083 - en, paragraph 380 - 386.

[239] OECD, 2019. Addressing the tax challenges of the digitalization of the economy - policy note. as approved by the Inclusive Framework on BEPS on 23 January 2019, OECD, Paris [EB]. www. oecd. org/tax/beps/policy - note - beps - inclusive - framework - addressing - tax - challengesdigitalisation. pdf.

[240] OECD, 2019. OECD invites public input on the Secretariat Proposal for a "Unified Approach" under Pillar One [EB]. http: //www. oecd. org/tax/beps/oecd - invites - public - input - on - the - secretariat - proposal - for - a - unified - approach - under - pillar - one. htm.

[241] OECD, 2019. OECD secretariat invites public input on the Global Anti - Base Erosion (GloBE) Proposal under Pillar Two [EB]. http: //www. oecd. org/tax/beps/oecd - secretariat - invites - public - input - on - the - global - anti - base - erosion - proposal - pillar - two. htm.

[242] OECD, 2019. OECD/G20 Inclusive Framework on BEPS: progress report [EB]. https: //www. oecd. org/tax/beps/inclusive - framework - on - beps - progress - report - july - 2018 - may - 2019. pdf.

[243] OECD, 2019. Progress report on tax certainty IMF/OECD report for the G20 Finance Ministers and Central Bank Governors [EB]. http://www.oecd.org/g20/topics/international-taxation/imf-oecd-2019-progress-report-on-tax-certainty.pdf.

[244] OECD, 2020. OECD/G20 Inclusive Framework on BEPS progress report [EB]. http://www.oecd.org/tax/beps/oecd-g20-inclusive-framework-on-beps-progress-report-july-2019-july-2020.pdf.

[245] OECD, 2020. Statement by the OECD/G20 Inclusive Framework on BEPS on the Two-Pillar Approach to address the tax challenges arising from the digitalisation of the economy [EB]. https://www.oecd.org/tax/beps/statement-by-the-oecd-g20-inclusive-framework-on-beps-january-2020.pdf.

[246] OECD, 2020. Tax challenges arising from digitalisation-economic impact assessment [EB]. https://www.oecd.org/tax/beps/tax-challenges-arising-from-digitalisation-economic-impact-assessment-0e3cc2d4-en.htm.

[247] OECD, 2020. Tax challenges arising from digitalisation-report on Pillar Two blueprint [EB]. https://www.oecd.org/tax/beps/tax-challenges-arising-from-digitalisation-report-on-pillar-two-blueprint-abb4c3d1-en.htm.

[248] OECD, 2020. Tax challenges arising from digitalisation-report on Pillar One blueprint [EB]. https://www.oecd.org/tax/beps/tax-challenges-arising-from-digitalisation-report-on-pillar-one-blueprint-beba0634-en.htm.

[249] OECD, 2021. OECD releases Pillar Two model rules for domestic implementation of 15% global minimum tax [EB]. https://www.oecd.org/tax/oecd-releases-pillar-two-model-rules-for-domestic-implementation-of-15-percent-global-minimum-tax.htm.

[250] OECD, 2021. OECD Secretary-general tax report to g20 Finance Ministers and Central Bank Governors Italy, October 2021 [EB]. https://www.oecd.org/tax/oecd-secretary-general-tax-report-g20-finance-ministers-october-2021.pdf.

[251] OECD, 2021. OECD Secretary-general tax report to G20 Finance Ministers and Central Bank Governors Italy [EB]. https://www.oecd.org/g20/topics/international-taxation/oecd-secretary-general-tax-report-g20-finance-ministers-july-2021.pdf.

[252] OECD, 2021. OECD/G20 Base Erosion and Profit Shifting Project statement on a Two-Pillar solution to address the tax challenges arising from the digitalisation of the economy [EB]. https://www.oecd.org/tax/beps/statement-on-a-two-pillar-solution-to-address-the-tax-challenges-arising-from-the-digitalisation-of-the-economy-july-2021.pdf.

[253] OECD, 2021. Statement from OECD Secretary-General on the outcome of the G7 Finance Ministers' meeting [EB]. https://www.oecd.org/tax/statement-from-oecd-secretary-general-mathias-cormann-on-the-outcome-of-the-g7-finance-ministers-meeting.htm.

[254] OECD, 2021. Statement on a Two-Pillar solution to address the tax challenges arising from the digitalisation of the economy-8 october 2021 [EB]. https://www.oecd.org/tax/beps/statement-on-a-two-pillar-solution-to-address-the-tax-challenges-ari-

sing – from – the – digitalisation – of – the – economy – october – 2021. htm.

[255] OECD, 2022. Further progress on two – pillar solution: OECD releases consultation document on the withdrawal of digital service taxes and other relevant similar measures under Pillar One and an implementation package for Pillar Two [EB]. https://www.oecd.org/tax/further – progress – on – two – pillar – solution – oecd – releases – consultation – document – on – the – withdrawal – of – digital – service – taxes – and – other – relevant – similar – measures – under – pillar – one – and – an – implementation – package – for – pillar – two. htm.

[256] OECD, 2022. G20 Finance Ministers and Central Bank Governors for discussion at their next meeting on 12 – 13 October in Washington D. C [EB]. https://www.oecd.org/g20/topics/international – taxation/oecd – secretary – general – tax – report – g20 – finance – ministers – indonesia – october – 2022. pdf.

[257] OECD, 2022. OECD invites public input on the draft rules for nexus and revenue sourcing under Pillar One Amount A [EB]. https://www.oecd.org/tax/beps/oecd – invites – public – input – on – the – draft – rules – for – nexus – and – revenue – sourcing – under – pillar – one – amount – a. htm.

[258] OECD, 2022. OECD Secretary – General tax report to g20 Finance Ministers and Central Bank Governors Indonesia, July 2022 [EB]. https://www.oecd.org/ctp/oecd – secretary – general – tax – report – g20 – finance – ministers – indonesia – july – 2022. pdf.

[259] OECD, 2022. Progress report on Amount A of Pillar One – Two – Pillar solution to the tax challenges of the digitalisation of the economy [EB]. https://www.oecd.org/tax/beps/progress – report – on – amount – a – of – pillar – one – two – pillar – solution – to – the – tax – challenges – of – the – digitalisation – of – the – economy. htm.

[260] OECD, 2022. Tax challenges arising from the digitalisation of the economy – Global Anti – Base Erosion Model Rules (Pillar Two) examples [EB]. https://www.oecd.org/tax/beps/tax – challenges – arising – from – the – digitalisation – of – the – economy – global – anti – base – erosion – model – rules – pillar – two – examples. pdf.

[261] OECD, 2022. Tax Challenges Arising from the Digitalisation of the Economy – Commentary to the Global Anti – Base Erosion Model Rules (Pillar Two) [EB]. https://www.oecd.org/tax/beps/tax – challenges – arising – from – the – digitalisation – of – the – economy – global – anti – base – erosion – model – rules – pillar – two – commentary. pdf.

[262] OECD, 2022. Tax challenges of digitalization: OECD invites comments on compliance and tax certainty aspects of global minimum tax [EB]. https://www.oecd.org/tax/beps/oecd – invites – comments – on – compliance – and – tax – certainty – aspects – of – global – minimum – tax. htm.

[263] OECD, 2022. Tax challenges of digitalization: OECD invites public input on the draft Multilateral Convention provisions on digital services taxes and other relevant similar measures under Amount A of Pillar One [EB]. https://www.oecd.org/tax/beps/oecd – invites – public – input – on – the – draft – multilateral – convention – provisions – on – digital – services – taxes – and – other – relevant – similar – measures – under – amount – a – of – pillar – one. htm.

[264] OECD, 2022. Tax challenges of digitalization: OECD invites public input on the design elements of Amount B under Pillar One relating to the simplification of transfer pricing rules [EB]. https://www.oecd.org/tax/oecd-invites-public-input-on-the-design-elements-of-amount-b-under-pillar-one-relating-to-the-simplification-of-transfer-pricing-rules.htm.

[265] OECD, 2022. Tax challenges of digitalization: OECD invites public input on the Progress Report on the Administration and Tax Certainty Aspects of Amount A of Pillar One [EB]. https://www.oecd.org/tax/beps/oecd-invites-public-input-on-the-progress-report-on-the-administration-and-tax-certainty-aspects-of-amount-a-of-pillar-one.htm.

[266] OECD, 2022. Tax challenges of digitalization: OECD invites public input on tax certainty aspects of Amount A under Pillar One [EB]. https://www.oecd.org/tax/beps/oecd-invites-public-input-on-tax-certainty-aspects-of-amount-a-under-pillar-one.htm.

[267] OECD, 2022. Tax challenges of digitalization: OECD invites public input on the regulated financial services exclusion under Amount A of Pillar One [EB]. https://www.oecd.org/tax/beps/oecd-invites-public-input-on-the-regulated-financial-services-exclusion-under-amount-a-of-pillar-one.htm.

[268] OECD, 2022. Tax challenges of digitalization: OECD invites public input on the draft rules for scope under Amount A of Pillar One [EB]. https://www.oecd.org/tax/beps/oecd-invites-public-input-on-the-draft-rules-for-scope-under-amount-a-of-pillar-one.htm.

[269] OECD, 2022. Tax challenges of digitalization: OECD invites public input on the Implementation Framework of the global minimum tax [EB]. https://www.oecd.org/tax/oecd-invites-public-input-on-the-implementation-framework-of-the-global-minimum-tax.htm.

[270] REUVEN S. AVI-YONAH, KIMBERLY CLAUSING, 2019. Toward a 21st-Century international tax regime [J]. Tax notes international, 8: 839-849.

[271] U.S. DEPARTMENT OF THE TREASURY, 2016. The European Commission's recent state aid investigations of transfer pricing rulings Toward a 21st-Century international tax regime [EB]. https://home.treasury.gov/system/files/131/WhitePaper-EU-State-Aid-8-24-2016.pdf.

[272] UN CONFERENCE ON TRADE AND DEVELOPMENT, 2019. Digital economy report-2019 [EB]. https://unctad.org/en/PublicationsLibrary/der2019_en.pdf.

[273] USTR, 2019. USTR announces initiation of section 301 investigation into France's digital services tax [EB]. https://ustr.gov/about-us/policy-offices/press-office/press-releases/2019/july/ustr-announces-initiation-section-301.

[274] WENDY C. Y. LI, MAKOTO NIREI, KAZUFUMI YAMANA, 2018. Value of data: there's no such thing as a free lunch in the digital economy [EB]. https://www.bea.gov/system/files/papers/20190220ValueofDataLiNireiYamanaforBEAworkingpaper.pdf.